高等院校"十三五"应用

物流管理专业

仓储与配送管理

周　慧　黄朝阳　主　编

陈英慧　洪家祥　刘红梅
李丽群　王丽芳　副主编

南京大学出版社

内 容 简 介

本书系统介绍了仓储与配送管理的基本理论和实际操作方法,内容分为 3 篇 12 章,包括仓储基础知识、仓库选址布局、仓储设备设施、仓储业务管理、库存控制、仓库安全管理、配送组织、配送决策等。本书案例丰富,理论联系实际,条理清晰,通俗易懂。

本书可作为普通高等院校本科和高职教育的物流管理专业教材使用,也可作为物流从业者工作、学习的参考。

图书在版编目(CIP)数据

仓储与配送管理 / 周慧,黄朝阳主编. -- 南京:
南京大学出版社,2017.7(2019.6 重印)
高等院校"十三五"应用型规划教材. 物流管理专业
ISBN 978-7-305-18864-0

Ⅰ. ①仓… Ⅱ. ①周… ②黄… Ⅲ. ①仓库管理—高等职业教育—教材②物流配送中心—企业管理—高等职业教育—教材 Ⅳ. ①F253

中国版本图书馆 CIP 数据核字(2017)第 145819 号

出版发行　南京大学出版社
社　　址　南京市汉口路 22 号　　　　　　　邮　　编　210093
出 版 人　金鑫荣

丛 书 名　高等院校"十三五"应用型规划教材·物流管理专业
书　　名　仓储与配送管理
主　　编　周慧　黄朝阳
策划编辑　胡伟卷
责任编辑　胡伟卷　蔡文彬　　　　　　　　编辑热线　010-88252319

照　　排　北京圣鑫旺文化发展中心
印　　刷　南京人民印刷厂
开　　本　787×1092　1/16　　印张 13.75　　　字数 343.2 千
版　　次　2017 年 7 月第 1 版　　2019 年 6 月第 2 次印刷
ISBN 978-7-305-18864-0
定　　价　35.00 元

网　　址　http://www.njupco.com
官方微博　http://weibo.com/njupco
官方微信号　njuyuexue
销售咨询热线:(025)83594756

＊ 版权所有,侵权必究

＊ 凡购买南大版图书,如有印装质量问题,请与所购图书销售部门联系调换

前言

现代物流是企业赢得市场、开拓发展空间的法宝,被誉为"第三利润源"。我国自20世纪70年代引入物流概念以来,在基础理论、政策规划、物流产业等多方面取得了很大进展,物流已经成为我国经济发展的新增长点。在现代物流快速发展的同时,对仓储与配送的理论与实践也提出了新的要求,为适应物流人才培养教育的需求,我们组织编写了本书。

本书主要供普通高等院校本科和高职教育的物流管理专业师生教学使用,也可供物流从业者工作、学习参考使用。本书每章首先通过"案例导入"创设情境,引导学生开展自主探究性学习,以提高学生分析、解决问题的实际能力;然后分别从理论与实践两方面进行阐述;最后提供相关习题和案例分析以巩固学习成果,同时每章提供在线测试供学生自主评测学习效果。

本书由九江学院周慧、黄朝阳担任主编,九江学院陈英慧、洪家祥,湖南涉外经济学院刘红梅,韶关学院李丽群、南昌工学院王丽芳担任副主编。周慧进行总体方案的策划并组织实施,具体编写分工为:黄朝阳、刘红梅编写第1~3章,周慧、李丽群、王丽芳编写第4、5、6、7、9章,洪家祥编写第8章,陈英慧编写第10~12章。

在教材编写过程中,我们参阅借鉴、引用了大量国内外有关仓储与配送管理等方面的最新资料,以及国家颁布实施的物流法律、法规,并得到物流业界有关专家的指导,在此一并表示感谢。

由于物流业发展迅速,加之作者水平有限,书中难免有疏漏之处,敬请读者批评指正。

编　者

2017 年 6 月于九江

课件　　　　自测题

目　录

第一篇

仓 储 基 础

第一章

仓储管理概述

学习重点

1. 明确仓储和仓储管理的概念、意义；
2. 了解仓储业国内外发展状况。

知识重点

1. 仓储的意义和仓储管理合理化的标志；
2. 掌握仓储组织的设置和结构。

**案例
导入**　　**华为：现代化企业、现代化仓储**

　　华为技术有限公司(以下简称华为)于1987年成立于中国深圳,是全球领先的电信解决方案供应商。在20多年的时间里,华为基于客户需求持续创新,在电信网络、全球服务和终端三大领域都确立了端到端的领先地位。凭借在固定网络、移动网络和IP数据通信领域的综合优势,华为已成为全IP融合时代的领导者。目前,华为的产品和解决方案已经应用于全球140多个国家,服务全球运营商50强中的45家及全球1/3的人口。

　　华为制造业务部门将由深圳坂田搬迁至东莞SSH工业园,将实现华为原材料到自动化立体仓库的集自动收货、质检、储存、分拣和发货为一体的配套系统,包括自动传输系统、物料分拣系统、货架系统、堆垛机系统、输送机系统、业务管理和控制系统、条形码系统、箱输送系统等的设计、制作、运输、装卸、安装及调试验收交付、技术资料、验证文档、售后服务等全过程。

　　华为物流中心采用国际、国内领先技术及设备,是集光、机、电、信息于一体的高度复杂的自动化物流系统工程。其配合华为的整体战略思想,展示了华为与时俱进的形象及现代化的物流管理能力。其用户解决方案具有如下特点。

　　1. 从入库到出库的全程自动化:入库周转箱从月台到拆包装区自动化搬送,入库托盘与周转箱自动上架,补货料箱自动化搬送与分流,拣选货物自动供给,分拣机自动化分拣。

　　2. 业务优化:GTP作业模式,PTL灯光指示拣选,提前拣选,高价值商品的紧急应对,夹层拆包,贴标业务处理。

　　3. 有限空间的充分利用:自动化立体仓库实现密集储存,水平旋转货架创造更多的拣选点,空托盘和料箱收集与供应,逆向物流自动化作业。

　　GTP站台采用货到人的接力式拣选模式,有效地节省了人工搬运距离,提高了作业效率。本站台的设计完全符合人体工程学,有效地将PTL拣选模式、自动输送模式整合为一体,同时本设计方案具备后续业务的扩展性。

夹层方案设计,对料箱业务提前进行预处理,同时有效地利用了物流中心建筑的空间,提高了空间利用率,保证了入库暂存区的面积。同一层面的自动立体仓库内有效利用空间,设置了料箱业务的二次回库及出库作业,增加了货位,提高了库存能力。

侧边拣选区域实现了自动化入库、补货、PTL 拣选三维一体的立体拣选模式,采用接力拣选模式为生产线直接供料。

对于拉手条等大件商品实现在线直接拣选,提高了作业效率,节省了离线作业的暂存场地,同时在设计时充分考虑了作业高峰期的应对策略,设计有备用暂存拣选站台。

整个华为物流中心的设计采用了一、二级库分级管理,确保整个供料系统面对临时灾难性状况导致的供料中断可以有双重防护,通过各功能区的并行库存管理及多站点式拣选,可以有效降低单个站点或功能区障碍导致的无法拣料。此外,在项目设计伊始华为就充分考虑了防灾预备方案,确保整个物流中心在紧急情况下仍然可以为生产线供料。

第一节　仓储管理

一、仓储与仓储管理的概念

(一) 仓储的内涵及分类

1. 仓储的内涵

仓储管理是企业物流中一个十分重要的环节,是企业针对存货收发存与产供销各环节的特点,事先制定的一套相互牵制、相互稽核、相互验证的内部监控管理,是企业整个内部控制中的重点和中心。"仓"也称为仓库,是存放物品的建筑物和场地,可以是房屋建筑、大型容器、洞穴或特定的场地等,具有存放和保护物品的功能;"储"表示收存以备使用,具有收存、保管、交付使用的意思,当适用有形物品时也称为储存。"仓储"则为利用仓库存放、储存未即时使用的物品的行为。简言之,仓储就是在特定的场所储存物品的行为。

仓储的形成是社会产品出现剩余和产品流通的需要,当产品不能被即时消耗掉,需要专门的场所存放时,就产生了静态的仓储。而将物品存入仓库及对存放在仓库里的物品进行保管、控制、提供使用等管理,就形成了动态仓储。仓储在整个物品流通过程中具有相当大的作用。马克思在《资本论》中说道:"没有商品的储存就没有商品的流通。"有了商品的储存,社会再生产过程中物品的流通过程才能正常进行。

仓储的性质可以归结为仓储是物质产品的生产持续过程,物质的仓储也创造着产品的价值;仓储既有物品静态的储存,也有物品动态的存取、保管、控制监督的过程;仓储活动发生在仓库等特定的场所;仓储的对象既可以是生产资料,也可以是生活资料,但必须是实物。

仓储管理是现代物流管理的重要内容之一,是向物品提供存放场所、物品的存取和对存放物品的保管保养、控制监督与核算等过程的统称。现代仓储与传统仓储相比有较大的区别。传统仓储管理主要体现的是对物品的管理,体现出静态的特性,而现代仓储管理更注重满足客户需求、高动态响应和低成本等方面的管理。

2. 仓储的分类

(1) 按仓储经营主体划分

① 企业自营仓储。企业自营仓储包括生产企业和流通企业的自营仓储。

② 营业仓储。营业仓储是仓库所有者以其拥有的仓储设施,向社会提供商业性仓储服务的仓储行为。

③ 公共仓储。公共仓储是公用事业的配套服务设施,为车站、码头提供仓储配套服务。

④ 战略储备仓储。战略储备仓储是国家根据国防安全、社会稳定的需要,对战略物资实行战略储备而形成的仓储。

(2) 按仓储对象划分

① 普通物品仓储。普通物品仓储是指不需要特殊保管条件的物品仓储。

② 特殊物品仓储。特殊物品仓储是指在保管中有特殊要求和需要满足特殊条件的物品仓储。

(3) 按仓储功能划分

① 储存仓储。储存仓储是指物资较长时间存放的仓储。

② 物流中心仓储。物流中心仓储是指以物流管理为目的的仓储活动,是为了有效实现物流的空间与时间价值,对物流的过程、数量、方向进行调节和控制的重要环节。

③ 配送仓储。配送仓储是指商品在配送交付消费者之前所进行的短期仓储,是商品在销售或供生产使用前的最后储存。

④ 运输转换仓储。运输转换仓储是指衔接铁路、公路、水路等不同运输方式的仓储。它一般设置在不同运输方式的相接处,如港口、车站、库房等场所进行的仓储。

⑤ 保税仓储。保税仓储是指使用海关核准的保税仓库存放保税货物的仓储行为。

(4) 按仓储物的处理方式划分

① 保管式仓储。存货人将特定的物品交由仓储保管人代为保管,物品保管到期,保管人将代管物品交还存货人。以这种方式进行的仓储就是保管式仓储。

② 加工式仓储。仓库保管人在物品仓储期间根据存货人的合同要求,对仓储物进行合同所规定的外观、形状、成分构成、尺度等方面的加工或包装,使仓储物满足委托人的要求。这种仓储方式就是加工式仓储。

③ 消费式仓储。仓库保管人在接受保管物时,同时接受保管物的所有权,仓库保管人在仓储期间有权对仓储物行使所有权,待仓储期满,保管人将相同种类、品种和数量的替代物交还委托人。这种仓储方式就是消费式仓储。

3. 仓储的功能与作用

(1) 仓储的功能

① 储存和保管。仓库具有一定的空间,用于储存物品,并根据储存物的特性配备相应的设备,以保持储存物完好。例如,储存挥发性溶剂的仓库,必须设有通风设备,以防止空气中挥发性物质含量过高而引起爆炸。储存精密仪器的仓库,需防潮、防尘、恒温,因此,应设立空调、恒温等设备。在仓库作业时,还有一个基本要求,就是防止搬运和堆放时碰坏、压坏物品,从而要求搬运器具和操作方法的不断改进和完善,使仓库真正起到储存和保管的

作用。

②调节供需。创造物质的时间效用是物流的两大基本职能之一,物流的这一职能是由物流系统的仓库来完成的。现代化大生产的形式多种多样,从生产和消费的连续性来看,每种产品都有不同的特点,有些产品的生产是均衡的,而消费是不均衡的,还有一些产品生产是不均衡的,而消费却是均衡不断地进行的。要使生产和消费协调起来,就需要仓库来起"蓄水池"的调节作用。

③调节货物运输能力。各种运输工具的运输能力是不一样的。船舶的运输能力很大,海运船一般是万吨级,内河船舶也有几百吨至几千吨的;火车的运输能力较小,每节车皮能装运30~60吨,一列火车的运量最多大几千吨;汽车的运输能力很小,一般每辆车装4~10吨。它们之间的运输衔接是很困难的,这种运输能力的差异,也是通过仓库进行调节和衔接的。

④流通配送加工。现代仓库的功能已处在由保管型向流通型转变的过程之中,即仓库由储存、保管货物的中心向流通、销售的中心转变。仓库不仅要有储存、保管货物的设备,而且还要增加分拣、配套、捆绑、流通加工、信息处理等设置。这样,既扩大了仓库的经营范围,提高了物质的综合利用率,又方便了消费,提高了服务质量。

⑤信息传递。在处理仓库活动有关的各项事务时,需要依靠计算机和互联网,通过电子数据交换(EDI)和条形码技术来提高仓储物品信息的传输速度,及时而又准确地了解仓储信息,如仓库利用水平、进出库的频率、仓库的运输情况、顾客的需求及仓库人员的配置等。

⑥产品生命周期支持。美国物流管理协会2003年发布的物流定义为:物流管理是供应链管理的一部分,是对货物、服务及相关信息从起源地到消费地的有效率、有效益的正向和反向流动和储存进行的计划、执行和控制,以满足客户要求。可见现代物流包括了产品从"生"到"死"的整个生产、流通和服务的过程。因此,仓储系统应对产品生命周期提供支持。

（2）仓储的作用

仓储通过改变物的时间状态,克服产需之间的时间差异而在物流中获得时间效用。仓储不是一个完全静态的过程,它具有基本的经济功能。仓储的作用包括整合、分类与交叉站台、加工/延期、堆存与保管。

①整合。整合是指仓库接收来自一系列制造工厂指定送往某地的材料,然后把它们整合成单一的一票装运。通过整合,有可能实现最低的运输费率,并减少在顾客的收货站台处发生拥塞。

②分类与交叉站台。分类作业接收来自制造商的顾客组合订货,并把它们装运到个别的顾客处去。分类仓库或分类站把组合订货分类或分割成个别的订货,并安排当地的运输部门负责递送。由于长距离运输转移的是大批量装运,所以运输成本相对比较低,进行跟踪也不太困难。交叉站台作业是先从多个制造商处运来整车的货物;收到产品后,如果有标签的,就按顾客进行分类,如果没有标签,则按地点进行分配;然后,产品就像"交叉"一词的意思那样穿过"站台"装上指定去适当顾客处的拖车;一旦该拖车装满了来自多个制造商的组合产品后,它就被放行运往零售店。在此过程中,由于产品不需要储存,降低了在交叉站台设施处的搬运成本。此外,由于所有的车辆都进行了充分装载,更有效地利用了站台设施,使站台装载利用率最大化。

③加工/延期。加工/延期是指仓库承担加工或参与少量的制造活动。

④ 堆存与保管。全年生产季节性消费或季节性生产全年消费的产品,都必须通过堆存与保管提供存货缓冲,使生产活动在受到材料来源和顾客需求的限制条件下提高效率。此外,生产或收获的产品,产出多少就销售多少,不进行保管,价格必然暴跌,为了防止这种情况的发生也需要把产品保管在仓库里。可见保管在提高时间功效的同时还有调节价格的功能。堆存与保管是一种静止的状态,也可以说是时速为零的运输。在此期间,保管还含有保持商品品质不发生变化,即保持商品的使用价值或商品本身的市场价值。因此,我们说保管具有以调整供需为目的的调整时间和调整价格的双重功能。

(3)仓储的意义

① 仓储是现代物流不可缺少的重要环节。关于仓储对于物流系统的重要意义,我们还可以从供应链的角度来进一步认识。从供应链的角度,物流过程可以看作是由一系列的"供给"和"需求"组成,当供给和需求节奏不一致,也就是两个过程不能够很好地衔接,出现生产的产品不能即时消费或者存在需求却没有产品满足时,就需要建立产品的储备,将不能即时消费的产品储存起来以满足后来的需求。供给和需求之间既存在实物的"流动",同时也存在实物的"静止",静止状态即是将实物进行储存,实物处于静止是为了更好地衔接供给和需求这两个动态的过程。

② 仓储能对货物进入下一个环节前的质量起保证作用。在货物仓储环节对产品质量进行检验,能够有效防止伪劣产品流入市场,从而保护了消费者权益,也在一定程度上保护了生产厂家的信誉。通过仓储来保证产品质量主要包括两个环节:一是在货物入库时进行质量检验看货物是否符合仓储要求,严禁不合格产品混入库场;二是在货物的储存期间,要尽量使产品不发生物理及化学变化,尽量减少库存货物的损失。

③ 仓储是保证社会再生产过程顺利进行的必要条件。货物的仓储过程不仅是商品流通过程顺利进行的必要保证,也是社会再生产过程得以进行的保证。

④ 仓储是加快商品流通,节约流通费用的重要手段。虽然货物在仓库中进行储存时,是处于静止的状态,会带来时间成本和财务成本的增加,但事实上从整体上而言,它不仅不会带来时间的损耗和财务成本的增加,反而能够帮助加快流通,并且节约运营成本。

⑤ 仓储能够为货物进入市场作好准备。仓储能够在货物进入市场前完成整理、包装、质检、分拣等程序,这样就可以缩短后续环节的工作时间,加快货物的流通速度。

 小·知识

辛亥革命前,孙中山先生在赴京上李鸿章书中提出4项革新政治的主张,即"人能尽其才,地能尽其力,物能尽其用,货能畅其流"。郑观应在同年也提出了"物畅其流"的主张。他的原话是"造铁路,薄税敛,保商务,使物畅其流"。以后便被很多人认为,"货畅其流"的主张是孙中山首先提出的。其实,这是长期以来中国文化中已经形成的一种思想脉络,最早的文字表述可以上溯到荀子。早在公元前战国时期,荀子就已经形成了这个思想脉络,也有人把这种思想归纳成"货畅其流",并且把这种提法归功于荀子。

在《富国篇》中,荀子的如下表述涉及"货畅其流"的思想。

"足国之道,节用裕民,而善臧其余。"

"百姓时和,事业得叙者,货之源也。等赋府库者,货之流也。"

"谨养其和,节其流,开其源,而时斟酌焉。"

"通流财物粟米,无有滞留,使相归移。"

此外,春秋时期在齐国任宰相的管子提出了"仓廪实而知礼节"的观点,明确表述了一个国家的稳定和社会的和谐,需要有物质基础,那就是仓库里堆存满满的,没有衣食后顾之忧,才能够有条件、有精力、有时间去知晓礼貌仪表之事,从而修身养性、创造和谐。

上面所说的荀子和管子只是两个代表人物,说明了我国在先秦时期就形成了仓储理论和思想,先秦诸子已形成所谓的"重储思想",并且将仓储问题政治化,和国力、权力及社稷安危直接联系在一起,实际上仓储已远超出了实物的运动范畴,而升华到国家、社稷、民生乃至治国之策。

(二)仓储管理

1. 仓储管理概述

所谓仓储管理,是指对仓库和仓库中储存的物资进行管理,是仓储机构为了充分利用所具有的仓储资源提供高效的仓储服务所进行的计划、组织、控制和协调过程。具体来说,仓储管理包括仓储资源的获得、经营决策、商务管理、作业管理、仓储保管、安全管理、人事劳动管理、经济管理等一系列管理工作。

仓储管理是一门经济管理科学,同时也涉及应用技术科学,故属于边缘性学科。仓储管理的内涵是随着其在社会经济领域中的作用不断扩大而变化的。仓储管理,即库管,是指对仓库及其库存物品的管理。仓储系统是企业物流系统中不可缺少的子系统。物流系统的整体目标是以最低成本提供令客户满意的服务,而仓储系统在其中发挥着重要作用。仓储活动能够促进企业提高客户服务水平,增强企业的竞争能力。现代仓储管理已从静态管理向动态管理转变,从而对仓储管理的基础工作也提出了更高的要求。

2. 仓储管理的基本内容

① 仓库的选址与建设,包括仓库的选址原则,仓库建筑面积的确定,库内运输道路与作业的布置等。

② 仓库机械作业的选择与配置,包括如何根据仓库作业特点和所储存货物种类及其物理、化学特性,选择机械装备及应配备的数量,如何对这些机械进行管理等。

③ 仓库的业务管理,包括如何组织货物入库前的验收,如何存放入库货物,如何对在库货物进行保管养护,发放出库等。

④ 仓库的库存管理,包括如何根据企业生产的需求状况和销售状况,储存合理数量的货物,既不会因为储存过少引起生产或销售中断而造成损失,又不会因为储存过多占用过多的流动资金等。

⑤ 仓库的组织管理,包括货源的组织,仓储计划,仓储业务,货物包装,货物养护,仓储成本核算,仓储经济效益分析,仓储货物的保税类型、保税制度和政策,保税货物的海关监管,申请保税仓库的一般程序等。

⑥ 仓库的信息技术,包括仓库管理中信息化的应用及仓储管理信息系统的建立和维护等问题。此外,仓储业务考核、新技术新方法在仓库管理中的运用、仓库安全与消防等,都是仓储管理所涉及的内容。

3. 仓储管理的原则

（1）效率的原则

效率是指在一定劳动要素投入量时的产品产出量。较小的劳动要素投入和较高的产品产出量才能实现高效率。高效率就意味着劳动产出大。高效率是现代生产的基本要求。仓储的效率表现在仓容利用率、货物周转率、进出库时间、装卸车时间等指标上。高效率仓储指"快进、快出、多存储、保管好"。

仓储的生产管理的核心就是效率管理，实现最少的劳动量的投入获得最大的产品产出。劳动量的投入包括生产工具、劳动力的数量，以及他们的作业时间和使用时间。效率是仓储其他管理的基础，没有生产的效率，就不会有经营的效益，就无法开展优质的服务。高效率的实现是管理艺术的体现，通过准确地核算，科学地组织、安排场所和空间、机械设备与人员，使部门与部门、人员与人员、设备与设备、人员与设备之间默契配合，使生产作业过程有条不紊地进行。

高效率还需要有效管理过程的保证，包括现场的组织、督促，标准化、制度化的操作管理，严格的质量责任制的约束。现场作业混乱、操作随意、作业质量差，甚至出现作业事故显然不可能有效率。

（2）经济效益的原则

厂商生产经营的目的是获得最大化利润。利润是经济效益的表现。实现利润最大化需要做到经营收入最大化和经营成本最小化。作为参与市场经济活动主体之一的仓储业，也应围绕着获得最大经济效益的目的进行组织和经营。同时也需要承担部分社会责任，履行环境保护、维护社会安定、满足社会不断增长的需要等社会义务，实现生产经营的社会效益。

（3）服务的原则

仓储活动本身就是向社会提供服务产品。服务是贯穿在仓储中的一条主线，从仓储的定位、仓储具体操作、对储存货物的控制都围绕着服务进行。为提供服务、改善服务与提高服务质量而开展的管理，包括直接的服务管理和以服务为原则的生产管理。仓储的服务水平与仓储经营成本有着密切的相关性，两者互相对立。服务好，成本高，则收费高，仓储服务管理就是在降低成本和提高（保持）服务水平之间保持平衡。仓储企业进行服务定位的策略如下。

进入或引起竞争时期：高服务低价格且不惜增加仓储成本。

积极竞争时期：用较低的成本实现较高的仓储服务。

稳定竞争时期：提高服务水平，维持成本不变。

已占有足够的市场份额处于垄断竞争（塞头）：服务水平不变。

退出阶段或完全垄断：大幅降低成本，但也降低服务水平。

二、仓储与仓储管理的任务

（一）仓储的任务

仓储的任务包括仓储的基本任务和增值服务任务。仓储的物资储存决定了仓储的基本任务是储存保管、流通控制、数量管理与质量保证。同时，利用物资在仓储的存放，开发和开展多种服务以提高仓储附加值、促进物资流通、提高资源效益也是仓储的重要任务。

1. 基本任务

基本任务主要包括储存保管、流通控制、数量管理和质量管理等。

（1）储存保管

储存保管是指保管人将存货人所交付的货物在特定的场所收存并进行妥善保管。这是仓储最基本的任务。

（2）流通控制

流通控制就是对物资是仓储还是流通作出安排，确定储存时机、计划存放时间，当然还包括储存地点的选择。

（3）数量管理

仓储的数量管理包括两个方面：一方面为存货人交付保管的仓储物的数量和提取仓储物的数量必须一致；另一方面为保管人可以按照存货人的要求分批收货和分批出货，对储存的货物进行数量控制，配合物流管理的有效实施，同时向存货人提供存货数量的信息服务，以便客户控制存货。

（4）质量管理

为了保证仓储物的质量不发生变化，保管人需要采取先进的技术、合理的保管措施，妥善和勤勉地保管仓储物。

2. 增值服务任务

增值服务任务主要包括交易中介、流通加工、配送与配载等。

（1）交易中介

大量存放在仓库的有形资产，以及与物资使用部门广泛的业务联系，为仓储经营人开展现货交易中介工作提供了较为便利的条件。交易中介也有利于加速仓储物的周转。

（2）流通加工

加工本是生产的环节，但是为了满足多样化、个性化产品生产，以及严格控制物流成本的需要，生产企业将产品的定型、分装、组装、装潢等工序留到最接近销售的仓储环节进行，使得仓储成为流通加工的重要环节。

（3）配送

仓储配送业务的发展，有利于生产企业降低存货，减少固定资金投入，实现准时制生产；有利于商店减少存货，降低流动资金使用量，且能保证销售。

（4）配载

货物在仓库集货，按照运输的方向进行分类仓储，当运输工具到达时出库装运。而在配送中心就不断地对运输车辆进行配载，确保配送的及时进行和运输工具的充分利用。

（二）仓储管理的任务

1. 利用市场经济手段获得仓储资源的最大配置

市场经济最主要的功能是通过市场的价格和供求关系调节经济资源的配置。市场配置资源以实现资源最大效益为原则，这也是企业经营的目的。配置仓储资源也应依据所配置的资源能获得最大效益为原则。仓储管理需要营造本仓储机构的局部效益空间，吸引资源的进入。其具体任务包括：根据市场供求关系确定仓储的建设，依据竞争优势选择仓储地址,以生产产品决定仓储专业化分工和确定仓储功能,以所确定的功能决定仓储布局,根据设备利用率决定设备配置等。

2. 以高效率为原则组织管理机构

管理机构是进行有效仓储管理的基本条件,是一切管理活动的保证和依托。生产要素,特别是人的要素,只有在良好组织的基础上才能发挥其作用,体现整体的力量。应围绕仓储经营的目标,依据管理幅度和因事设岗、责权对等的原则,建立结构简单、分工明确、相互合作和促进的管理机构和管理队伍。

仓储管理机构按照属性不同,可分为独立仓储企业的管理组织、附属仓储机构的管理组织。一般都设有内部行政管理机构、商务、库场管理、机械设备管理、安全保卫、财务,以及其他必要的机构。仓储管理机构内部大都采取直线职能制或事业部制组织结构。随着计算机网络的应用普及,仓储管理机构向少层次的扁平化结构发展。

3. 以高效率、低成本为原则组织仓储生产

仓储生产包括货物入仓、堆存、出仓的作业,仓储物验收、理货交接,在仓储期间的保管照料、质量维护、安全防护等。仓储生产的组织遵循高效、低耗的原则,充分利用机械设备、先进的保管技术、有效的管理手段,实现仓储快进、快出,提高仓储利用率,降低成本,不发生差、损、错事故,保持连续、稳定的生产。仓储生产管理的核心在于充分使用先进的生产技术和手段,建立科学的生产作业制度和操作规程,实行严格的监督管理,采取有效的员工激励机制。特别是非独立经营的部门,仓储管理的中心工作就是开展高效率、低成本的仓储生产管理,充分配合企业的生产和经营。

4. 以不断满足社会需要为原则开展商务活动

商务工作是仓储对外的经济联系,包括市场定位、市场营销、交易和合同关系、客户服务、争议处理等。仓储商务是经营仓储生存和发展的关键性工作,是经营收入和仓储资源充分利用的保证。从功能来说,商务管理是为了实现收益最大化,但是作为社会主义的仓储管理,必须遵循不断满足社会生产和人民生活需要的生产原则,最大限度地提供仓储产品。满足市场需要包括数量上和质量上的满足两个方面。仓储管理者还要不断掌握市场的变化发展,不断创新,提供适合经济发展的仓储产品。

5. 通过优质服务、讲信用树立企业形象

企业形象是指企业展现在社会公众面前的各种感性印象和总体评价的整合,包括企业及产品的知名度、社会的认可程度、美誉度、客户的忠诚度等方面。企业形象是企业的无形财富,良好的形象促进产品的销售,也为企业的发展提供良好的社会环境。作为产业服务的仓储业,其企业形象所面向的对象主要是生产、流通经营者,其企业形象的树立主要通过服务质量、产品质量、诚信和友好合作来获得,并通过一定的宣传手段在潜在客户中推广。在现代物流管理中,对服务质量的高要求、对合作伙伴的充分信任促使仓储企业的形象建立极为必要,具有良好形象的仓储企业能在物流体系中占据一席之地,适应现代物流的发展。

6. 通过制度化、科学化的先进手段不断提高管理水平

正如任何企业的管理都不可能一成不变,需要随着形势的发展不断调整一样,仓储管理也要根据仓储企业的经营目的、社会需求的变化而改变。管理也不可能一步到位,一开始就设计出一整套完善的管理制度实施于企业,不仅教条,而且也不可行。仓储管理也要从简单管理到复杂管理、从直观管理到系统管理,在管理实践中不断补充、修正、完善,不断提高。

仓储管理的动态化和管理变革,既可能促进管理水平的提高,提高仓储效益,也可能因为脱离实际、不符合人们的思维习惯或形而上学,使管理的变革失败,甚至倒退,不利于仓储业的发展。因而仓储管理的变革需要制度化,通过科学的论证,广泛吸取先进的管理经验,针对本企业的客观实际进行设计。

7. 从技术到精神领域提高员工素质

没有高素质的员工队伍,就没有优秀的企业。企业的一切行为都是人的行为,是每一个员工履行职责的行为表现。员工的精神面貌体现了企业的形象和企业文化。仓储管理的一项重要工作就是不断提高员工的素质,根据企业形象建设的需要加强对员工的约束和激励。员工的素质包括员工每个人的技术素质和精神素质。通过不断的、系统的培训和严格的考核,保证每个员工熟练掌握其从事劳动岗位应知、应会的操作,以及管理技术和理论知识,且要求精益求精,跟上技术和知识的发展和保持不断更新;明白岗位的工作制度、操作规程;明确岗位所承担的责任。

良好的精神面貌来自于企业和谐的氛围、有效的激励、对劳动成果的肯定,以及有针对性开展的精神文明教育。在仓储管理中应重视员工的地位,而不能将员工仅仅看作是生产工具和生产要素。在信赖中约束,在激励中规范,使员工人尽其才,获得劳有所得、人格被尊重的感受,形成热爱企业、自觉奉献、积极向上的精神面貌。

第二节　仓储组织

一、仓储组织概念

仓储组织按照预定的目标,将仓库作业人员与仓库储存手段有效地结合起来,完成仓库作业过程各环节的职责,为商品流通提供良好的储存服务。仓储组织的主要目标有:快进、快出、多仓储、保管好、费用省。

二、仓储组织管理建设原则

1. 客户服务原则

客户开发、客户管理、客户服务是配送中心业务发展的龙头,应该从组织体系建设上强化这项工作的落实。应该设立专门的客户服务与管理部门和岗位,负责客户开发、服务和客户档案管理、资料查询工作,包括合同的签订、管理,客户的联系、访问、开发、服务,市场信息的采集、整理、分析,客户档案资料的建立和管理,受理客户投诉等业务。

2. 流程控制原则

应坚持流程控制原则,改变长期以来我国许多单位一直沿用的仓库保管员从收货到发货由一个人全程负责和各管一摊、相互独立、封闭的传统管理方式,将对外业务受理、单证、资料及账务管理同货物的现场作业、管理作业分开,分别设置业务受理员和理货员岗位进行管理,明确各自的分工范围和岗位职责,实行相互监督、相互制约,从而发挥服务功能,提高作业效率。

三、仓储部组织结构

仓储部的组织结构可依据企业的类型、规模、经营范围和管理体制等的不同而选择不同的结构模式,设置不同的管理层次、职能工作组,安排不同的人员。

(一)仓储部组织结构的类型

1. 按职能来设计

按照职能不同设计组织结构,即将仓储部主导业务分解成多个环节,由相应的职能小组负责执行。其具体组织结构范例如图1.1所示。

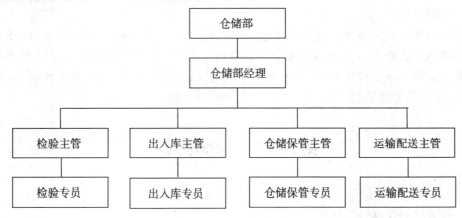

图1.1 按照职能不同设计的组织结构范例

2. 按照储存对象来设计

按照储存对象不同设计组织结构,即根据企业生产、经营的需要,将不同的物资分别存放在不同的仓库,然后相应地设置职能工作组和配备人员,如图1.2所示。

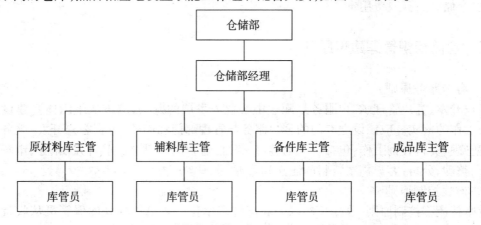

图1.2 按储存对象不同设计的组织结构范例

3. 按仓库规模来设计

（1）小型仓储部组织结构范例（见图1.3）

图1.3　小型仓储部组织结构范例

（2）中型仓储部组织结构范例（见图1.4）

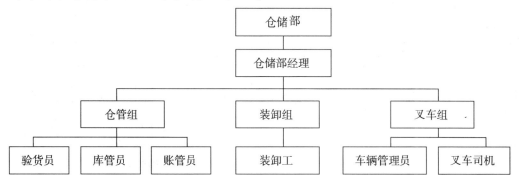

图1.4　中型仓储部组织结构范例

（3）大型仓储部组织结构范例

① 按大型仓库储存物资的不同类型设计的仓储部组织结构范例如图1.5所示。

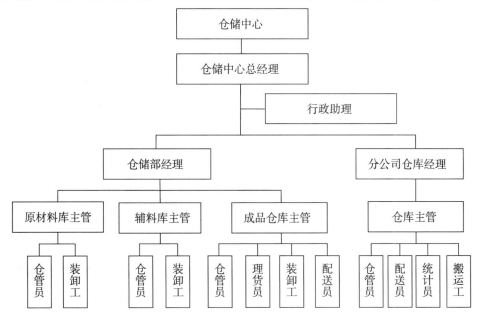

图1.5　按储存对象设计的大型仓储部组织结构范例

② 按大型仓库的不同职能设计的仓储部组织结构范例如图 1.6 所示。

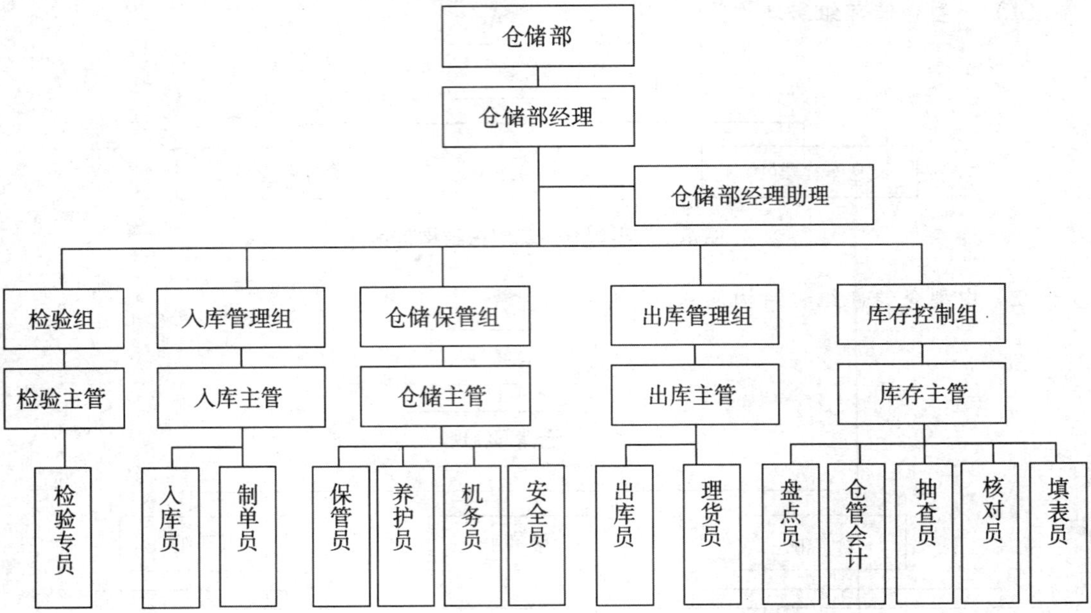

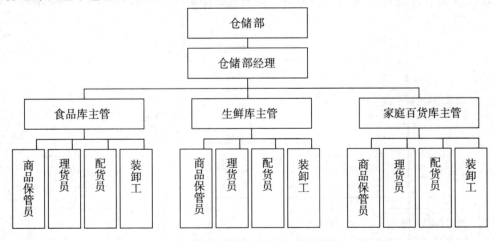

图 1.6 按不同职能设计的大型仓储部组织结构范例

4. 按不同企业类型来设计

① 对超市而言,其仓储部主要负责各类商品的出入库管理、在库商品保管、理货配货及安全管理等。超市仓储部的组织结构范例如图 1.7 所示。

图 1.7 超市仓储部组织结构范例

② 对物流企业而言,其仓储部的主要职能是按照客户的需求提供物资仓储服务。物流企业仓储部的组织结构范例如图 1.8 所示。

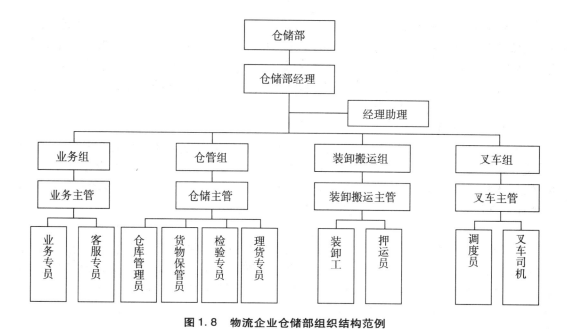

图1.8　物流企业仓储部组织结构范例

四、仓储组织主要岗位设置

1. 配送中心总经理

配送中心总经理向总部营运部负责,主持配送中心日常管理工作,负责收货区进出的商品及有关单据的审核、把关,并快速准确地传递单据。其主要职责包括:库存商品调拨送货和对账的管理工作;确保收货区库存商品的质量完好、数量完整;及时处理商品进出过程中存在的问题,重大事件及时通报有关部门;监督管理收货区计算机和各类装卸设备、工具的使用;确保收货区商品按类别合理堆放,周转畅通;对下属员工的管理、监督、考核、培训;监督检查防火、防盗、防鼠、防汛工作,负责仓库财产安全;制定并实施本部门工作和培训计划,并对执行情况进行监控、评估;合理分配员工工作,并进行考核;积极配合各部门的工作,并协调处理各部门与本部门之间的关系。

2. 市场业务员

市场业务员主要负责业务的接洽、客户的开发和合同的签订。其主要职责包括:服从配送中心总经理的领导,按要求完成下达任务;协调配送中心与客户的关系,保证业务接洽、客户开发与合同签订的顺利开展;及时反馈市场信息,向配送中心总经理提出合理化建议;保守企业商业机密,离开本工作岗位前完成所有工作交接。

3. 生产调度员

生产调度员在项目执行经理的带领下工作。其主要职责包括:全项目部日常生产、安全的协调调度和管理工作;做好"上传下达"工作,负责及时准确地向劳务班组传达生产任务、生产调度指令、各项通知、通报等;负责向有关领导及时汇报生产情况及主要生产进度;随时掌握生产、安全动态;对现场生产进度情况进行重点了解,发现问题及时如实逐级上报;负责建立完整的原始记录,及时提供调度报表和生产、安全动态分析资料,做到汇报及时、数字准确、内容完整、问题真实;对各区劳务队的组织机构、主要岗位人员的有关情况和变动要及时了解掌握;负责每周、每天的生产碰头会的召集、记录等工作;负责汇总上报各区劳务队的材料计划,并按项目部的既定程序审核、审批后报材料组采购和及时催促;负责每周现场安全生产检查的召集,配合安全负责人做好检查工作。

4. 业务受理员

业务受理员主要负责受理客户的收发货请求,对配送中心出具的有关业务单据进行验证、复核及打印。其主要职责包括:负责受理客户的收发货业务;完成有关业务单证与资料的验证、审核、填制、建档、保管;主要负责进出库数量的统计、建账和出具各类业务报表;向有关业务部门及客户提供所管货物的相关资料和信息查询、咨询。

5. 接运员

在货物到达仓储区后,接运员主要负责对货物装载工具封装情况等进行检验,以及完成卸货、收货、发货、代运和货物中转的工作。其主要职责包括:负责和铁路运输部门的业务联系,负责通过铁路专用线到达货物的接收与发运,以及铁路专用线的营运与管理工作;负责汽车运输到库货物的接收和出库货物的发运工作;负责现场的监督装卸和作业组织;负责货物的交接及向有关部门索取、出具有关记录。

6. 理货员

理货员主要负责完成货物检验和复核,仓储区货位安排、码放、备货,货物在库保管维护工作。其主要职责包括:负责货物的现场收发、保管、清点、交接工作;熟悉和掌握库存和仓容情况,合理安排货物储存与堆码;经常了解和掌握库存货物的保管情况和质量状况,遇到问题及时通知业务受理员或存货人,并积极配合妥善处理;负责库存货物的定期或动态清查、盘点;负责库房、货场、货区、货位的现场管理。

7. 配送业务员

配送业务员主要负责处理货物从仓库运往目的地时,运输工具的组织、运输时间的安排等事宜。其主要职责包括:负责客户委托代运货物的运输计划安排和组织,为客户设计和提供科学合理的物流组织方案;负责与承运部门、客户之间的提送货等业务联系及有关问题的协调和处理;负责到车站、码头、机场、邮局提取货物的到货凭证、发货运单、结算单据等单证、资料交给业务受理员;熟悉和掌握各种运输方式的业务规程和要求,了解和掌握社会运输资源、交通路况等,熟悉和掌握本单位自有运输能力和车辆、设备状况。

第三节　我国仓储业的现状与趋势

一、我国仓储业的现状

1. 我国仓储业的发展阶段

我国仓储业有着悠久的历史,在我国整个经济发展中起着相当大的作用。从我国的仓储业发展史来看,可以将其分为如下 3 个阶段。

（1）古代仓储业

在原始社会,由于生产力低下、物资条件极差,但是为了生存或适应季节的变化等,将部分物品进行储存。这种行为就是仓储的萌芽。

（2）近代仓储业

随着生产力的发展和社会分工、生活方式的改变,尤其是经济的发展和物品的逐渐丰富,仓储业得到了较大的发展。在19世纪,仓储业在沿海工业发达地区,如上海、天津、广州等地得到了迅速发展。

（3）新中国成立后的仓储业

新中国成立后,通过对各行业和部门仓库的整合优化,仓储业为经济建设作出了一定的贡献。这期间出现了一些自动化程度较高、设施设备较先进的自动化立体仓库。

2. 我国仓储业的现状

仓储业随着经济的发展、生产力的提高而不断发展。尤其是经济高速发展的今天,我国正从一个制造大国走向制造强国。在这一过程中,如何实现仓储业的高效化显得越来越重要。由于各种原因,仓储业总体上还比较落后,仓储业的落后造成了物流的低效益,从而不能满足高速经济发展的需要。这些问题主要体现在以下几个方面。

（1）企业对现代物流服务的需求不足

有相当数量的企业管理观念陈旧,仍然停留在"大而全"或"小而全"的经营组织方式上。这种小规模、专业化程度低、以自我服务为主的物流活动模式在很大程度上限制和延迟了对高效率、专业化、社会化的现代物流服务的需求。

（2）提供专业的一体化现代物流服务的物流企业数量不多

从目前仓储业来看,绝大多数仓储企业所提供的仓储服务方式和手段比较单一,一般只是提供简单的运输、仓储或货运代理等传统的服务,没有形成物流供应链上的一体化服务。其次,仓储业存在着技术装备落后、管理方法不科学、管理人员素质不高等问题。此外,动态管理的响应度不高等因素影响了物流服务的准确性与及时性,从而使企业缺乏竞争力。

（3）管理体制和法规建设在现代物流产业的发展中体现不健全

管理体制和法规建设滞后,对于不能适应物流仓储业发展的各类规定和政策要进行及时的清理和修改,努力营造一个公正、公平、合理有序的竞争环境。

（4）仓储业的标准化程度不高

目前,物流行业标准尚未统一,这造成物流成本的提高。

（5）素质高的物流人才匮乏

物流行业的人才匮乏是影响高效率物流的主要因素之一。国内尽管培养了一定数量的物流专业学生,但是仍然不能适应物流仓储业等发展的需要,尤其是高层次的管理人员更是难求。

二、仓储业的发展趋势

1. 传统仓储业应向综合物流发展

传统仓储业务单一,不能适应现代物流客户的个性化需求,应树立以客户为中心的理念,依据自身的优势和特点充分满足客户需要。发展基于仓储的流通加工等增值业务,满足客户日益提高的个性化和差异化的需求。服务品种多样化、个性化、快速化成为传统仓储企业发展现代物流的主要手段,提升了整个仓储业的水平。有条件的仓储企业应向第三方物流或物流中心、配送中心方向发展。

2. 实现基于高度信息化基础上的仓储物流管理

现代物流管理已进入集成化的供应链管理时代,要求提供物流服务的企业具有很强的整合能力。缺少高度信息化装备的仓储物流管理很难实现集成化的供应链管理。因此,装备先进的信息化基础设施是现代物流管理的必然选择。先进的信息化装备可以集商流、物流、信息流、资金流于一体,能有效支持员工优化的物流解决方案,为客户提供动态、响应灵敏的高质量服务。

3. 提高仓储设备设施的科学化装备

传统仓储业的手工操作肯定不能适应现代物流的需求,仓储现代化是一种必然趋势。应配置现代化的装卸搬运设备、检验设备、储存设备、分拣设备、计量设备和流通加工设备等来满足集成化的高效率仓储管理的需要。

4. 制定相应的物流技术标准和培养满足需求的人才

要加快制定物流仓储等信息化标准,加快各行业协会的建立,制定各行业的管理规范并进行有效的监督。标准的制定一定要结合国际标准。

采取引进和培养相结合的人才策略,树立客户第一、为客户创造价值的现代管理理念,营造人才流动的政策环境,进行物流企业、科研机构和院校等资本与技术的合作,充分发挥各资源优势,使产学研合作的成果在经济发展中起到积极的作用。

本章小结

仓储管理是企业针对存货收发存与产供销各环节的特点,事先制定的一套相互稽核、相互验证的内部监控管理,是企业整个内控中的重点和中心。完善的仓储组织结构可以很好地执行监控管理。

知识结构图

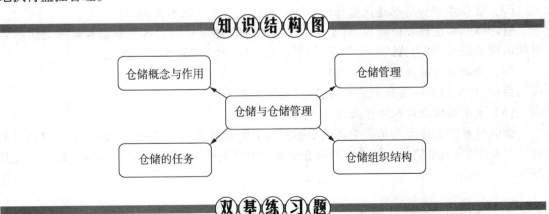

双基练习题

1. 仓储活动的性质总的来看是( )。

    A. 主导性的   B. 生产性的   C. 非生产性的   D. 附属性的

2. (　　)是指服务于一切库存物资的经济技术方法与活动。
　　A. 仓储现代化　　B. 库存管理　　　C. 仓储规划　　　D. 仓储管理

3. 按仓储对象划分,我们可以将仓储分为(　　)。
　　A. 储存式仓储和配送式仓储　　　B. 普通物品仓储和特殊物品仓储
　　C. 加工式仓储和消费式仓储　　　D. 自营仓储和公共仓储

4. 仓储生产管理的核心是(　　),即实现最少的劳动量投入获得最大的产品产出。
　　A. 物资管理　　　B. 效率管理　　　C. 劳动力管理　　　D. 收益管理

5. 物流中心仓储是以物流管理为目的的仓储活动,其具有的特点是(　　)。
　　A. 仓储品种多,批量小　　　　B. 批量分批入库,吞吐能力较弱
　　C. 批量一次性入库,吞吐能力强　　D. 仓储品种较少,批量较大进库

6. 仓储(　　)的基本功能决定了仓储的基本任务是储存保管、存期控制、数量管理和质量维护。
　　A. 配送　　　　　B. 增值服务　　　C. 物资储藏　　　D. 运输

7. 商品仓储活动的重要意义之一就在于(　　)。
　　A. 降低生产成本　　　　　　　B. 有效提高商品周转率
　　C. 平衡运输的负荷　　　　　　D. 满足顾客需求

8. 仓储的最基本的任务是(　　)。
　　A. 必要的流通环节　　　　　　B. 支持生产和销售活动
　　C. 进行物资储存　　　　　　　D. 投机活动

9. 仓储活动本身是(　　)不断提高的产物。
　　A. 销售量　　　B. 生产率　　　C. 消费需求　　　D. 生活水平

10. 商品仓储活动具有生产性质,但与一般的物质生产活动不同,其区别在于(　　)。
　　A. 仓储活动的产品有实物形态
　　B. 仓储活动的产品生产过程和消费过程不是同步进行的
　　C. 商品经过储存保管使用价值不变,但价值有所增加
　　D. 在仓储活动中不用消耗原材料

简答题

1. 仓储的功能主要有哪些?
2. 仓储管理的主要任务是什么?
3. 联系实际谈谈仓储业的未来发展趋势。

案例分析

在沃尔玛超市里,"天天低价"是其最醒目的标签。沃尔玛以合理的利润率决定价格,"天天低价"的背后有一整套完善的物流管理系统,使沃尔玛保持最大销售量和低成本的存货周转。沃尔玛绕开中间环节直接从供货商进货,注意保护供货商的利益,共同降低成本。沃尔玛放弃了通行的直接送货到商店的方式,创建了集中管理的配送中心,配送中心负责商品的集中、筛选、包装和分拣工作。从沃尔玛商店用计算机发出订单,到商品补充完毕,平均

只需 2 天。沃尔玛组建了自己的高效运输车队,实现了全美范围内的快速送货,使沃尔玛各分店即使只维持极少存货也能保持正常销售,大大节省了储存空间和费用。沃尔玛通过自己的卫星通信系统,把供货商、配送中心和各分店紧密地连成一体,既提高了工作效率,也降低了成本,使得沃尔玛超市所售货物在价格上占有绝对优势。沃尔玛前任总裁大卫·格拉斯这样总结:"配送设施是沃尔玛成功的关键因素之一。如果说我们有什么比别人干得好的话,那就是配送中心。"

思考:

1. 沃尔玛是如何降低物流成本的?
2. 试分析沃尔玛高效率、低成本的目的是如何实现的。

第二章
仓库与仓库机械设备

学习重点

1. 掌握仓库的概念及类型;
2. 掌握新型货架的结构和特点。

知识重点

1. 掌握不同材质托盘的特点;
2. 掌握常用设备的性能、特点和使用要求。

**案例
导入**　　**小米智能化仓储物流中心**

　　一部小米手机是如何送到用户手中的呢? 仓储物流中心位于北京东五环外,面积达到了 4 200 平方米,日处理订单 2.5 万个,相比之前的 1.5 万个,订单处理能力大幅提升。

　　小米公司仓储物流中心被分为多个作业区,包括订单打印室、收货区、配货区、高值区、发货区、仓储区等区域,主要工作流程可分为打单、分拣、配货。首先,用户发出的电子订单会被打印成内容详尽的纸质订单,然后由分拣人员根据订单信息,在高值区中拣出订单所需的全部配件,最后在配货区完成快件封装,发往全国各地。

现代化仓储物流中心

　　在小米北京仓库的订单打印室,有十几台机器在一刻不停地打单,其中 5 台机器主要负责打印如风达、顺丰、EMS、申通和圆通等公司的快递单,其他机器打印用户订单和发票。仓储负责人介绍,公司在打印机设备方面投入很大,就是为了保证一天上万个订单的处理量。

　　打印好的单据会根据用户信息合为一个订单,工作人员会一次处理好 40 个订单,再交到下一个环节,也就是分拣人员的手上。分拣人员根据订单信息,在小米手机的库房中,拣出这批订单所需的全部配件。

　　这个仓储库房被划分为两个部分,手机和 SD 存储卡被单独放在高值区,电池、外壳等配件则在另外一区。仓储负责人介绍,这样划分的目的,一是提高工作效率,方便分拣人员配货;二是因为电池存放要考虑到安全问题,电池挤压更容易发生危险,所以限定每区电池的数量只能是 6 箱约 6 480 件。

40 秒一个订单

　　最后一道流程就是配货了。工作人员首先扫描订单,使配货信息出现在计算机显示屏上,然后将上面列出的配件扫描,放到纸质的盒子中,封装好后放到传送带上,一个订单就基本完成了。封装盒子所用的胶带不是普通胶带,仓储负责人介绍,这是一种水溶胶带,材质是纸质的,既美观又环保。

虽然是一项简单的重复性工作,但是小米公司对员工有比较严格的要求,如订单放入纸盒要平整,快递单要贴到纸盒中间位置等。

仓储负责人讲述"每一个订单的平均处理时间为40秒,每个工位一个小时的峰值处理速度为80~100个订单,24个工位日均订单处理量为2.5万个。"仓储负责人透露,除了北京的仓储物流中心外,小米公司还将在上海和广州建立仓储配送中心,以便更好地发挥区域优势,提高发货效率。

第一节　仓库概述

一、仓库的概念

仓库(warehouse)是保管、储存物品的建筑物和场所的总称,如库房、货棚、货场等。仓库由储存物品的库房、运输传送设施(如吊车、电梯、滑梯等)、出入库房的输送管道和设备及消防设施、管理用房等组成。仓库按所储存物品的形态可分为储存固体物品、液体物品、气体物品和粉状物品的仓库;按储存物品的性质可分为储存原材料、半成品和成品的仓库;按建筑形式可分为单层仓库、多层仓库和圆筒形仓库。

二、仓库的功能

1. 储存货物
库存;保护货物;隔离危险与污染源。

2. 运输中转
商品销售部门把商品送到仓库,再进行转运、换装或分运等。例如,发货地用地方管辖的船舶发运,路途中换装交通部所管辖的船舶运输;火车整车到达后再用火车零担转运到目的地。仓库的运输中转主要有以下3个作用。

① 整合。仓库是商品运输的有机组成部分,是连接发货和收货的重要环节,如图2.1所示。它有利于商品多渠道运输,加速商品流转,做到商品合理组配。

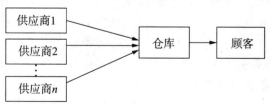

图2.1　仓库的整合作用

② 分发。供应商按照厂商要求提供相应的货物,储存在仓库,企业根据顾客订单,从仓库提货发给顾客,如图2.2所示。

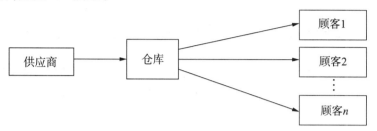

图2.2　仓库的分发作用

③ 交叉发运。交叉发运就是实现商品从收到发的直接转移,通过很少占用库存实现产品交付,如图2.3所示。交叉发运最明显的特征就是将商品的收货环节和发货环节高度地整合到一起。

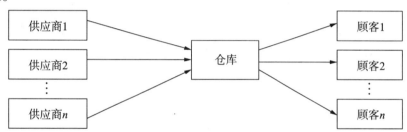

图2.3　仓库的交叉发运作用

3. 响应顾客需求

一个仓库可以成为一个顾客服务设施,可以更换破损或过期的货物,进行市场调查,甚至提供售后服务。

二、仓库的分类

1. 按使用范围分类

① 自用仓库。生产企业、批发商、商店、军队自建的仓库,多属自用仓库。这类仓库一般用来保管或储存自己生产用的原材料、燃料、工具、备用品、待出售的各种商品或军队的战备物资、武器弹药等。生产资料和粮食等国家储备物资也使用自用仓库。

② 营业仓库。面向社会提供仓储服务而修建的仓库为营业仓库。例如,我国原商业系统、物资系统、外贸系统及供销合作社系统中的储运公司或物流企业拥有的仓库都属于这一类。这类仓库以出租库房和仓储设备,提供装卸、包装、送货等服务为经营目的,物流功能比较齐全,服务范围也比较广。

③ 公用仓库。由国家或某一经济部门修建,为社会公众提供服务的仓库为公用仓库,如火车站的货场、港口码头仓库、公路货运站仓库等。其特点是公共、公益性强,面向各行各业、千家万户。其功能比较单一,仓库结构相对简单。

④ 农业仓库。面向农业,专门用于保管和储存粮食、棉花、蔬菜、水果、土畜产品的仓库

为农业仓库。

2. 按功能分类

① 流通型仓库。主要用于商品的保管、分类、中转、配送的仓库属流通型仓库,如物流中心、配送中心等。这种类型的仓库以商品的流通中转和配送为主要功能,机械化程度比较高,周转快,保管时间短,功能齐全。

② 储存型仓库。这类仓库以物资的长期保管或储备为目的,货物在库时间长,周转慢。其功能除了战略储备外,还可为常年出国工作的高薪阶层存放高档家具、字画等贵重物品,为企事业单位存放重要档案、机密文件等。

3. 按保管的物品分类

① 综合仓库。综合仓库是指储存各种物资、通用商品,为社会广大用户服务的仓库。这类仓库可储存积压物资、季节时差商品及投机性经营商品。

② 原料、产品仓库。这类仓库是指生产企业用来储存备用或待用的原材料、燃料及待销售的成品、半成品的仓库。

③ 专用仓库。专门储存粮食、棉花、木材、煤炭、军用物资、海产品、水果、皮毛制品等物资的仓库一般为专用仓库。顾名思义,专用仓库要求使用特殊的设施和保管手段,储存的物资在防潮、防火、防腐、防串味、防变质等方面要求严格。

④ 危险品仓库。专门用来储存油料、炸药、烟花爆竹、化学药品、天然气等易燃、易爆物资的仓库。为了防止意外,一般都将危险品仓库设在远离人群的偏僻地带。

⑤ 冷藏仓库。这类仓库用来储存肉类、海产品等需要保鲜的食品。

⑥ 恒温仓库。储存罐头、食品、水果、蔬菜、鲜花等物品的仓库为恒温仓库。在寒冷、酷热的地区和季节,类似上述的物品需要在恒温状态下保管。

⑦ 储备仓库。储备仓库用于粮食、棉花、武器弹药等战略物资的储备,以防自然灾害和突发事件。这类仓库一般由国家设置,货物在这类仓库中储存的时间较长,并且为保证储存物资的质量需定期更新储存的物资。

⑧ 水面仓库。水面仓库是指利用货物的特性及宽阔的水面来保存货物的仓库。例如,在水中储存原木、竹排等。

⑨ 保税仓库。保税仓库是指存放保税物资的仓库。为满足国际贸易的需要,保税仓库设置在一国国土之上,但在海关入境以外。外国货物可以免税进出这些仓库而无须办理海关申报手续。并且,经批准后,可在保税仓库内对货物进行加工、储存、包装和整理等。

4. 按建筑结构分类

① 平房仓库。平房仓库一般只有一层建筑,不设楼梯,有效高度不超过6米,构造简单,全部仓储作业都在一个层面上进行,货物在库内装卸和搬运方便,各种设备(如通风、供水、供电)的安装和维护比较方便,而且仓库地面能承受较重货物的堆放。

② 楼房仓库。楼房仓库是指具有二层以上建筑的仓库。这类仓库上下楼的货物运送靠垂直输送设备(如电梯或倾斜皮带输送机等),是一种阶梯型的楼房仓库,它通过库外起重机将货物吊运到各层平台。有的楼房仓库,卡车可以直接开到楼上。楼房仓库比平房仓库占地面积少,在土地价格昂贵的国家数量比较多。而且,楼房仓库可适用于各种使用要求,如办公室与库房分别使用不同的楼面等。

③ 高层货架仓库。高层货架仓库又称立体仓库,实质上是一种特殊的单层仓库。它利

用高层货架堆放货物,高度一般不超过30米,与之配套的是在库内采用自动化、机械化的搬运设备,由计算机控制。全自动化立体仓库主要有整体式和分离式两种。整体式立体仓库货架兼做外围墙支撑物,建筑物与货架整合为一体;分离式立体仓库货架与外围墙分开,相互独立。

④ 罐式仓库。这类仓库的构造呈球形或柱形,主要储存石油、天然气或液体化工品。

⑤ 筒仓仓库。这类仓库是指库房为筒状,用于存放散装的小颗粒或粉末状货物的封闭式仓库。粮库、水泥、化肥库属此类仓库。

⑥ 简易仓库。临时库房、移动料棚、简易棚架等均属简易仓库。

第二节　自动化立体仓库

一、概念

自动化立体仓库简称高架仓库,一般是指采用几层、十几层乃至几十层高的货架来储存单元货物,并用相应的搬运设备进行货物出入库作业的仓库。由于这类仓库能充分利用空间储存货物,故常形象地将其称为"立体仓库",如图2.4所示。

图2.4　自动化立体仓库

根据国际自动化仓库会议(International Conference Automatic Wherehouse)的定义,所谓自动化仓库就是采用高层货架存放货物,以巷道堆垛起重机为主,结合入库出库周边设备来进行作业的一种仓库。它把计算机与信息管理和设备控制集成起来,按照控制指令自动完成货物的存取作业,并对库存货物进行管理。显见它是物流系统的核心之一,并在自动化生产系统中占据了非常重要的地位。

20世纪60年代中期,日本开始兴建立体仓库,并且发展速度越来越快。从1965年到1977年短短的12年间,日本建立了18 833座自动化立体仓库,存货总数达到262万托盘,目前是世界上拥有自动化立体仓库最多的国家。我国自动化立体仓库的起步较晚,1974年郑州纺织机械厂建成了国内第一个自动化立体仓库。20世纪80年代到90年代,立体仓库的设计与制造有了很大的发展,全国有几十家科研单位和生产厂家在进行自动化立体仓库的开发、设计、制造。近年来,仓储物流行业的学术组织定期在国内交流学术经验,针对目前我国立体仓库的设计、制造水平,参照国外标准制定了一系列行业标准、规范,使立体仓库的设计、制造进入了规范化发展时代。

二、自动化立体仓库的特点

立体仓库的优越性体现在以下几个方面。

1. 提高空间利用率

早期立体仓库的构想其基本出发点是提高空间利用率,充分节约有限且昂贵的场地。在西方某些发达国家,提高空间利用率已有更广泛、深刻的含义,节约土地已与节约能源、环境保护等更多方面联系起来。有些国家甚至把空间利用率作为考核仓库系统合理性和先进性的重要指标。仓库空间利用率与其规划紧密相连,一般来说,立体仓库的空间利用率为普通仓库的2~5倍。

2. 先进的物流系统提高企业生产管理水平

传统的仓库只是货物的储存场所,保存货物是其唯一的功能,属于静态储存。立体仓库采用先进的自动化物料搬运设备,不仅能使货物在仓库内按需要自动存取,而且可以与仓库以外的生产环节进行有机连接,并通过计算机管理系统和自动化物料搬运设备使仓库成为企业生产物流中的重要环节。企业外购件和自制件进入立体仓库短时储存是整个生产的一个环节,是为了在指定的时间自动输出到下一道工序进行生产,从而形成自动化的物流系统的环节,属于动态储存。以上所述的物流系统又是整个企业生产管理系统(从订货、设计和规划、计划编制和生产安排、制造、装配、试验及发运等)的一个子系统,建立物流系统与企业生产管理系统间的实时连接是目前自动化立体仓库发展的一个趋势。

3. 加快货物存取,减轻劳动强度,提高生产效率

建立以立体仓库为中心的物流系统,其优越性还表现在立体仓库具有快速的出入库能力,能够妥善地将货物存入立体仓库,及时自动地将生产所需零部件和原材料送达生产线。同时,立体仓库减轻了工人综合劳动强度。

4. 减少库存资金积压

通过对一些大型企业的调查,我们了解到由于历史原因造成管理手段落后,物资管理零散,使生产管理和生产环节的紧密联系难以实现。为了达到预期的生产能力和满足生产要求,就必须准备充足的原材料和零部件,这样,库存积压就成为较大的问题。如何降低库存资金积压和充分满足生产需要,已成为大型企业面对的大问题。立体仓库是解决这一问题的有效的手段之一。

5. 现代化企业的标志

现代化企业采用的是集约化大规模生产模式,这就要求生产过程中各环节紧密相连,成为一个有机整体,要求生产管理科学实用,做到决策科学化。建立立体仓库是其有力的措施之一。由于采用计算机管理和网络技术,企业领导能够宏观快速地掌握各种物资信息,工程技术人员、生产管理人员和生产技术人员能够及时了解库存信息,从而有利于合理安排生产工艺,提高生产效率。因特网和企业内部网为企业取得与外界在线连接、突破信息瓶颈、开阔视野及外引内联提供了广阔的空间和坚实强大的技术支持。

三、自动化立体仓库的分类

不同的立体仓库,其高度、货架形式的配置应与仓库的类型相适应。

1. 按照立体仓库的高度分类

① 低层立体仓库。低层立体仓库高度在 5 米以下,主要是在原来老仓库的基础上进行改建的,是提高原有仓库技术水平的手段。

② 中层立体仓库。中层立体仓库高度在 5~15 米之间,由于中层立体仓库对建筑及仓储机械设备的要求不高,造价合理,是目前应用最多的一种仓库。

③ 高层立体仓库。高层立体仓库的高度在 15 米以上,由于对建筑及仓储机械设备的要求太高,安装难度大,应用较少。

2. 按照货架结构进行分类

(1) 货格式立体仓库

货格式立体仓库是应用较普遍的立体仓库。其特点是每一层货架都由同一尺寸的货格组成,货格开口面向货架之间的通道,堆垛机械在货架之间的通道内行驶,以完成货物的存取。

(2) 贯通式立体仓库

它又称为流动式货架仓库。这种仓库的货架之间没有间隔,不设通道,货架组合成一个整体。货架纵向贯通,贯通的通道具有一定的坡度,在每一层货架底部安装滑道、辊道等装置,使货物在重力的作用下,沿着滑道或辊道从高处向低处运动。

(3) 自动化柜式立体仓库

自动化柜式立体仓库是小型的可以移动的封闭立体仓库,由储物箱和传动装置组成。其主要特点是封闭性强、小型化和智能化,有很强的保密性。

(4) 条形货架立体仓库

条形货架立体仓库是专门用于存放条形和筒形货架的立体仓库。

四、自动化立体仓库的主要技术

一个比较完善的自动化立体仓库系统主要包括:①货物的存放与周转——高层货架和托盘;②出入库作业——堆垛起重机;③出入库分配系统——辊式、链式输送机,分配机,升降机等;④自控系统——由计算机控制的出入库设备、分配系统及各种机构的全部电控装置;⑤计算机管理系统——仓库的账目管理、数据分析、设备运行、库存情况的状态显示等。

1. 高层货架和托盘

高层货架是自动化立体仓库的主体结构部分。一般是使用钢结构,采用焊接或组装而成。每排货架分若干列、层单元货格,每个货格中一般存放 1~3 个托盘。目前国内制造的高层货架一般在 20 米以下,以 10~15 米居多。焊接式货架多采用热轧型钢,组装式货架多采用薄型冷轧型钢。焊接式结构牢固、耐用,但笨重。组装式外形美观,拆装性能好,运输方便。因为冷轧型钢质量轻,成本低,所以应用潜力大,是高层货架的发展方向。

2. 堆垛起重机

堆垛起重机是自动化立体仓库中存取货物作业的主要执行设备。它在货架的巷道中可以承载货物水平运行、升降,完成出入库、倒库等各种作业。为使堆垛机认址准确,水平、垂直伸叉运动均应设置正常运行速度和慢速两种速度(或采用变频无级调速),以减少停车时的冲击,并能准确到位。堆垛机还设有货位和载货台虚实检测装置,防止由于控制失误,在货位已经被占用的情况下重复入库造成事故。此外,堆垛机还设置运行、起止的终端限速、限位开关,并在最终端设机械车挡,防止堆垛机各机构运行超过极限位置。为了确保带司机室的堆垛机司机和货物的安全,载货台设有断绳保护装置或限速防坠装置。目前堆垛机的运行速度为:水平运行 80 米/分钟;升降 10~16 米/分钟;货叉 8~15 米/分钟。

3. 出入库分配系统

在自动控制的立体仓库中,出入库分配系统按照计算机指令将入库货物分配至某一巷道口,再由该巷道堆垛机按照指令将入库货物送到指定的排、列、层货位;出库时按照相反方向输出。在货位的入口处可以设置称重装置,超高、超宽尺寸检测装置,使入库的货物不会出现超载超重,引发事故。目前输送货物大多数根据实际情况,确定使用辊式或链式输送机,输送货物的交叉口往往使用升降机解决高差问题。另外,应设一个输送通道,使质量、尺寸不合格的货物输送到指定地点整理后再进入库区。

4. 自控系统

库区全部可运行设备,如堆垛机、输送机、升降机、分配车、转轨车等,以及这些设备的运行保障系统,均应由计算机统一程序控制。控制系统有对机、电及其他故障的报警及诊断显示功能,并对某些报警可以自行处理。各设备运行实现自动衔接,一般选用高质量的可编程控制器。

5. 计算机管理系统

计算机管理系统应能对全部货位和全部库存货物完成以下主要管理功能。

① 按照要求实现货物的先进先出、巷道优先、均匀分布等管理功能,进行出入库货位管理。

② 按照货位和货物品种盘库。

③ 打印各种统计报表。

④ 库存情况分析。

⑤ 修改数据文件各项内容。

第三节　仓库机械设备

仓库机械设备根据其在仓库中的不同用途,一般可分为:储存设备,主要包括各种托盘和货架;装卸搬运设备,包括各类搬运车辆、输送机械及自动物料搬运设备等;仓库辅助设备,主要包括计量设备、安全与养护设备。

一、储存设备

（一）托盘

1. 托盘的定义

托盘是在承载面和支撑面间夹以纵梁，构成可集装物料，并使用叉车或搬运车等进行作业的货盘。

托盘是最基本的物流器具，被称为"活动的平台""可移动的地面"。托盘的使用寿命主要取决于其正确使用和存放条件。在实际使用中，叉车的不当操作是造成托盘损坏最主要的因素，约占80%以上。此外，托盘的不超载使用和正确放置（确保受力在主要承重处）也非常重要。我国托盘的规格：800毫米×200毫米；800毫米×1 000毫米；1 000毫米×1 200毫米。

2. 用途

托盘是现代工商业生产、运输、储存包装及装卸的一种重要的运输设备，和集装箱形成了现代集装系统的两大支柱。托盘与叉车共同使用，形成了有效的装卸系统。

3. 主要特点

① 搬运或出入库场都可用机械操作，减少货物堆码作业次数，从而有效提高运输效率，缩短货运时间。

② 以托盘为运输单位，货运件数变少，体积质量变大，而且每个托盘所装数量相等，既便于点数、理货交接，又可以减少货损货差事故。

③ 自质量小，因而用于装卸、运输托盘本身所消耗的劳动较小，无效运输及装卸较集装箱小。

④ 空返容易，空返时占用运力很少。由于托盘造价不高，又很容易互相代用，所以无须像集装箱那样必有固定归属者。

⑤ 其主要缺点是：回收利用组织工作难度较大，会浪费一部分运力，托盘本身也占用一定的仓容空间。

4. 托盘的分类

（1）平托盘

平常说的托盘，一般是指平托盘。按其材质的不同，有木制、塑制、钢制等。

① 木托盘。木托盘（见图2.5）的性能及特点，均由木材本身决定。材料是决定木托盘应用及价格的决定性因素。其主要材料有：杨木，属阔叶树种，材质疏松且软，耐用性差，用于制造承重要求不高的托盘；松木，属针叶树种，种类较多，适用面广，落叶松/黄花松/白松/红松纹理粗实，木质硬，色白，外观美丽，多用于制造精细包装物，但价格较高。

② 塑料托盘。塑料托盘（见图2.6）凭借其良好的性能和明显的优势，逐渐被用户所认可。长期以来，中国物流业所用托盘以木托盘为主，占国内托盘总量的90%。但环保压力的增大，铁路运输禁用木托盘规定的出台，欧、美、日等国对进口产品木制包装（包括木托盘）近于苛刻的熏蒸与检验检疫要求，对木托盘需求产生了巨大的影响。甚至有专家断言，未来5~10年，中国木托盘市场占有率将会从目前的90%降至50%以下。一面是物流业发展拉动托盘需求量猛增，一面是木托盘这一"主力军"需求趋向衰竭，预示着塑料托盘正面临巨大商

机。尤其是 21 世纪刚刚兴起的塑木托盘,既具有塑料托盘原有优点,又因其价格仅为纯塑料托盘的 2/3 而备受青睐,目前发展势头十分迅猛。

图2.5 木托盘

图2.6 塑料托盘

图2.7 钢制托盘

③ 钢制托盘。钢制托盘(见图 2.7)又叫金属托盘或铁托盘。钢制托盘(钢托盘)适合叉车作业,存取货物方便,主要用于多用途的地面储存、货架储存及货物联运、周转等。钢制托盘是现在工业重要的仓储与运输辅助设备之一。其主要材料为钢材或镀锌钢板,经专用设备成型,各种型材互相支撑,铆钉连接加强,再经 CO_2 气体保护焊焊接而成。

钢制托盘是一种用于机械化装卸、搬运和堆存货物的集装箱单元工具,基本结构由单层铺板下设纵梁或垫块、支腿等所组成。托盘的最小高度以能方便使用叉车或托盘搬运车为原则。

(2)网箱托盘

网箱托盘(见图 2.8)适用范围:存放形状不规则的物料。可使用托盘搬运车、叉车、起重机等作业;可相互堆叠 4 层;空箱可折叠。一般动态载重为 500~2 000 千克,静态承重为 2 000~8 000 千克。

图2.8 网箱托盘

(3)箱式托盘

箱式托盘(见图 2.9)是在平托盘基础上发展起来的,多用于散件或散状物料的集装。

金属箱式托盘还用于热加工车间集装热料。箱式托盘一般下部可叉装,上部可吊装,并可进行码垛(一般为4层)。

图2.9　箱式托盘

(4) 柱式托盘

柱式托盘(见图2.10)是在平托盘基础上发展起来的,其特点是在不压货物的情况下可进行码垛(一般为4层)。多用于包装件、桶装货物、棒料和管材等的集装。

图2.10　柱式托盘

柱式托盘还可以用作可移动的货架、货位;不用时,还可叠套存放,节约空间。近年来,柱式托盘在国外推广迅速。

(二) 货架

货架是为了节省货品存放空间,增加库房利用率,用支架、隔板或托架组成的立体储存货物的设施。货架从适用性及外型特点上可以分为如下几类。

① 高位货架(见图 2.11):技术从德国引进,具有装配性好、承载能力大及稳固性强等特点。货架用材使用冷热钢板。

图 2.11 高位货架

② 通廊式货架(见图 2.12),也称为贯通式货架或驶入式货架,为储存大量同类的托盘货物而设计。托盘一个接一个按深度方向存放在支撑导轨上,增大了储存密度,提高了空间利用率。这种货架通常运用于储存空间昂贵的场合,如冷冻仓库等。通廊式货架有 4 个基本组成部分:框架、导轨支撑、托盘导轨和斜拉杆等。这种货架仓库利用率高,可实现先进先出,或先进后出,适合储存大批量、少品种货物,批量作业。可用最小的空间提供最大的储存量。叉车可直接驶入货道内存取货物,作业极其方便。

图 2.12 通廊式货架

③ 横梁式货架(见图 2.13、图 2.14、图 2.15)是最流行、最经济的一种货架形式,安全方便,适合各种仓库,可直接存取货物,充分利用空间。横梁式货架采用方便的托盘存取方式,有效配合叉车装卸,可极大地提高作业效率。横梁式货架的特点:流畅的库存周转;可提供百分之百的挑选能力;提高平均取货率;提供优质的产品保护。因为横梁式货架适用于品种多、批量大的货物仓储,为了存取方便,设计的巷道会比较多,所以地面使用率相对偏低。

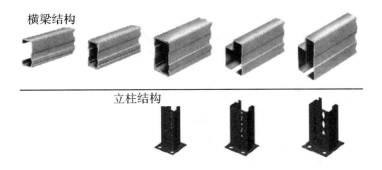

图2.13　横梁式货架结构1

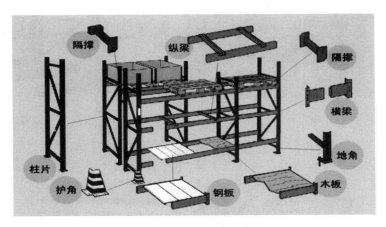

图2.14　横梁式货架结构2

④ 重力式货架(见图2.16):相对普通托盘货架而言不需要操作通道,故增加60%的空间利用率;托盘操作遵循先进先出的原则;自动储存回转;储存和拣选两个动作的分开大大提高了输出量,由于是自重力使货物滑动,而且没有操作通道,所以减少了运输路线和叉车的数量。在货架每层的通道上,都安装有一定坡度的、带有轨道的导轨,入库的单元货物在重力的作用下,由入库端流向出库端。这样的仓库,在排与排之间没有作业通道,大大提高了仓库面积利用率。但使用时,最好同一排、同一层上的货物为相同的货物或一次同时入库和出库的货物。层高可调,配以各种型号叉车或堆垛机,能实现各种托盘的快捷存取,单元货格最大承载可达5 000千克,是各行各业最常用的储存设备。

图2.15　横梁式货架

⑤ 悬臂式货架(见图2.17)适合存放长料货物和不规则货物。前伸的悬臂具有结构轻巧、载重能力好的特点,适合存放不规则的或长度较为特殊的物料,能大幅提高仓库的利用率和工作效率。增加了搁板后,特别适合空间小、高度低的库房,管理方便,视野宽阔,与普通搁板式货架相比,利用率更高。

图2.16 重力式货架

图2.17 悬臂式货架

⑥ 阁楼式货架(见图2.18):全组合式结构,可采用木板、花纹板、钢板等材料做楼板,可灵活设计成二层及多层,适用于存放五金工具、电子器材、机械零配件等物品的小包装散件储存。

图2.18 阁楼式货架

二、装卸搬运设备

(一)搬运车辆

搬运车辆是指对成件货物进行装卸、堆垛、牵引或推顶,以及短距离运输作业的各种轮式搬运车辆。它用于港口、车站、机场、仓库、货场、工厂车间、船舱、车厢和集装箱内进行成件货物的装卸搬运作业。搬运车辆根据动力主要分为人力和机械两类。

1. 人力

（1）手推车

手推车是以人力驱动为主，一般为不带动力（不包括自行）在路面上水平运输货物的小型搬运车辆。

① 杠杆式二轮手推车。杠杆式二轮手推车（见图2.19）是最常见、最实用的人力搬运车。它轻巧灵活、转向方便，但因靠体力装卸、保持平衡和移动，所以仅适合装载较轻、搬运距离较短的场合。为适合现代作业的需要，目前还采用自重轻的型钢和型材作为车体，采用阻力小的耐磨的车轮，甚至还有可折叠、便携的车体。

杠杆式二轮手推车由车架、托架、车轮、杠杆、调节吊坠、推手柄和吊钩组成。车架根据集装箱设计，宽500毫米，从车轮中心至横档长480毫米，在起吊情况下，吊环到地面的最高高度为1 020毫米。起吊中心线至横档的距离为260毫米，使其起吊

图2.19　杠杆式二轮手推车

后，重心使物体靠牢横档，搬运时不致摆动。起吊小筐时将托架放下，使其靠牢托架而不左右摇摆。

② 手推台车。手推台车（见图2.20）是一种以人力为主的搬运车。它轻巧灵活、易操作、回转半径小，广泛用于医疗、电子、通信、五金等行业，适用于各工序间物料及工具的运送。手推台车是短距离、运输轻小物品的一种方便而经济的搬运工具。一般每次搬运量为5～500千克，水平移动速度30米/分钟以下。手推台车是仓库和超市常用的搬运设备之一，它具有结构简单、自重轻等优点，可以方便地搬运周转箱等设备。

图2.20　手推台车

③ 登高式手推台车。当人们需要向较高的货架内存取轻小型的物料时，可采用登高式手推台车（见图2.21）。登高式手推台车适用于图书、标准件等仓库进行拣选、运输作业。

④ 手动液压升降平台车。手动液压升降平台车（见图2.22）可使操作者轻松快捷地装载或卸载搬运箱内的零件，无须操作者起升、弯腰或伸手够，只需通过一个脚踏的液压缸起升作业台面，就能方便地拿取货物。

图 2.21　登高式手推台车

（2）机动车

① 简易叉式搬运车。当载重低于300千克时，简易叉式搬运车（见图2.23）可替代液压托盘搬运车。只要将把手向后拉便可轻易托起托盘（利用杠杆原理），不需往复运动，可节省大量时间。由于质量轻，简易叉式搬运车可轻易被带至其他楼层，被放进卡车或汽车内。可折叠，未使用时可将其悬挂在墙上的钩子上。无须检修液压泵，无油可漏出，无须替换密封圈，是百货商店、药店、办公室等场所的理想搬运工具。

② 牵引车。牵引车（见图2.24）常见的有两种，均由联邦德国生产，都是在伊维科·麦吉鲁斯越野车基础上发展起来的。牵引车采用电动机驱动，利用其牵引能力（2.0~8.0 吨），后面拉动几个装载货物的小车。经常用于车间内或车间之间大批货物的运输，如汽车制造仓库向装配线的运输、机场的行李运输等。

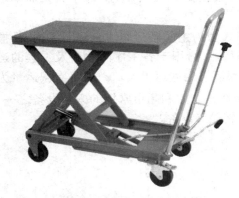

图 2.22　手动液压升降平台车

图 2.23　简易叉式搬运车

图 2.24　牵引车

③ 电瓶搬运车。电瓶搬运车又称蓄电池搬运车(见图2.25),其结构原理和货运汽车相同。

图2.25 电瓶搬运车

④ 叉车。叉车是一种无轨、轮胎行走式装卸搬运车辆,主要用于厂矿、仓库、车站、港口等场所,对成件、包装件及托盘等集装件进行装卸、堆码、拆垛、短途搬运等作业。叉车作业的优势:可使货物的堆垛高度大大增加;可缩短装卸、搬运、堆码的作业时间,加速车船周转;可减少货物破损,提高作业的安全程度,实现文明装卸。选择叉车时要注意5点:负载能力、最大起升高度、行走及起升速度、机动性、控制方式及操作性。

按动力装置分类,叉车可分为内燃式叉车和电动式叉车两种。

内燃式叉车(见图2.26)以内燃机为动力,主要适用于室外作业。根据所用燃料的不同可分为:汽车机、柴油机和液化石油气叉车。特点:动力性和机动性好,适用范围非常广泛。

图2.26 内燃式叉车

电动式叉车(见图2.27)以蓄电池为动力,用直流电机驱动。优点:结构简单,机动灵活,环保性好。缺点:动力持久性差,需要专用的充电设备,行驶速度不高,对路面要求高。

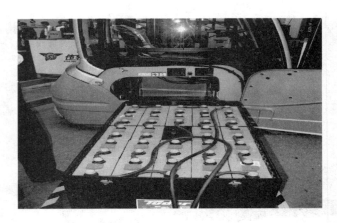

图2.27　电动式叉车

　　按货物上下方向来分,叉车可分为平衡重式叉车、前移式叉车、侧面式叉车。

　　平衡重式叉车(见图2.28)是一种车体前方装有升降货叉、车体尾部装有平衡重块的起升车辆,简称叉车。平衡重式叉车适用于港口、车站和企业内部装卸、堆垛和搬运成件物品。3吨以下的叉车还可在船舱、火车车厢和集装箱内作业。通过换装货叉,叉车可搬运多种货物,如换装铲斗可搬运散状物料等。自行式叉车出现于1917年。第二次世界大战期间叉车得到发展。中国从20世纪50年代初期开始制造叉车。

　　前移式叉车(见图2.29)是一种能对成件托盘货物进行装卸、堆垛和短距离运输作业的前移轮式搬运车辆,用于仓储大型物件的运输,通常使用电池驱动。前移式叉车的门架可以带着起升机构沿着支腿内侧的轨道前移,便于叉取货物。叉取完货物,起升一小段高度之后,门架又沿着支腿内侧的轨道回到原来的位置。

图2.28　平衡重式叉车　　　　　　　　图2.29　前移式叉车

　　侧面式叉车(见图2.30)的门架、起升机构和货叉位于叉车的中部,可以沿着横向导轨移动。货叉位于叉车的侧面,侧面还有一货物平台。当货叉沿着门架上升到大于货物平台高度时,门架沿着导轨缩回,降下货叉,货物便放在叉车的货物平台上。侧面式叉车的门架和货叉在车体一侧。车体进入通道,货叉面向货架或货垛,装卸作业不必先转弯再作业。

(二)输送机械

连续输送机械是以连续、均匀、稳定的输送方式,沿着一定的线路搬运或输送散状物料和成件物品的机械装置,简称输送机械。

由于输送机械具有能在一个区间内连续搬运物料,运行成本低,效率高,容易控制等特点,因而被广泛应用于现代

图2.30　侧面式叉车

物流系统中。它是现代装备传输系统实现物料输送搬运的最主要基础装备。在现代生产企业中,各种自动化流水线都属于自动化的输送机械。

输送机械按安装方式可分为固定式输送机(输送量大,效率高)和移动式输送机(机动性强)两类;按结构特点可分为具有挠性构件的输送机(牵引构件是一个往复循环的封闭系统,如带式、链式等)和无挠性构件的输送机(利用工作构件的旋转运动或振动,使物料向一定方向输送,构件不具有往复循环形式,如螺旋输送机、振动输送机等);按输送对象可分为散料输送机、成件输送机和通用输送机;按采用原动力不同,可分为动力式(如电动等)和无动力式(靠物料自重惯性或人工推力)。

1. 皮带输送机

皮带输送机常称为传送带(见图2.31),它利用物品与皮带之间的摩擦力来输送各种轻量或中量的规则或不规则形状的物品。

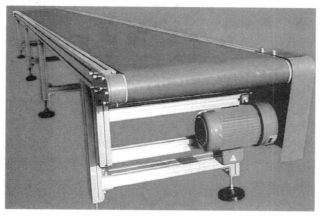

图2.31　皮带输送机

2. 链条式输送机

链条式输送机(见图2.32)有多种类型,最简单的链条式输送机由套筒、辊子、链条组成。

图 2.32　链条式输送机

3. 辊子输送机

辊子输送机(见图 2.33)是一种使用最为广泛的输送机械,它由一系列以一定的间隔排列的辊子组成,用于输送成件货物或托盘货物——辊柱在动力驱动下带动其上的物料移动;也可在无动力情况下,由人力或依靠重力运送物料。

图 2.33　辊子输送机

(三)自动物料搬运设备

1. 传输带

传输带(见图 2.34)是一种将物料沿固定路径移动的装置,可以通过电气、重力或手工等方式对其进行操作。特点是连续动作、循环动作、持续载荷、路线固定。常见传输带有滚轴式、皮带式、托盘式和高架式。

图 2.34 传输带

2. 起重机

起重机(见图 2.35、图 2.36)是一种将重物提升、降低或传输的装置。特点是间歇动作、重复循环、短时载荷、升降运动。常见起重机有高架吊车、堆垛机。

图 2.35 汽车起重机

图 2.36 双梁门式起重机

三、仓库辅助设备

(一)计量设备

1. 衡器设备

衡器,是利用胡克定律或力的杠杆平衡原理测定物体质量的设备。衡器主要由承重系统(如秤盘)、传力转换系统(如杠杆传力系统)和示值系统(如刻度盘)三部分组成。衡器按结构原理可分为机械秤、电子秤(见图 2.37)、机电结合秤三大类。

图 2.37 电子秤

2. 量具设备

量具是实物量具的简称,它是一种在使用时具有固定形态、用以复现或提供给定量的一个或多个已知量值的器具。量具一般不带指示器,也不含有测量过程中的运动部件,而由被计量对象本身形成指示器。例如,计量液体容量的量器就是利用液体的上部端面作为指示器。可调量具虽然有指示器件,但它是供量具调整用而不是供计量时作指示用,如在信号发生器中的计量就是如此。通用器具也称万能量具,一般指由量具厂统一制造的通用性量具,如直尺、平板、角度块、游标卡尺(见图2.38)等。

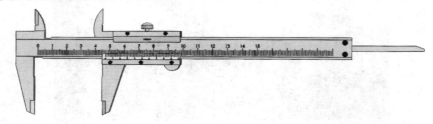

图2.38　游标卡尺

(二)安全与养护设备

1. 养护设备

仓库养护设备主要有通风设备、减湿设备等,是用机械或自然的方法向室内空间送入足够的新鲜空气,同时把室内不符合卫生要求的污浊空气排出,使室内空气满足卫生要求和生产过程需要。建筑物内完成通风工作的各项设施,统称通风设备。

图2.39　通风机

(1) 通风设备

通风设备主要包括通风机(见图2.39)、柜式风机、消防风机、离心风机、水濂喷油柜、空气净化器、排尘风机、火烟通风机、静电油烟净化器、离心式消防排烟风机、消防柜式离心风机、豪华柜式离心风机、节能环保空调、强力排气扇、C6-48离心风机、4-72离心风机、脉冲除尘器、旋风除尘器、净化塔、单面单工位水濂柜等。

图2.40　除湿机

(2) 减湿设备

除湿机(见图2.40)由压缩机、热交换器、风扇、盛水器、机壳及控制器组成。其工作原理是:由风扇将潮湿空气抽入机内,通过热交换器,此时空气中的水分冷凝成水珠,变成干燥的空气排出机外,如此循环使室内湿度降低。除湿机广泛应用于办公室、档案室、资料室、图书馆、计算机房、精密仪器室、医院及贵重物品仓库等场所,可使电子产品、光学仪器、精密设备及贵重物品避免潮湿、霉变的厄运。

 小·知识

防潮

1. 由于空气潮湿,什么东西都很难干,因此应根据情况减少用湿抹布、湿拖把对仓库进行清洁,而应多用干抹布、干拖把。

2. 由于空气中的水汽碰到微小颗粒易凝结成水珠,因此应保持货物、地面的清洁,灰尘少,以减少表面水珠形成。

3. 库外应进行湿度观测,当库内湿度高出库外湿度 15% 以上时,应及时打开通风窗、通风槽等进行换气通风,反之必须紧闭仓库。

4. 石灰是吸附剂,1 千克生石灰能吸附空气中大约 0.3 千克水分。阴雨天可用布料或麻袋裹装生石灰后放置于库内各处,使室内空气保持干燥。

5. 对于小仓库可开启强力风扇,加强仓库内空气对流,减少水珠凝结。

6. 不可用覆盖塑料薄膜来防潮,因为覆盖塑料薄膜无法做到完全密封,薄膜下面依然会有大量水汽,结成水珠后由于被薄膜覆盖,很难蒸发,极易出现霉变。

2. 安全设备

安全设备是指保障人类生产、生活活动中的人身或设施免于各种自然、人为侵害的设备。在高度城市化的现代,安全设备对于保护人类活动的安全尤为重要。安全设备分为两类:预防事故设施和紧急处理设施。预防事故设施主要包括检测、报警设施、设备安全防护设施、防爆设施、作业场所防护设施、安全警示标志;紧急处理设施主要包括泄压和止逆设施、紧急处理设施、减少与消除火灾事故影响的设施(见图 2.41)。

图 2.41　灭火器

现代仓库从运输周转、储存方式和建筑设施上都重视通道的合理布置、货物的分布方式和堆积的最大高度,并配置经济有效的机械化、自动化存取设施,以提高储存能力和工作效率,保证仓库的高效使用和安全。

知 识 结 构 图

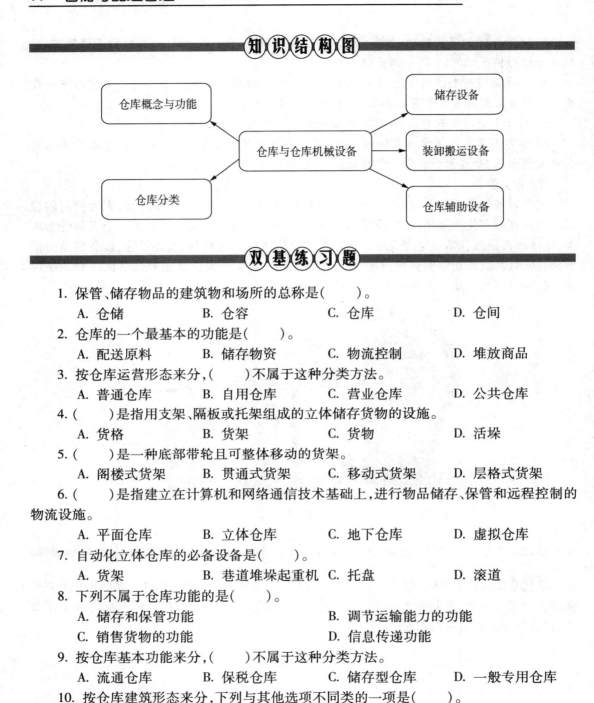

双 基 练 习 题

1. 保管、储存物品的建筑物和场所的总称是(   )。

　　A. 仓储　　　　　　B. 仓容　　　　　　C. 仓库　　　　　　D. 仓间

2. 仓库的一个最基本的功能是(   )。

　　A. 配送原料　　　　B. 储存物资　　　　C. 物流控制　　　　D. 堆放商品

3. 按仓库运营形态来分,(   )不属于这种分类方法。

　　A. 普通仓库　　　　B. 自用仓库　　　　C. 营业仓库　　　　D. 公共仓库

4. (   )是指用支架、隔板或托架组成的立体储存货物的设施。

　　A. 货格　　　　　　B. 货架　　　　　　C. 货物　　　　　　D. 活垛

5. (   )是一种底部带轮且可整体移动的货架。

　　A. 阁楼式货架　　　B. 贯通式货架　　　C. 移动式货架　　　D. 层格式货架

6. (   )是指建立在计算机和网络通信技术基础上,进行物品储存、保管和远程控制的物流设施。

　　A. 平面仓库　　　　B. 立体仓库　　　　C. 地下仓库　　　　D. 虚拟仓库

7. 自动化立体仓库的必备设备是(   )。

　　A. 货架　　　　　　B. 巷道堆垛起重机　C. 托盘　　　　　　D. 滚道

8. 下列不属于仓库功能的是(   )。

　　A. 储存和保管功能　　　　　　　　　B. 调节运输能力的功能

　　C. 销售货物的功能　　　　　　　　　D. 信息传递功能

9. 按仓库基本功能来分,(   )不属于这种分类方法。

　　A. 流通仓库　　　　B. 保税仓库　　　　C. 储存型仓库　　　D. 一般专用仓库

10. 按仓库建筑形态来分,下列与其他选项不同类的一项是(   )。

　　A. 露天仓库　　　　B. 平房仓库　　　　C. 简易仓库　　　　D. 地下仓库

在线测试

1. 仓库的主要功能有哪些？
2. 货架分为哪几类？它们的优劣各是什么？
3. 简述仓库机械设备在现代物流中的作用。

案例分析

自动化仓库的困惑

20 世纪 70 年代,北京某汽车制造厂建造了一座高层货架仓库（自动化仓库）作为中间仓库,存放装配汽车所需的各种零配件。该厂所需的零配件大多数是由其协作单位生产,然后运至自动化仓库。该厂是我国第一批发展自动化仓库的企业之一。

该仓库结构分高库和整理室两部分,高库采用固定式高层货架与巷道堆垛机结构,从整理室到高库之间设有辊式输送机。当入库的货物包装规格不符合托盘或标准货箱时,还需要对货物的包装进行重新整理,这项工作就在整理室内进行。由于当时各种物品的包装没有标准化,因此,整理的工作量相当大。

货物的出入库是运用计算机控制与人工操作相结合的人机系统。这套系统在当时来讲是相当先进的。该库建在该厂的东南角,距离装配车间较远,因此,在仓库与装配车间之间需要进行二次运输,即将所需的零配件先出库,装车运输到装配车间,然后才能进行组装。

自动化仓库建成后,这个先进设施在企业的生产经营中所起的作用并不理想。因此其利用率也逐年下降,最后不得不拆除。

思考:
1. 分析该企业自动化仓库没有发挥其应有作用的原因。
2. 我们从中能得到哪些启示？

第三章
仓库选址与布局

学习重点

　　1. 熟悉仓库的结构组成和仓库布局的原则；

　　2. 了解集装箱货场、杂货货场和散货货场的布局原则和影响因素及仓库的布局原则。

知识重点

　　1. 知悉仓库选址策略、仓库选址思路、影响选址的因素、仓库选址步骤；

　　2. 掌握仓库选址方法。

**案例
导入**　　　**家乐福配送中心选址**

　　根据经典的零售学理论，一个大卖场的选址需要经过几个方面的测算。第一，商圈里的人口消费能力。需要对这些地区进行进一步的细化，计算这片区域内各个小区的详尽的人口规模和特征，计算不同区域内人口的数量和密度、年龄分布、文化水平、职业分布、人均可支配收入等指标。家乐福还会做得更细致一些，根据这些小区的远近程度和居民可支配的收入，再划定重要的销售区域和普通的销售区域。第二，需要研究这片区域内的城市交通和周边商圈的竞争情况。例如，家乐福古北店周围的公交线路不多，家乐福就自己租用公交车辆在一些固定的小区穿行，方便这些离得较远的小区居民上门一次性购买一周的生活用品。

　　当然未来潜在的销售区域会受到很多竞争对手的挤压，所以家乐福也会将未来所有的竞争对手测算进去。

　　家乐福的一份内部资料指出，有 60% 的顾客在 34 岁以下，70% 的顾客是女性，28% 的人步行，45% 的顾客乘坐公共汽车而来。所以很明显，大卖场可以依据这些目标顾客的信息来微调自己的商品线。能体现家乐福用心的是，家乐福在上海的每家店都有小小的不同。在虹桥店，因为周围的高收入群体和外国侨民比较多，其中外国侨民占到了家乐福消费群体的 4% ，所以虹桥店里的外国商品特别多。南方商场的家乐福因为周围的居住小区比较分散，所以在商场里开了一家电影院和麦当劳，以增加吸引较远人群的力度。青岛的家乐福做得更到位，因为有 15% 的顾客是韩国人，所以做了许多韩文招牌。

　　资料来源: http://www.chsi.com.cn/zkzx/fxzd/200712/20071225/3451494.html.

第一节　仓库的结构与布局

一、仓库的结构

仓库的结构对于实现仓库的功能起着很重要的作用。因此,仓库的结构设计应考虑以下几个方面的因素。

1. 平房建筑和多层建筑

仓库的结构,从出入库作业的合理化方面看,应尽可能采用平房建筑,这样,储存产品就不必上下移动,因为利用电梯将储存产品从一个楼层搬运到另一个楼层费时费力,而且电梯往往也是产品流转中的一个瓶颈,因为有许多材料搬运机通常都会竞相利用数量有限的电梯,影响仓库作业效率。但是在城市内,尤其是在商业中心地区,那里的土地有限或昂贵,为了充分利用土地,采用多层建筑成为了最佳选择。在采用多层仓库时,要特别重视对货物上下楼的通道设计。

2. 仓库出入口和通道

出入库口的位置和数量由建筑的开间长度、进深长度,库内货物堆码形式,建筑物主体结构,出入库次数,出入库作业流程及仓库职能等因素决定。出入库口尺寸的大小由卡车是否出入库内,所用叉车的种类、尺寸、台数、出入库次数,以及所保管货物的尺寸大小等因素所决定。库房内的通道是保证库内作业顺畅的基本条件,通道应延伸至每一个货位,使每一个货位都可以接受近距离作业,通道需要路面平整,减少转弯和交叉。

3. 立柱间隔

库房内的立柱是出入库作业的障碍,会导致保管效率低下,因而立柱应尽可能减小。但当平房仓库梁的长度超过 25 米时,建无柱仓库有困难,则可设中间的梁间柱,使仓库成为有柱结构。不过在开间方向上的壁柱,可以每隔 5~10 米设一根,由于这个距离仅和门的宽度有关,库内又不显露出柱子,因此和梁间柱相比,在设柱方面比较简单。但是在开间方向上的柱间距必须和隔墙、防火墙的位置,门、库内通道的位置,天花板的宽度或库内开间的方向设置的卡车停车站台长度等相匹配。

4. 天花板的高度

由于实现了仓库的机械化、自动化,因此对仓库天花板的高度也提出了很高的要求——使用叉车的时候,标准提升高度是 3 米;使用多段式高门架的时候要达到 6 米。另外,从托盘装载货物的高度看,包括托盘的厚度在内,密度大且不稳定的货物,通常以 1.2 米为标准;密度小而稳定的货物,通常以 1.6 米为标准。以其倍数(层数)来看,1.2 米/层 ×4 层 =4.8 米,1.6 米/层 ×3 层 =4.8 米,因此,仓库的天花板高度最低应该是 5.6 米。

二、堆场结构

1. 集装箱堆场

（1）集装箱及其作用

集装箱等集装设施的出现给储存带来了新的方式。集装箱本身就是一栋仓库，不需要再有传统意义的库房。在仓储过程中，以集装箱存放货物，形成集装箱堆场，可以直接以集装箱作为媒介，使用机械装卸、搬运，从一种运输工具方便地转换到另一种运输工具，或者从发货方的仓库通过海陆空等不同运输方式，无须开箱检验，也无须接触或移动箱内货物，直接运到收货人的仓库，省去了入库、验收、清点、堆垛、保管、出库等一系列储存作业。这样不仅装卸快、效率高，而且尽量减少在仓储与装卸搬运过程中对货物的损伤，并且还可以减少包装费用。因此，集装箱对改变传统储存作业有很重要的意义，是储运合理化的一种有效方式。

（2）集装箱堆场类型

集装箱堆场是堆存和保管集装箱的场所，根据集装箱堆存量的大小，分为混合型和专用型两种形式。

（3）集装箱堆场的布局原则

① 中转箱区应布置在便于集装箱能顺利地由一辆车直接换装到另一辆车的交通方便处。

② 周转和维修箱区应布置在作业区外围，靠近维修车间一侧，以便于取送和维修，减少对正常作业的干扰。

③ 合理布置箱位。既要充分利用堆场面积，又要留足运输通道和装卸机械作业区及箱与箱之间的距离，做到安全方便。

④ 合理利用与选择装卸机械和起重运输设备。除保证作业机械进出场区畅通和足够的作业半径外，应尽量减少机械设备的行走距离，提高设备利用率。

⑤ 场区内要有一定坡度，以利于排水。

⑥ 堆场场地必须耐用，应根据堆场层数进行设计与处理。

2. 杂货堆场

（1）杂货

杂货是指直接以货物包装形式进行流通的货物，也包括采用成组方式流通的货物。货物的包装有袋装、箱装、桶装、篓装、捆装、裸装等。

（2）杂货堆场的货位布置

大多数杂货的货位采用分区分类布置，即在堆存货物性能一致、养护措施一致、消防方法一致的前提下，将堆场划分为若干保管区域，根据货物大类和性能等划分为若干类别，以便于分类集中堆放。

（3）杂货堆场货区布置类型

货区布置类型有横列式、纵列式、倾斜式。

3. 散货堆场

散货是指未包装、无标志的小颗粒货物。散货直接以散装方式进行运输、装卸、仓储保管和使用。在仓储中不受风雨影响的散货一般直接堆放在散货堆场上,如沙、石、煤、矿等。

　　散货堆场根据所堆存散货的种类不同,地面的结构不完全相同,可以是沙土地面、混凝土地面等。由于存量巨大,要求地面有较高的强度。由于散货都具有大批量的特性,散货货场往往面积较大。为了便于疏通,采取明沟的方式排水,并且通过明沟划分较大面积的货位。散装堆场都采用铲车或输送带进行作业,所堆的垛型较大。

三、仓库总体布局的原则与功能要求

1. 仓库总体布局

　　仓库总体布局(见图3.1)是指在一定区域或库区内,对仓库的数量、规模、地理位置和仓库设施、道路等各要素进行科学规划和整体设计。

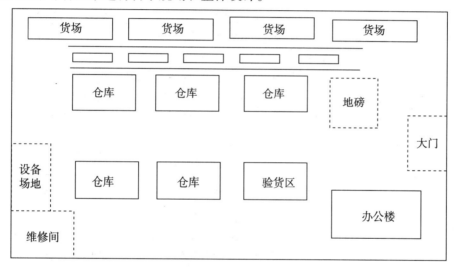

图3.1 仓库总体布局示意

2. 仓库总体布局的原则与功能要求

　　仓库总体布局主要考虑仓储的使用性质(柱网要求)、仓储荷载(特别是底层地面堆载与基础地面的影响及关系)、仓储使用的主要设备的工作参数(高度、宽度、起重荷载、轮压、回转半径等)、室内外的通道、仓库大门及消防要求等,如表3.1所示。

表3.1 仓库总体布局的原则与要求

原　则	要　求
尽可能采用单层设备,这样做造价低,资产平均利用率高	仓库位置便于货物的入库、装卸和提取,库内区域划分明确、布局合理
使货物在出入库时单向和直线运动,避免逆向操作和大幅度变向的低效率运作	集装箱货物仓库与零担货物仓库尽可能分开设置,库内货物应按发送、中转、到达货物分区存放,并分线设置货位,以防商务事故发生;要尽量减少货物在库内的搬运距离,避免任何迂回运输,并要最大限度利用空间

(续表)

原　则	要　求
采用高效率的物料搬运设备及操作流程	有利于提高装卸机械的装卸效率,满足先进的装卸工艺和设备的作业要求
在仓库里采用有效的储存计划	仓库应配置必要的安全、消防设施,以保证安全生产
尽量利用仓库高度,有效利用仓库的容积	仓库货门的设置,既要考虑集装箱和货车集中到达时的同时装卸作业要求,又要考虑由于增设货门而造成堆存面积的损失

3. 仓库内部布局

（1）仓库内部布局的定义

仓库内部布局是指一个仓库的各个组成部分,如库房、货棚、货场、辅助建筑物、铁路专运线、库内道路、附属固定设备等,在规定的范围内进行平面和立体的合理安排。

（2）仓库内部平面布局的要求

仓库平面合理布置,是根据仓库场地条件、仓库业务性质和规模、物资储存要求,以及技术设备的性能和使用特点等因素,对仓库各组成部分,如库房、货场、辅助建筑物、库内道路、附属固定设备等,在规定的范围内进行平面的合理安排和布置,如表3.2所示。

表3.2　仓库内部平面布局的要求

要　点	内容和具体要求
适应仓储企业生产流程,有利于仓储企业生产正常进行	单一的物流方向。仓库内商品的卸车、验收、存放地点之间的安排适应仓储生产需要,按一个方向流动
	最短的运距。尽量减少迂回运输,专用线的布置应在库区中部,并根据作业方式、仓储商品品种、地理条件,合理安排库房、专用线与主干道的相对位置
	最少的装卸环节。减少在库商品的装卸搬运次数,商品的卸车、验收和堆码作业最好一次完成
	最大的利用空间。仓库总平面布置是立体设计,满足商品运输和存放上的要求,充分利用仓容
有利于提高仓储经济效益	因地制宜。充分考虑地形、地质条件,满足商品运输和存放上的要求,充分利用仓容
	平面布置与竖向布置相适应
	应能充分合理地利用机械化
有利于保证安全生产和文明生产	库内各区间、各建筑物间应根据《建筑设计防火规范》的规定留有一定的防火、防盗等安全设施
	总平面布置应符合卫生和环境要求,既要满足库房通风、日照的要求,又要考虑环境绿化、文明生产,有利于职工身体健康

4. 仓库的总体构成

（1）生产作业区

它是仓库的主体部分，是商品储运活动的场所，主要包括储货区、专用线路（道路）、装卸台等。储货区是储存保管的场所，具体分为库房、货棚、货场。货场不仅可存放商品，同时还起着货位的周转和调剂作用。铁路专用线、道路是库内外的商品运输通道，商品的进出库、库内商品的搬运都通过这些运输线路。专用线应与库内其他道路相同，保证畅通。装卸站台是供火车或汽车装卸商品的平台，有单独站台和库边站台两种，其高度和宽度应根据运输工具和作业方式而定。

（2）辅助生产区

辅助生产区是为商品储运保管工作服务的辅助车间或服务站，包括车库、变电室、油库、维修车间等。

（3）行政生活区

行政生活区是指仓库行政管理机构和生活区域。一般设在仓库出入口附近，便于接洽和管理。行政生活区与生产作业区应分开，并保持一定距离，以保证仓库的安全及行政办公和居民生活的安静。

四、仓库货区布局

仓库货区布局，是指根据仓库场地条件、仓库业务性质和规模、物品储存要求，以及技术设备的性能和使用特点等因素，对仓库各组成部分，如存货区、理货区、配送备货区、通道，以及辅助作业区等，在规定的范围内进行平面和立体的合理安排和布置，以最大限度地提高仓库的储存能力和作业能力，并降低各项仓储作业费用。仓库的货区布局，是仓储业务和仓库管理的客观需要，其合理与否直接影响到各项工作的效率和储存物品的安全。因此，不但建设新仓库时要重视仓库货区的合理布置，随着技术的进步和作业情况的变化，也应重视对老仓库进行必要的改造。

（一）仓库货区布局的基本形式

仓库货区布局的目的一方面是提高仓库平面和空间利用率，另一方面是提高物品保管质量，方便进出库作业，从而降低物品的仓储处置成本。仓库货区布局分为平面布局和空间布局。

1. 平面布局

平面布局是指对货区内的货垛、通道、垛间距、收发货区等进行合理的规划，并正确处理它们的相对位置。平面布局的形式可以概括为垂直式和倾斜式。

（1）垂直式布局

垂直式布局是指货垛或货架的排列与仓库的侧墙互相垂直或平行，具体包括横列式布局、纵列式布局和纵横式布局。

横列式布局是指货垛或货架的长度方向与仓库的侧墙互相垂直，如图3.2所示。这种布局的主要优点是：主通道长且宽，副通道短，整齐美观，便于存取查点，有利于通风和采光。

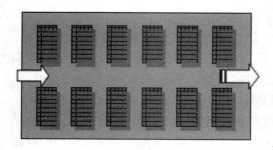

图3.2　横列式布局

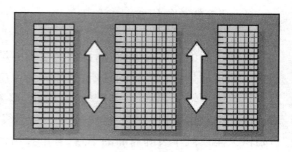

图3.3　纵列式布局

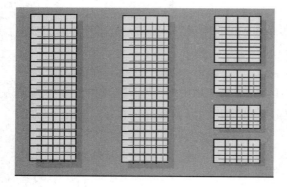

图3.4　纵横式布局

纵列式布局是指货垛或货架的长度方向与仓库侧墙平行,如图3.3所示。这种布局的优点主要是可以根据库存物品在库时间的不同和进出频繁程度安排货位:在库时间短、进出频繁的物品放置在主通道两侧;在库时间长、进库不频繁的物品放置在里侧。

纵横式布局是指在同一保管场所内,横列式布局和纵列式布局兼而有之,可以综合利用两种布局的优点,如图3.4所示。

（2）倾斜式布局

倾斜式布局是指货垛或货架与仓库侧墙或主通道成60°、45°或30°夹角,具体包括货垛倾斜式布局和通道倾斜式布局。

货垛倾斜式布局是横列式布局的变形,它是为了便于叉车作业、缩小叉车的回转角度、提高作业效率而采用的布局方式,如图3.5所示。

通道倾斜式布局是指仓库的通道斜穿保管区,把仓库划分为具有不同作业特点,如大量存储和少量存储的保管区等,以便进行综合利用,如图3.6所示。这种布局形式,库房内形式复杂,货位和进出库路径较多。

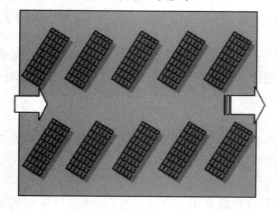

图3.5　货垛倾斜式布局

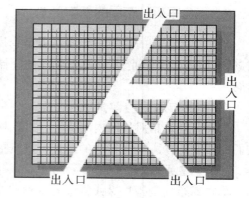

图3.6　通道倾斜式布局

2. 空间布局

空间布局是指库存物品在仓库立体空间上的布局,其目的在于充分有效地利用仓库空间。空间布局的主要形式有就地堆码、上货架存放、空中悬挂等。

(二) 货位布置

为了在进出货时间内尽量省略不必要的物品搬运和储存,应尽量使用同样的容器,节省更换容器的时间,真正做到物品的"先进先出";在优选货位时要采取科学合理的方法。例如,使用"双仓法"储存,给每一种储存物品都准备两个货位,轮回进行存取,再配以必须在一个货位中储存物品全部取出才可补充的规定,以保证实现"先进先出"。再如,使用贯通式货架系统,即利用设计货架的特殊结构形成贯通的通道,从一端存入物品,从另一端取出物品,物品在通道中自行按先后顺序排队,不会出现越位现象,避免某些物品长期挤压呆滞现象,减小物品在库储存损失。

为了使物品存取工作顺利进行,必须对物品储存定位。仓库货位是仓库内具体存放物品的位置。为了使仓库管理有序,操作规范,存货位置能准确表示,仓库根据结构、功能等要求将仓库存货位置进行分块、分位,形成货位。每一个货位都使用一个编号表示,以便区别。

1. 货位确定

大多数准则是通用的,即使一个普通仓库也不允许物品入库时随机或无规划地放置。而不同的仓库还会根据自身的特点和物品的专门属性制定若干个特殊的规则,确定物品在仓库中具体存放的位置。

① 以周转率为基础准则。将物品按周转率由大到小排序,再将此序分为若干段(通常分为 3 至 5 段),同属于一段中的物品列为同一级,依照定位或分类储存法的原则,指定储存区域给每一级物品,周转率越高应离出入口越近。

② 物品相关性准则。这样可以缩短提取路程,减少工作人员疲劳,简化清点工作。物品的相关性大小可以利用历史订单数据来分析。

③ 物品同一性准则。把同一物品储放于同一保管位置或将同一供应商或同一客户的物品集中存放。这样作业人员对于物品保管位置能简单熟知,并且对同一物品的存取花费最少搬运时间。否则当同一物品散布于仓库内多个位置时,不仅物品在存放取出作业时不方便,而且会给盘点及作业人员对货架物品的掌握造成困难。

④ 物品互补性准则。互补性高的物品也应存放于邻近位置,以便缺货时可迅速以另一品项替代。

⑤ 物品相容性准则。相容性低的物品不可放置在一起,以免损害品质。

⑥ 物品尺寸准则。在仓库布置时,应同时考虑物品单位大小,以及由于相同的一群物品所造成的整批形状,以便能提供适当的空间来满足某一特定要求。因此,在储存物品时,必须有不同大小位置的变化,用以容纳不同大小和不同容积的物品。此法则可以使物品储存数量和位置适当,搬运工作及时间都能减少。一旦未考虑储存物品单位大小,就可能造成储存空间太大而浪费,或储存空间太小而无法存放;未考虑存储物品整批形状也可能造成整批形状太大无法同处存放。

⑦ 质量特性准则。按照物品质量不同来决定储放物品于货位的高低位置。一般而言,重物应保管于地面上或货架的下层位置,而质量轻的物品则保管于货架的上层位置;若是以人手进行搬运作业,人腰部以下的位置用于保管重物或大型物品,而腰部以上的位置则用来保管质量轻的物品或小型物品。

⑧ 物品特性准则。根据物品特性分区分类储存,将特性相近的物品集中存放。物品特性不仅涉及物品本身的危险及易腐蚀,同时也可能影响其他的物品,因此在货位布置时应考虑。

⑨ 先进先出准则。先进先出即先入库的物品先安排出库,这一原则对于寿命周期短的物品尤其重要,如食品、化学品等。在运用这一原则时,除考虑物品形式变化少,产品寿命周期长,质量稳定不易变质等情况外,还要综合考虑先进先出所引起的管理费用的增加。而对于食品、化学品等易变质的物品,应考虑的原则则是"先到期的先出货"。

除上述准则外,为了提高储存空间的利用率,还必须利用合适的积层架、托盘等工具,使物品储放向空间发展。储放时尽量使物品面对通道,以方便作业人员识别标号、名称,提高货物的活性化程度。保管物品的位置必须明确标示,保管场所必须清楚,易于识别、联想和记忆。另外,在规划储位时应注意保留一定的机动储位,以便当物品大量入库时可以调剂储位的使用,避免打乱正常储位安排。

2. 货位编号

在根据一定的规则完成储位规划以后,接下来的任务就是对储位进行编号。

储位编号就是对物品存放场所按照位置的排列,采用统一标记编上顺序号码,并做出明显标志。

(1) 储位编号作用

科学合理的储位编号在整个仓储管理中具有重要的作用。在物品保管过程中,根据储位编号可以对库存物品进行科学合理的养护,有利于对物品采取相应的保管措施;在物品收发作业过程中,按照储位编号可以迅速、准确、方便地进行查找,不但提高作业效率,而且减少差错。

(2) 储位编号的方法

储位编号应按一定的规则和方法进行。首先,确定编号的先后顺序规则,规定好库区、编排方向及顺序排列。其次,采用统一的方法进行编排,要求在编排过程中所用的代号、连接符号必须一致,每种代号的先后顺序必须固定,每一个代号必须代表特定的位置。

① 品项群式。把一些相关性强的物品经过集合后,分成几个品项群,再对每个品项群进行编号。这种方式适用于容易按物品群保管和品牌差异大的商品,如服饰群、五金群等。

② 地址式。利用保管区仓库、区段、排、行、层、格等,进行编码。例如,在货架存放的仓库,可采用4组数字来表示物品存在的位置,4组数字代表库房的编号、货架的编号、货架层数的编号和每一层中各格的编号,如1-11-1-5编号的含义是1号库房第11个货架第1层中的第5格。根据储位编号就可以迅速地确定某种物品具体存放的位置。

③ 区段式编号。把储存区分成几个区段,再对每个区段编号。这种方式是以区段为单位,每个号码代表的储区较大。区段式编号适用于单位化货物和大量而保管期短的物品。区域大小根据物流量大小而定。

此外,为了方便管理,储位编号和储位规划可以绘制成平面布置图,这样不但可以全面反映库房和货场的物品储存分布情况,而且可以及时掌握物品储存动态,便于仓库结合实际情况调整安排。

3. 货位存货方式

货位存货方式主要分为固定型和流动型两种。

（1）固定型

固定型是一种利用信息管理系统事先将货架进行分类、编号，并贴附货架代码，各货架内放置的物品事先加以确定的货位存货方式。

在固定型管理方式下，各货架内装载的物品是长期一致的，这样进行物品备货作业较为容易，同时信息管理系统的建立也较为方便，这是因为只要第一次将货架编号及物品代码输入计算机，就能很容易地掌握物品出入库动态，从而省去了不断进行库存统计的烦琐事务。与此同时，在库存发出以后，利用信息管理系统能很方便地掌握账目及实际的库存量，及时补充库存。

（2）流动型

流动型指所有物品按顺序摆放在空的货架中，不事先确定各类物品专用的货架。

流动型管理方式由于各货架内装载的物品是不断变化的，在物品变更登录时出差错的可能性较高。

固定型和流动型各有一定的适用范围。一般来讲，固定型适用于存放非季节性物品、重点客户的物品；季节性物品或物流量变化剧烈的物品，由于周转较快，出入库频繁，则流动型更为适用。

4. 货位指派方式

在完成储位确定、储位编号等工作之后，需要考虑用什么方法把物品指派到合适的储位上。指派的方法有人工指派法、计算机辅助指派法和计算机全自动指派法3种。

（1）人工指派法

人工指派法是指物品的存放位置由人工进行指定。其优点是计算机等设备投入费用少，缺点是指派效率低，出错率高。人工指派管理要点是：仓储人员必须熟记储位指派原则，并能灵活应用；仓储人员必须按指派单证把物品放在指定储位上，并做好详细记录；实施动态管理，补货或拣货作业时，仓储人员必须做好登记消除工作，保证账物相符。

（2）计算机辅助指派法

计算机辅助指派法是利用图形监控系统，搜集储位信息，并显示储位的使用情况，把其作为人工指派储位依据进行储位指派作业。采用此法需要安装计算机、扫描仪等硬件设备及储位管理软件系统。

（3）计算机全自动指派法

计算机全自动指派法是利用图形监控储位管理系统和各种现代化信息技术，如条形码自动阅读机、无线电通信设备、网络技术、计算机系统等，搜集储位有关信息，通过计算机分析后直接完成储位指派工作。

（三）非保管场所布置

仓库库房内货架和货垛所占的面积为保管面积或使用面积，其他则为非保管面积。应尽量扩大保管面积，缩小非保管面积。非保管面积包括通道、墙间距、收发货区、仓库人员办公地点等。

1. 通道

库房内的通道分为运输通道（主通道）、作业通道（副通道）和检查通道。

① 运输通道供装卸搬运设备在库内行走，其宽度主要取决于装卸搬运设备的外形尺寸

和单元装载的大小。运输通道的宽度一般为 1.5~3 米。如果使用叉车作业,其通道宽度可以通过计算求得。当单元装载的宽度不太大时,可利用下式计算:

$$A = P + D + L + C \qquad (式3-1)$$

式中,A——运输通道宽度;

P——叉车外侧转向半径;

D——货物至叉车驱动轴中心线的间距;

L——货物长度;

C——转向轮滑行的操作余量。

② 作业通道是供作业人员存取搬运物品的走行通道。其宽度取决于作业方式和货物的大小。当通道内只有一人作业时,其宽度可按下式计算:

$$A = B + L + 2C \qquad (式3-2)$$

式中,A——作业通道的宽度;

B——作业人员身体的厚度;

L——货物的最大长度;

C——作业人员活动余量。

一般情况下,作业通道的宽度为 1 米左右。

③ 检查通道是供仓库管理人员检查库存物品的数量及质量走行的通道,其宽度只要能使检查人员自由通行即可,一般为 0.5 米左右。

2. 墙间距

墙间距一方面是使货物和货架与库墙保持一定的距离,避免物品受库外温湿度的影响,同时也可作为检查通道和作业通道。墙间距一般宽度为 0.5 米左右,当兼做作业通道时,其宽度需增加 1 倍。

3. 收发货区

收发货区是供收货、发货时临时存放物品的作业用地。收发货区的位置应靠近库门和运输通道,可设在库房的两端或适中的位置,并要考虑到收货发货互不干扰。收发货区面积的大小,则应根据一次收发批量的大小、物品规格品种的多少、供货方和用户的数量、收发作业效率的高低、仓库的设备情况、收发货的均衡性、发货方式等因素确定。

4. 库内办公地点

仓库管理人员需要一定的办公地点,可设在库内,也可设在库外。总的说来,管理人员的办公室设在库内特别是单独隔成房间是不合理的,既不经济又不安全。因此办公地点最好设在库外。

(四) 仓库面积的组成及计算

1. 使用面积

使用面积又称保管面积,是指仓库中货垛和货架占用的面积。使用面积的计算主要有 3 种方法。

① 计重物品就地堆码。其使用面积按仓容定额计算,公式为:

$$S = Q/N \qquad (式3-3)$$

式中,S——使用面积(平方米);

Q——该种物品的最高储备量(吨);

N——该种物品的仓容定额(吨/平方米)。

仓容定额是单位面积上的最高储备量。不同物品的仓容定额是不同的。同种物品在不同的储存条件下其仓容定额的大小受物品本身的外形、包装状态、仓库地坪的承载能力和装卸作业手段等因素的影响。

② 计件物品就地堆码。其使用面积按可堆层数计算,公式为:

$$S = 单件底面积 \times 总件数 \div 规定堆积层数 \qquad (式3-4)$$

③ 上架存放物品。上架存放物品要计算货架占用面积,公式为:

$$S = Q \frac{L \times B}{L \times B \times H \times K \times R} = \frac{Q}{H \times K \times R} \qquad (式3-5)$$

式中,Q——上架存放物品的最高储备量(吨);

L,B,R——货架的长、宽、高(米);

K——货架的容积充满系数(%);

R——上架存放物品的容重(吨/平方米)。

2. 有效面积

有效面积是指仓储作业占用面积,包括使用面积、通道、检验作业场地面积之和。其计算方法主要有以下几种。

(1)比较类推法

比较类推法以现已建成的同级、同类、同种仓库面积为基准,根据储量增减比例关系,加以适当调整来推算新建库的有效面积。公式为:

$$S = S_0 \times \frac{Q}{Q_0} \times k \qquad (式3-6)$$

式中,S——拟新建仓库的有效面积(平方米);

S_0——参照仓库的有效面积(平方米);

Q——拟新建仓库的最高储备量(吨);

Q_0——参照仓库的最高储备量(吨);

k——调整系数(当参照仓库的有效面积不足时,$k>1$;当参照仓库的有效面积有余时,$k<1$)。

(2)系数法

系数法根据实用面积及仓库有效面积利用系数来计算拟新建仓库的有效面积。其公式为:

$$S = \frac{S_T}{\alpha} \qquad (式3-7)$$

式中,S——拟新建仓库的有效面积(平方米);

S_T——实用面积(平方米);

α——仓库有效面积利用系数,即仓库实用面积占有效面积的比重。

(3)直接计算法

直接计算法先计算出货垛、货架、通道、收发作业区、垛距、墙距所占用的面积,然后将它们相加求和。

第二节 仓库选址

一、仓库选址策略

1. 市场定位策略

市场定位策略是指将仓库选在离最终用户最近的地方。仓库的地理定位接近主要的客户,会增加供应商的供货距离,但缩短了向客户进行第二次运输的距离,这样可以提高客户服务水平。

市场定位策略最常用于食品分销仓库的建设,这些仓库通常接近所要服务的超级市场,使多品种、小批量库存补充的经济性得以实现。制造业的生产物流系统中把零部件或常用工具存放在生产线旁也是市场定位策略的应用,它可以保证适时供应。

影响这种仓库位置的因素主要包括运输成本、订货周期、产品敏感性、订货规模、当地运输的可获得性和所要达到的客户服务水平。

2. 制造定位策略

制造定位策略是指将仓库选在接近产地的地方,通常用来集运制造商的产成品。产成品从工厂被移送到这样的仓库,再从仓库里将全部种类的物品运往客户。这些仓库的基本功能是支持制造商采用基本运费率运输产成品。

对于产品种类多的企业,产成品运输的经济性来源于大规模整车和集装箱运输;同时,如果一个制造商能够利用这种仓库以单一订货单的运输费率为客户提供服务,还能产生竞争差别优势。

影响这种仓库位置的因素主要包括原材料的保存时间、产成品组合中的品种数、客户订购的产品种类和运输合并率。

3. 中间定位策略

中间定位策略是指把仓库选在最终用户和制造商之间的中点位置。中间定位仓库的客户服务水平通常高于制造定位的仓库,但低于市场定位的仓库。企业如果必须提供较高的服务水平和由几个供应商制造的产品,就需要采用这种策略,为客户提供库存补充和集运服务。

仓库选址所要考虑的因素在某些情况下是非常简单的,而在某些情况下却异常复杂,尤其是在关系国计民生的战略储备仓库的选址时,这种复杂性就更加突出。

 小·知识

仓储制度自夏朝开始成为国家的一项重要制度,历朝都十分重视,仓是存粮之所,贮粮以备不时之需,被视为"天下之大命"。春秋时期的管仲精辟论述了建立国家仓储之制的重要性、必要性——"积于不涸之仓,藏于不竭之府"。

基本上,我国古代仓库的基本用途有储存、储备两大功能。储存是将漕运来的粮食保管起来,供皇室、官吏及百姓日常消费;储备是为应付战争、灾荒及突发事件的。同时,仓储还有平抑物价的功能。粮丰时收进入仓,粮歉时出仓籴粮赈灾,不至于价格飞涨,影响市场稳定。

汉初营建新都长安,首批重点建设工程就包括了太仓。中国最大的古代粮仓——洛阳含嘉仓,建于隋大业元年(605 年),是用作盛纳京都以东州县所交租米的皇家粮仓,历经隋、唐、北宋 3 个王朝,沿用 500 余年,后来废弃。在唐人杜佑所撰《通典》中说:"隋氏资储遍于天下,隋氏西京太仓,东京含嘉仓、洛口仓,华州永丰仓,陕州太原仓,储米粟多者千万石,少者不减数百万石。天下义仓又皆充满。京都及并州库布帛各数千万,而锡赉勋庸,并出丰厚。"

关于仓储管理思想,秦代就有专门的仓律;汉代倡立的常平仓制度,设有专门的会计簿册,详细记录仓储谷物数量、品种、出入、经手人、核验等,成为后世封建王朝沿用的主要仓储制度。宋代以后,有关仓储的规章更多、更细、更严。

我国古代仓储系统最发达和完善的清代,京师有 15 库,通州二库,德州、临清、淮安、徐州各一库,凤阳两库,以上为国家级仓库,省、府、州、县也各设仓库。

二、仓库选址思路

1. 选择国家

随着经济全球化趋势的不断增强,在全球范围内选择建设仓库的地点已经成为许多跨国经营企业面对的问题。在全球范围内选择建库地址时,需要考虑这些问题:各国政府的政策及其稳定性;各国的文化和经济问题;各国在全球市场中的位置及重要程度;劳动供给情况,包括劳动力的工作能力、工作态度和成本;生产供应能力和通信技术水平;税收、汇率等情况。

2. 选择地区

在一个国家里,不同地区、不同城市的生产力发展水平可能存在较大差异,所以要根据这些因素进行选择:企业目标;地区吸引力,包括文化、税收、气候等因素;劳动力供应及其成本;公用设施的供应及其成本;土地及建筑成本;环境管理措施,因为环境管理等非量化因素有可能对仓库选址产生更为显著的影响。

3. 选择具体位置

一个城市的东西南北均存在各个方面的差异,在选择建库地址时要注意的因素主要包括:场所的大小和成本;(高速)公路、铁路、水路和空运系统;与外部协作方的距离;环境影响因素,包括地形、地质、气象、污染源及污染程度等;劳动力的态度等。

三、影响选址的因素

企业在新建或扩建厂房时,不可避免地会面临着选址问题。怎样才能选择一个合适的厂址,对于企业来说十分重要。德国经济学家韦伯是第一个研究制造活动选址问题的学者。到了 20 世纪 80 和 90 年代,特别是随着经济全球化的发展,全球化范围的选址问题更加受到了人们的重视。

综合考虑,可把选址决策的影响因素归结为全球化进程、经济因素、政治因素、社会因素和自然因素。

（一）全球化进程

全球化的一个重要特征是制造活动从集中式到分布式的转变，人们面对的不再是一个单一的工厂选址问题，而是为由不同的零部件厂、装配厂及市场构成的制造网络选址的问题。与单一工厂的选址问题相比，网络选址可以更有效地利用不同地方，乃至世界各地的资源与能力优势。随着工厂车间的全球化，选址变得日益困难。开拓新产品市场的需求及世界经济的其他几项重要变化大大推动了这一全球化进程。这些变化包括：

① 更好的国际交流；

② 更加迅速、可靠的交通与运输条件；

③ 国际间资本流动越来越容易；

④ 劳动力成本存在着巨大差异。

（二）经济因素

1. 运输条件与费用

企业一切生产经营活动都离不开交通运输。原材料、工具和燃料进厂，产品和废物出厂，零件的协作加工，都有大量的物料需要运输；职工上下班，也需要交通方便。交通便利能使物料和人员准时到达需要的地点，使生产活动能正常进行，还可以使原材料产地与市场紧密联系。在运输工具中，水运载量大，运费较低；铁路运输次之；公路运输运载量较小，运费较高，但最具有灵活性；空运运载量最小，运费最高，但速度最快。因此，选择水、陆交通都很方便的地方是最理想的。在考虑运输条件时，还要注意产品的性质。在企业运输过程中，有大量的物料进出。有的企业输入运输量大，有的企业输出运输量大，因此，在选址时，要考虑是接近原材料供应地还是接近消费者市场。

2. 劳动力可获得性与费用

对于劳动密集型企业，人工费用占产品成本的大部分，因此必须考虑劳动力成本。工厂设在劳动力资源丰富、工资低廉的地区，可以降低人工成本。一些发达国家的公司纷纷在经济不够发达的国家设厂，一个重要原因是降低人工成本。但是，随着现代科学技术的发展，只有受过良好教育的员工才能胜任越来越复杂的工作任务，单凭体力干活的劳动力越来越不受欢迎。对于大量需要具有专门技术员工的企业，人工成本占制造成本的比例很大，而且员工的技术水平和业务能力，又直接影响产品的质量和产量，劳动力资源的可获性和成本就成为选址的重要条件。

3. 能源可获性与费用

没有燃料（煤、油、天然气）和动力（电），企业就不能运转。对于耗能大的企业，如钢铁、铝业、发电厂等，其厂址应该接近燃料、动力供应地。

4. 厂址条件和费用

建厂地方的地势和地质条件，都会影响到建设投资。显然，在平地上建厂比在丘陵或山区建厂要容易得多，成本也低得多。在地震多发区建厂，则所有建筑物和设施都要达到抗震的要求。同样，在有滑坡、流沙或下沉的地面上建厂，也都要有防范措施，这些措施都将导致投资的增加。另外，地价也是影响投资的重要因素。一般来说，城市的地价较高，城郊和农村的地价较低。选址还应考虑协作是否方便,和人类一样,企业也需要"群居",与世隔绝的企业是难以生存和发展的。由于专业化分工,企业必然与周围其他企业发生密切的协作关系。因此,这也需要企业综合考虑。

（三）政治因素

政治因素包括政治局面是否稳定,法制是否健全,税负是否公平等。一个企业在选址时,必须考虑政治因素。政治局面稳定是发展经济的前提条件。在一个动荡不安,甚至打内战的国家投资是要冒很大风险的。有些国家或地区的自然环境虽然很适合投资,但是其法律变更无常,资本权益得不到保障,这也不适宜投资。因此,企业在决定投资之前,一定要充分了解当地有关法律法规,包括环境保护和税收政策等方面的法规。

（四）社会因素

企业投资选址要考虑的社会因素包括居民的生活习惯、文化教育水平、宗教信仰和生活水平。不同国家和地区、不同民族的生活习惯、文化教育水平、宗教信仰和生活水平是不同的,企业在选址时应充分考虑这些因素。如果企业在选址时忽略其中的任一因素,都会给企业今后的发展带来许多不利的影响。

（五）自然因素

自然因素主要是气候条件和水资源状况。气候条件将直接影响员工的健康和工作效率。根据权威部门的资料,气温在15℃~22℃时,人的工作效率最高。气温过高或过低,都会影响工作效率。因此,气候条件是企业在选址时应考虑的重要因素。另外,水资源状况对企业的生产也有很大的影响。有些企业耗水量巨大,就应该靠近水资源丰富的地区,同时还要考虑当地环保的有关规定。

四、仓库选址步骤

1. **调查准备**
（1）组织准备
由相关的工程技术人员、系统设计人员和财务核算人员成立一个专门的工作小组。
（2）技术准备
根据拟新建仓库的任务量大小和拟采用的储存技术、作业设备对仓库占地面积进行估算,调查了解仓库所处地区的自然环境、协作条件、交通运输网络、地震、地质、水文、气象等资料。
（3）现场调查
现场调查的主要任务是具体考察拟建仓库地点的实际情况,为提出选址报告掌握第一手资料,并进行综合分析确定多个备选地址。
2. **提出选址报告**
仓库选址报告应该包括以下内容。
（1）选址概述
这部分要简明扼要地阐述选址工作组的组成、选址工作进行的过程、选址的依据和原则,简单介绍可供选择的几个地点,并推荐一个最优方案。

（2）选址要求及主要指标

这部分说明为了适应仓库作业的特点,完成仓储生产任务,备选地点应满足的基本要求,简述各备选地址满足要求的程度。列出选址的主要指标,如仓库总占地面积、仓库储存能力、仓库职工总数、水电需用量等。

（3）库区位置说明及平面图

这部分说明库区的具体方位,四周距主要建筑物及大型设施的距离,附近的地形、地貌、地物等,并画出区域位置图。

（4）建设时占地及拆迁情况

这部分说明仓库建设占地范围内的耕地情况、拆迁户数及人口数,估算征地和拆迁费用。

（5）当地地质、地震、气象和水文情况

这部分包括备选地的地质情况、地震烈度、气温、降水量、汇水面积、历史洪水水位等。

（6）交通及通信条件

这部分要说明备选地的铁路、公路、水运及通信的设施条件和可利用程度。

（7）地区协作条件

这部分要说明备选地供电、供水、供暖、排水等协作关系及员工福利设施共享的可能程度。

（8）方案对比分析

这部分对提出的几个备选地址,依照已经确定的原则和具体指标进行对比,分析每个仓库方案的利弊得失。

五、仓库选址方法

确立一个新的仓库地址。当完全新建一个仓库时,可用重心法、量本利分析法、加权因素法或因次分析法来进行评估选址。

1. 重心法

重心法是单一仓库选址中常用的模型。在这种方法中选址因素只包含运输费率和该点的货物运输量,在数学上被归纳为静态连续选址模型。

设有一系列点分别代表供应商位置和需求点位置,各自有一定量物品需要以一定的运输费率运往待定仓库或者从仓库运出。那么,仓库所处的位置计算方法如下:

$$min TC = \sum_i V_i R_i d_i \qquad （式3-8）$$

式中,TC——总运输成本;

V_i——从拟建的仓库到 i 点的运输量;

R_i——从拟建的仓库到 i 点的运输费率;

d_i——从拟建的仓库到 i 点的距离。

$$d_i = \sqrt{(x-x_i)^2 + (y-y_i)^2} \qquad （式3-9）$$

式中,x,y——新建仓库的坐标;

x_i, y_i——供应商和需求点位置坐标。

例如,某公司拟在某城市建设一座化工厂,该厂每年要从 P、Q、R、S 四个原料供应地运来不同原料。已知各地距城市中心的距离和年运量如表 3.3 所示。假定各种材料运输费率相同,试用重心法确定该厂的合理位置。

表3.3　厂址坐标及年运输量

供应地	P	Q	R	S
供应地坐标	(50,60)	(60,70)	(19,25)	(59,45)
年运输量/吨	2 200	1 900	1 700	900

解:

$$x_0 = \frac{50 \times 2\,200 + 60 \times 1\,900 + 19 \times 1\,700 + 59 \times 900}{2\,200 + 1\,900 + 1\,700 + 900} = 46.2(千米)$$

$$y_0 = \frac{60 \times 2\,200 + 70 \times 1\,900 + 25 \times 1\,700 + 45 \times 900}{2\,200 + 1\,900 + 1\,700 + 900} = 51.9(千米)$$

2. 量本利分析法

量本利分析法可以用来评价不同的选址方案。任何选址方案都有一定的固定成本和变动成本,可采用作图或计算比较数值进行分析。计算比较数值要求计算各方案的盈亏平衡点的产量及各方案总成本相等时的产量。采用作图法比较直观,具体步骤如下。

1)确定每一备选地点的固定成本和可变成本。

2)在同一张图上绘出各备选方案的总成本。

3)确定某一预定产量,比较这一产量下的总成本或利润。

利用此法的要求:

① 产出在一定范围内,固定成本不变。

② 可变成本与一定范围内的产出成正比。

③ 只包括一种产品。

例如,图 3.7 表示两个选址方案的成本和收入随产量变化的情况。

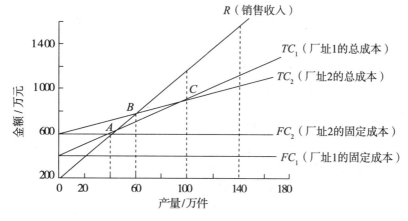

图3.7　两个选址方案的量本利比较

图 3.7 中,厂址 1 这一方案的总成本线与销售收入直线的交点是 A。A 点所对应的产量为 40 万件,说明该方案盈亏平衡时的产量为 40 万件,也即只有当销售量超过 40 万件时,厂址 1 才能获利。B 点是厂址 2 这一方案的总成本线与销售收入直线的交点。B 点所对应的产量为 60 万件,说明该方案盈亏平衡时的销售量为 60 万件。

厂址 1 的成本曲线为: $TC_1 = 200 + 5Q$,其中 Q 为产量。

厂址 2 的成本曲线为: $TC_2 = 400 + 3Q$,其中 Q 为产量。

图中,C 点为两方案总成本曲线的交点,所对应的销量为 100 万件。说明当销量大于 100 万件时,厂址 1 的总成本大于厂址 2 的总产本。

假定:无论厂址选在何处,其产品的售价是相同的,因此,收入曲线相同(对于制造业来说,厂址不影响其销售量)。这样,只要销售量大于 60 万件,两个选址方案都有盈利。但要注意,当销售量小于 100 万件时,厂址 1 的总成本小于厂址 2,应选择厂址 1;当销售量大于 100 万件时,厂址 1 的总成本大于厂址 2,应选择厂址 2。

3. 加权因素比较法

选址中要考虑的因素很多,但是总是有一些因素比另一些因素相对重要,决策者要判断各种因素孰轻孰重,从而使评估更接近客观。

加权因素比较法是指把布置方案的各种影响因素(定性、定量),划分成不同等级,并赋予每一个等级一个分值,以此表示该因素对布置方案的满足程度,同时,根据不同因素对布置方案的影响重要程度设立加权值,计算出布置方案的评分值,根据评分值的高低评价方案的优劣。

(1)加权因素比较法的公式

$$U = \sum_{i=1}^{n} W f_{ij} \qquad (式 3-10)$$

式中,U——方案的总分;

f_{ij}——第 i 个因素对方案 j 的评价等级分值;

W_i——第 i 个因素的权系数。

(2)加权因素比较法的步骤

1)评价因素的确定。根据设施选择的基本要求列出所要考虑的因素。

2)确定加权值。按照各因素的相对重要程度,规定相应的权数。

3)因素评价等级的确定。对每个备选方案进行审查,并按每个因素由优到劣地排出各个备选方案的排队等级数。

4)评价结果。把每个因素中各方案的排队等级分数乘以该因素的权数,所得分数放在每个小方格的右下方,再把每个方案的分数相加,得出总分数就表明了各个备选方案相互比较时的优劣程度。

5)最佳方案的确定。得分高的方案为备选方案。

(3)评价的结果

① 某个方案的结果突出,该方案就可以被认为是最佳方案。

② 如果两个方案的结果很接近,应当对这两个方案再进行评价。

③ 发现有的方案有可以改进之处,应集中精力对该方案进行改进。

④ 有可能同时将两个或更多的方案进行组合,形成新的方案,再进行评分。

加权因素比较法可以把提供的各项因素进行综合比较,是一种比较通用的方法。但是,此法往往带有评分人的主观性,不能客观评价方案的优劣。

例如,某仓库选址,设计了甲、乙、丙、丁 4 种方案,专家对非经济因素的权重和评级分数进行确定,如表 3.4 所示。

表 3.4　各选址方案非经济因素的权重和评级

非经济因素	权　　重	甲	乙	丙	丁
场地位置	9	A	E	I	I
面积和位置	6	A	A	E	U
地势和坡度	2	O	E	I	I
风向、日照	5	E	E	I	I
铁路接轨条件	7	I	E	I	A
施工条件	3	I	O	E	A
城市规划	10	A	E	E	I

计算结果如表 3.5 所示。

表 3.5　各选址方案计算结果

非经济因素	权　　重	各选址方案等级及分数			
		甲	乙	丙	丁
场地位置	9	A/36	E/27	I/18	I/18
面积和位置	6	A/24	A/24	E/18	U/0
地势和坡度	2	O/2	E/6	I/6	I/6
风向、日照	5	E/15	E/15	I/10	I/10
铁路接轨条件	7	I/14	E/21	I/14	A/28
施工条件	3	I/6	O/3	E/9	A/12
城市规划	10	A/40	E/30	E/30	I/20
合计		137	126	105	94

从表 3.5 可以看出甲方案得分最高,因此选甲方案厂址为佳。

4. 因次分析法

因次分析法是将各选址候选方案的成本因素和非成本因素同时加权并加以比较的方法。其实施步骤如下。

1) 研究要考虑的各种因素,从中确定哪些因素是必要的。如某一选址无法满足一项必要因素,应将其删除。例如,饮料厂必须依赖水源,就不能考虑一个缺乏水源的选址。确定必要因素的目的是将不适宜的选址排除在外。

2) 将各种必要因素分为客观因素(成本因素)和主观因素(非成本因素)两大类。同时要决定主观因素和客观因素的比重,用以反映主观因素与客观因素的相对重要性。即 $X =$

主观因素的比重值,$1-X$ = 客观因素的比重值,$0 \leqslant X \leqslant 1$。如果 X 接近 1,主观因素比客观因素更重要,反之亦然。X 值可通过征询专家意见决定。

3）确定客观量度值。对每一可行选址可以找到一个客观量度值 OM_i,此值大小受选址的各项成本的影响。

$$OM_i = \left[C_i \sum_{i=1}^{N} \frac{1}{C_i} \right]^{-1} \qquad (式3-11)$$

式中,i 项选址方案总成本 C_i 为各项成本 C_{ij} 之和,即

$$C_i = \sum_{j=1}^{M} C_{ij} \qquad (式3-12)$$

式中,C_i——第 i 项选址方案的总成本;

C_{ij}——i 选址方案的第 j 项成本;

OM_i——第 i 项选址方案的客观量度值;

M——客观因素数目;

N——选址方案数目。

4）确定主观评比值。各主观因素因为没有一量化值作为比较,所以用强迫选择法作为衡量各选址优劣的比较。强迫选择法是将每一选址方案和其他选址方案分别作出成对的比较。令较好的比重值为 1,较差的比重值则为 0。根据各选址方案所得到的比重与总比重的比值来计算该选址的主观评比值 S_{ik}。用公式表示为:

$$S_{ik} = \frac{W_{ik}}{\sum_{i=1}^{N} W_{ik}} \qquad (式3-13)$$

式中,S_{ik}——i 选址方案对 k 因素的主观评比值;

W_{ik}——i 选址方案中 k 因素的比重。

5）确定主观量度值。各主观因素间的重要性不相同,所以对各主观因素配上一个重要性指数 I_k。I_k 的分配方法可用步骤 4）中所述的强迫选择法来确定,然后以每因素的主观评比值与该因素的重要性指数 I_k 相乘,分别计算每一选址方案的主观量度值 SM_i。可用下式表示:

$$SM_i = \sum_{k=1}^{M} I_k S_{ik} \qquad (式3-14)$$

式中,I_k——主观因素的重要性指数;

S_{ik}——i 选址方案对于 k 因素的主观评比值;

M——主观因素的数目。

6）确定位置量度值。位置量度值 LM_i 为选址方案的整体评估值,其计算公式为:

$$LM_i = X \cdot SM_i + (1-X) \cdot OM_i \qquad (式3-15)$$

式中,X——主观比重值;

$(1-X)$——客观比重值;

SM_i——i 选址的主观量度值;

OM_i——i 选址的客观量度值。

位置量度值最大者为最佳选择方案。

例如,筹建一玩具厂,可供选择的候选厂址有 D、E、F 三处,因地址不同各厂生产成本也

有区别,各厂址每年费用如表 3.6 所示。此外,为决定厂址还考虑了一些重要的非成本因素,如当地竞争能力、气候变化和周围环境是否适合玩具生产等。对于竞争能力而言,F 地最强,D、E 两地相平;就气候来说,D 比 E 好,F 地最好;至于环境,E 地最优,其次为 F 地、D 地。如果各主观因素的重要性指数 D、E、F 依次为 0.6、0.3 和 0.1,要求用因次分析法评定最佳厂址在何处。

表 3.6 各候选厂址每年生产成本费用

成本因素	成本/千元		
	D	E	F
工资	250	230	248
运输费用	181	203	190
租金	75	83	91
其他费用	17	9	22

1) 客观量度值 OM_i 的计算。$OM_D = 0.339\,5$;$OM_E = 0.339\,5$;$OM_F = 0.339\,5$。

2) 主观评比值 S_{ik} 的计算。根据 3 个不同的主观因素,D、E、F 三处的主观评比值 S_{ik} 如表 3.7 至表 3.9 所示。

表 3.7 各候选厂地竞争能力比较

厂 址	①	②	③	比 重	S_{ik}
D	1	0		1	0.25
E	1		0	1	0.25
F		1	1	2	0.5

表 3.8 各候选厂地气候比较

厂 址	①	②	③	比 重	S_{ik}
D	1	0		1	0.33
E	0		0	0	0
F		1	1	2	0.67

表 3.9 各候选厂地环境比较

厂 址	①	②	③	比 重	S_{ik}
D	0	0		0	0
E	1		1	2	0.67
F		1	0	1	0.33

将各主观因素作评比总结,厂址评比值如表 3.10 所示。

表3.10 各候选厂址评比值

因　素	D	E	F	重要性 I_k
竞争能力	0.25	0.25	0.5	0.6
气候	0.33	0	0.67	1
环境	0	0.67	0.33	0.1

计算可得：$SM_D = 0.249$；$SM_E = 0.217$；$SM_F = 0.534$。

3）位置量度值。假设两者相等，即同等重要，故主观比重值 $X = 0.5$。根据公式 $LM_i = X \cdot SM_i + (1 - X) \cdot OM_i$，计算出：$LM_D = 0.294\ 3$；$LM_E = 0.277\ 6$；$LM_F = 0.428\ 1$。

4）决策。根据各位置量度值 LM_i 的大小，F 厂址所得位置量度值在 3 个候选地址中最高，故选 F 作为厂址。

本章小结

本章介绍了有关仓库的基本概念和知识，主要内容包括仓库的结构与布局及仓库选址需要考虑的事项等。

知识结构图

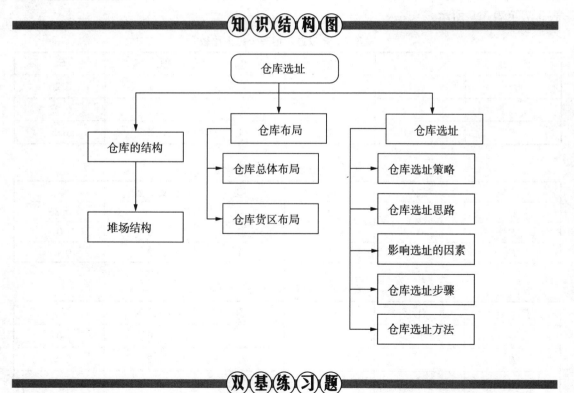

双基练习题

1. （　　　）方式能够充分利用托盘、集装箱及车箱的装载能力，可以大大提高配送的作业效率。

A. 即时配送　　　　B. 日配　　　　　C. 定量配送　　　　D. 看板供货

2. 下列不属于杂货堆场货区布置主要方式的是( )。

A. 横列式　　　　B. 纵列式　　　　C. 倾斜式　　　　D. 分割式

3. 仓库的总体构成不包括( )。

A. 生产作业区　　B. 辅助生产区　　C. 行政生活区　　D. 办公区

4. 实行( )的主要优点是能提高仓库收发货效率,缩短收发作业时间,减少差错。

A. 货架的使用　　B. 自动化仓储设备　C. 商品分类管理　D. 货位编号

5. ( )是对货位编号的朝向、间隔和编号标记的制作提出的统一要求。

A. 货位画线　　　B. 编号秩序　　　C. 标记位置　　　D. 货区的选择

6. 货位指派方式是指在完成储位确定、储位编号等工作之后,需要考虑用什么方法把物品指派到合适的储位上。下列不属于主要的货位指派方式的是( )。

A. 人工指派法　　　　　　　　B. 计算机辅助指派法

C. 计算机全自动指派法　　　　D. 手机 APP 指派法

7. 如果仓库的运输费用是一个很重要的因素,而且多种原材料由多个地点供应,则可以根据重心原理确定库址的具体位置。这种库址选择方法称作( )。

A. 优缺点比较法　B. 加权因素法　　C. 重心法　　　　D. 因次分析法

8. 下列不属于仓库选址策略的是( )。

A. 市场定位策略　　　　　　　B. 制造定位策略

C. 中间定位策略　　　　　　　D. 平价定位策略

9. 下列不属于杂货堆场货区布置的是( )。

A. 横列式　　　　B. 纵列式　　　　C. 倾斜式　　　　D. 集约式

10. 在全球范围内选择建库地址时,首先需要考虑( )问题。

A. 各国政府的政策及其稳定性

B. 各国的文化和经济问题

C. 各国在全球市场中的位置及重要程度

D. 劳动力供给情况

在线测试

简答题

1. 集装箱堆场的设计目标是什么?
2. 仓库总体布局的要求是什么?
3. 仓库选址要考虑哪些因素?

计算题

1. 某厂因为生产扩大要新建一个分厂,现在有两个厂址可供选址,条件如下:

产品单价为 10 元;厂址 1 的成本曲线为 $TC_1 = 300 + 4Q$,其中 Q 为产量;厂址 2 的成本曲线为:$TC_2 = 500 + 3Q$,其中 Q 为产量。利用量本利分析法对两个厂址进行选择,并说明理由。

2. 现有 5 个工厂,坐标分别为 $P_1(1,2)$,$P_2(7,4)$,$P_3(3,1)$,$P_4(5,5)$,$P_5(2,6)$,现要设立一个中心仓库为 5 个工厂服务,工厂到中心仓库的运输由载货汽车来完成,运量按车次计算,分别为 3,5,2,1,6 次。若只考虑运输成本最低,请用重心法计算该中心仓库的位置坐标。

案例分析

　　设施选址程序由于受到环境、方法和相关政治问题的影响而变得相当复杂。1993 年,美国百货连锁店 Target,在为发展中的芝加哥地区的市场服务而建立一个 9.3 万平方米的分销中心的选址中,就遇到了这样的问题。Target 使用室内模型软件分析了由 55 个团体提供的成本和税务鼓励,其中包括了诸多因素,如市场开发进度、运输成本、劳动力成本及其可用性。最初的分析将选址限于 3 个可能的地点,最后,选择了威斯康星州的 Oconomo-roc 工业园。

　　Target 完成了所有必要的法律程序来为 Oconomoroc 地址开工,并相信选址程序已经完成了。然而,此时一个称作银湖环境协会的非营利性环境组织在威斯康星州搜集了许多庭审案例,要求进一步听证。该组织关心的问题集中于暴风雨的排水及其地表水的影响和雇员交通而引起的空气污染问题,以及根据现行的法令是否会在任何地方破坏环境。Target 项目的反对者相信这个项目是政治上权衡的结果。Stan Riffle 说,银湖环境协会的律师这样讲:"我们已潜心于研究各层次的许多不同的庭审案例。底线是这将要进行多年。我们理解 Target 想很快转移。所以我认为,他们会意识到,转移到更适合于其工作和设施的地方是明智的。"

　　从威斯康星州的角度来看,规划一个进攻性、商业性而非保守的方案是非常必要的。威斯康星州的发展部公共信息官员 Tony Honzeny 说:"这个社区的人们在发布建设方案之前就知道这个计划。现在为了保护这个地址,必须符合 58 项独立的条件,这不是一件好像今天你加入进来,明天你就得到允许的事情。在这里,我们试图避免官僚主义,所以如果你能在 90 天内得到一个许可,那是个好消息。"

　　从 Target 的角度看,公司已经决定在未来的情况下,必须有足够的时间来准备"许可"程序及任何政治上的潜在动乱。不久以前,社区还很愿意接受像 Target 这样的大项目,但是由于环境、社会和基础设施问题会因之受到损害,当地律师团体就将问题直接指向选址程序。在这些条件下,公司最佳的战略似乎是直接面对环境程序,因为这将有可能由此得到合法权。因而这个战略很可能意味着一个更长、更慢的过程,但结果可能是提供一个最终所有涉事方更容易接受和满意的解决方案。

　　思考:配送中心选址需要考虑的非技术因素应包括哪些内容?

第二篇

仓储作业规划与执行

第四章
仓储保管合同

学习重点

1. 理解仓储合同法律特征；
2. 正确认识仓储合同当事人的权利与义务；
3. 了解解决仓储合同法律纠纷的方法。

知识重点

掌握仓储合同的法律特征。

案例导入

2014年6月3日，某市ZH粮油公司与该市某储运公司签订了一份仓储保管合同。合同主要约定：由储运公司为ZH公司储存保管小麦100万千克，保管期限自2014年7月10日至11月10日，储存费用为5万元，任何一方违约，均按储存费用的20%支付违约金。合同签订后，储运公司即开始清理其仓库，并拒绝其他客户在这3间仓库存货的要求。同年7月8日，ZH公司书面通知储运公司：因收购的小麦尚不足20万千克，故不需存放贵公司仓库，双方于6月3日所签订的仓储合同终止履行，请谅解。储运公司接到ZH公司的书面通知后，遂电告ZH公司：同意仓储合同终止履行，但贵公司应当按合同约定支付违约金1万元。ZH公司拒绝支付违约金，双方因此而产生纠纷，储运公司于2014年11月21日向人民法院提起诉讼，请求判令ZH公司支付违约金1万元。

在上述案例中，ZH公司在尚未向储运公司交付仓储物的情况下违约，是否应承担违约金1万元，关键要看仓储合同的性质。本章结合《合同法》的有关规定和上述案例，对仓储合同的几个一般性问题予以阐述。

第一节　储存业务受理的类型

一、计划委托储存

货主单位根据生产计划、流转计划、采购供应合同、运输计划等的需要，在货物入库前，向仓储部门提交在未来一定时期内要求储存货物的储存计划。这类储存业务多数发生在系统内。

二、合同协议储存

合同协议储存是根据平等互利、等价有偿的原则,仓库与货主之间采取签订仓储保管合同或协议的方式进行合作。合同协议储存主要有以下 3 种形式。

① 存货方确定储存物品的名称、储存的数量,保管方确定储存物品所需的库房类型、储存的面积并办理入库出库操作及进行物品的储存保管。

② 存货方确定储存物品的名称、储存的数量、储存物品所需的库房类型、储存的面积,保管方承担入库出库操作及物品的储存保管工作。

③ 储存物品的名称、储存的数量,储存物品所需的库房类型、储存的面积、入库出库操作及物品的储存保管全部由存货方自理。这种储存形式,双方需要签订仓库租赁合同。

三、临时委托储存

由货主单位向仓储部门提出临时委托储存的申请,在仓库认为可以接收的条件下,填临时委托储存申请单,根据仓库的出入库手续制度,组织货物入库后,即开具储存凭证。对这类储存的费用结算,采取的是"逐笔清"的方式。

第二节　仓储保管合同的法律特征

一、仓储保管合同的含义

我国《合同法》第三百八十一条规定:"仓储合同是保管人储存存货人交付的仓储物,存货人支付仓储费的合同。"在仓储合同关系中,存入货物的一方是存货人,保管货物的一方是保管人,交付保管的货物为仓储物。我国《合同法》第三百六十五条规定:"保管合同是保管人保管寄存人交付的保管物,并返还该物的合同。"《合同法》第三百九十五条规定:"仓储合同没有规定的事项,适用保管合同分则的有关规定。"

由于保管合同与仓储合同都是由保管人保管物品的合同,两者的标的都是保管人的保管行为。保管人的主要义务都是妥善保管存货人交付其保管的物品,因此,两者有时较难区分。但是,在实践中,正确区分保管合同与仓储合同,对于正确适用法律有着重要的意义。因为只有正确认定合同性质,才能依据有关法律规定正确处理当事人之间的纷争。

 小·知识

现行《合同法》是 1999 年出台的,对保管合同与仓储合同进行了区分;1985 年的《仓储保管合同实施细则》已经失效。

二、仓储合同的法律特征

仓储合同就其性质而言,是一种特殊的保管合同。按照《合同法》第三百九十五条的规定,二者在性质上有相同之处,但由于仓储营业的特殊性质,使得仓储合同又有其显著的法律特征。

① 仓储合同中的保管人必须是具有仓库营业资质的人,即具有仓储设施、仓储设备,专事仓储保管业务的人。这是仓储合同主体上的重要特征。

仓储设备是指可以用于储存和保管仓储的必要设施,这是保管人从事仓储经营业务必不可少的基本物质条件。仓储保管人应具备的仓储设备,虽然没有什么特别要求,但是,该设备须能充分保证仓储物存货人物之保管的基本目的,即应当至少满足储藏和保管物品的需要。所谓从事仓储业务的资格,是指保管人必须取得专门从事或兼营仓储业务的营业许可,这是国家对保管人从事仓储经营业务的行政管理要求。在我国,仓储保管人应当是在工商行政管理机关登记,从事仓储保管业务,并领取营业执照的法人或其他组织。仓储合同区别于一般保管合同的一个重要标志就是仓储合同主体的特殊性。保管合同对保管人的资格无特别的要求,一般自然人和法人均可以作为保管人。

② 仓储合同的标的物须为动产。在仓储合同中,存货人应当将仓储物交付给保管人,由保管人按照合同的约定进行储存和保管,因此,依合同性质而言,存货人交付的仓储对象必须是动产。换言之,不动产不能成为仓储合同的标的物。

在仓储合同中,作为动产的仓储物,并非如一般保管合同那样,必须为特定物或特定化了的种类物。存货人交付储存保管的货物既可以是一定数量的特定物,也可以是一定品质数量的种类物。就较为普遍的情况而言,仓储保管人在保管储存期限届满或者依照存货人的请求而返还仓储物时,一般采取的是原物返还,而不能是其他代替物。

③ 仓储合同是有偿合同。《合同法》第三百八十一条规定"仓储合同是保管人储存存货人交付的仓储物,存货人支付仓储费的合同";第三百八十六条规定了仓单的重要一项即为仓储费;第三百九十二条规定:如果存货人或仓单持有人逾期提取仓储物,那么,保管人应当加收仓储费。因此,仓储合同的有偿性受法律保护。保管合同以无偿为原则,以有偿为补充。也就是说,保管合同一般是无偿的,但如果当事人明确约定支付保管费的,也可以是有偿的。当事人对保管费没有约定或约定不明确的,由当事人协议补充,不能达成补充协议的,法律则推定为无偿。

但需要注意:保管期间,保管合同的保管人因保管不善造成保管物毁损、灭失的赔偿责任,根据有偿保管和无偿保管有所不同。有偿保管的,保管人应承担损害赔偿责任;无偿保管的,若保管人能证明自己没有重大过失,就可以不承担损害赔偿责任。而仓储合同,造成仓储货物毁损、灭失,除仓储物品的性质、包装不符合约定或者超过有效储存期而造成仓储物变质、损坏的之外,保管人均应对保管不善承担损害赔偿责任。

④ 仓储合同是不要式合同。从各国立法及我国合同立法的实际看,仓储合同是一种不要式合同,法律并不要求仓储合同必须具备特定的形式。仓储合同为不要式合同,既可以采用书面形式,又可以采用口头形式。无论采用何种形式,只要符合《合同法》中关于合同成立的要求,合同即告成立。虽然法律规定仓储合同的保管人在接受储存的货物时,应当给付存

货人仓单,但是,仓单只是提取仓储物或存入仓储物的凭证,并非合同。仓单只是仓储合同的证明,虽然在此情况下可以视仓单为合同,但它毕竟只是一份凭证,不是仓储合同成立的必要形式要求。

 专业拓展

　　为进一步加强对合同示范文本的宣传和推广力度,根据合同监管工作的需要和各地工商行政管理机关的要求,国家工商行政总局在 1990 年发布了《仓储保管合同示范文本》(GF -90 -0601),在实际工作过程中,可以借鉴使用。

　　⑤ 仓储合同是诺成合同。从我国《合同法》第三百八十二条关于"仓储合同自成立时生效"的规定,确认了仓储合同为诺成合同。当事人双方依法就合同的主要条款协商一致,合同即成立,存货人将货物交付给保管人是属于仓储合同成立后对合同的履行行为,而不是合同的成立要件。仓储合同自成立时生效,这是仓储合同区别于保管合同的又一显著特征。保管合同为实践合同,即保管合同除有存货人与保管人的意思表示一致外,还需要存货人交付仓储物于保管人,实际交付标的物是保管合同生效的要件。保管合同自保管物交付时成立,在保管物没有交付之前,虽然双方当事人达成了保管物品的一致意思表示,但保管合同还不能算是成立。

　　⑥ 仓储合同存货人货物已交付或行使返还请求权以仓单为凭证。仓单是保管人收到仓储物后给存货人开具的提取仓储物的凭证。仓单除作为已收取仓储物的凭证和提取仓储物的凭证外,还可以通过背书,转让仓单项下货物的所有权,或者用于出质。《合同法》第三百八十七条规定:"仓单是提取仓储物的凭证。存货人或者仓单持有人在仓单上背书并经保管人签字或者盖章的,可以转让提取仓储物的权利。"可见,仓单表明存货人或仓单持有人对仓储物的交付请求权,故为有价证券。

三、订立仓储合同的原则

　　1. 平等原则

　　当事人双方法律地位平等是合同订立的基础,是任何合同行为都需要遵循的原则。任何一方采取恃强凌弱、以大欺小或行政命令的方式订立的合同都是无效合同。任何一方不能采取歧视的方式选择订立合同的对象。

　　2. 等价有偿原则

　　仓储合同是双务合同,合同双方都要承担相应的合同义务,享受相应的合同利益。保管人的利益体现在收取仓储费和劳务费两方面。在仓储过程中保管人的劳动、资源投入的多少,决定了保管人能获得多少报酬。等价有偿的原则也体现在当事人双方合同权利和义务的对等上。

　　3. 自愿与协商一致的原则

　　生效合同是指当事人完全根据自身的需要和条件,通过广泛的协商,在整体上接受合同的约定时所订的合同。任何采取胁迫、欺诈等手段订立的合同都将是无效的合同。若合同未经协商一致,将来在合同履行中就会发生严重的争议,甚至会导致合同无法履行。

4. 合法和不损害社会公共利益原则

当事人在订立合同时要严格遵守相关法律法规,不得发生侵犯国家主权、危害环境、超越经营权、侵害所有权等违法行为。合同主体在合同行为中不得有扰乱社会经济秩序、妨碍人民生活、违背道德的行为。

仓储合同虽然已经订立,但是如果违反了法律、行政法规或公共利益,会被确认为无效。

第三节　仓储保管合同的法律纠纷

一、仓储保管合同当事人的权利与义务

1. 存货人的义务

（1）告知义务

存货人的告知义务包括两个方面:对仓储物的完整告知和瑕疵告知。完整告知,是指在订立合同时存货人要完整细致地告知保管人仓储物的准确名称、数量、包装方式、性质、作业保管要求等涉及验收、作业、仓储保管、交付的资料,特别是危险货物,存货人还要提供详细的说明资料。存货人寄存货币、有价证券或其他贵重物品的,应当向保管人声明,由保管人验收或封存;存货人未声明的,该物品毁损、灭失后,保管人可以按照一般物品予以赔偿。存货人未明确告知的仓储物属于夹带品,保管人可拒绝接受。瑕疵,包括仓储物及其包装的不良状态、潜在缺陷、不稳定状态等已存在的缺陷或将会发生损害的缺陷。保管人了解仓储物所具有的瑕疵可以采取有针对性的操作和管理,以避免发生损害和危害。

《合同法》第三百八十三条第一项规定:"储存易燃、易爆、有毒、有腐蚀性、有放射性等危险物品或者变质物品,存货人应当说明该物品的性质,提供相关资料。"本条是关于储存危险物品和易变质物品的规定。存货人储存易燃、易爆、有毒、有腐蚀性、有放射性等危险物品或易变质物品,应当向保管人说明该物的性质。所谓"说明",应当是在合同订立时予以说明,并在合同中注明。这是诚实信用原则的必然要求。如果存货人在订立合同后或者在交付仓储物时才予以说明,那么保管人根据自身的保管条件和技术能力,如果不能保管的,则可以拒收仓储物或解除合同。

存货人除应当对需要储存的危险物品及易变质物品的性质进行说明外,还应当提供有关资料,以便保管人进一步了解该危险物品的性质,为储存该危险物品作必要的准备。

存货人没有说明所储存的货物是危险物品或易变质物品,也没有提供有关资料,保管人在入库验收时,发现是危险物品或易变质物品的,保管人可以拒收仓储物。保管人在接收仓储物后发现是危险物品或易变质物品的,除及时通知存货人外,也可以采取相应措施,以避免损害的发生,因此产生的费用由存货人承担。例如,将危险物品搬出仓库转移至安全地带,由此产生的费用由存货人承担。如果存货人没有对危险物品的性质进行说明并提供有关资料,从而给保管人的财产或其他存货人的货物造成损害的,存货人应当承担损害赔偿责任。如果存货人未说明所存货物是易变质物品而导致该物品变质损坏的,保管人不承担赔偿责任。

（2）妥善处理和交存货物

存货人应对仓储物进行妥善处理,根据性质进行分类、分储,根据合同约定妥善包装,使仓储物适合仓储作业和保管。存货人应在合同约定的时间向保管人交存仓储物,并提供验收单证。交存仓储物不是仓储合同生效的条件,而是存货人履行合同的义务。存货人未按照约定交存仓储物,构成违约。

（3）支付仓储费和偿付必要费用

存货人应根据合同约定按时、按量支付仓储费,否则构成违约。由于未支付仓储费,保管人有对仓储物行使留置权的权利,即有权拒绝将仓储物交还存货人或应付款人,并可通过拍卖留置的仓储物等方式获得款项。仓储物在仓储期间发生的应由存货人承担责任的费用支出或垫支费,如保险费、货物自然特性的损害处理费用、有关货损处理、运输搬运费、转仓费等,存货人应及时支付。

（4）及时提货

《合同法》第三百九十二条规定:"储存期间届满,存货人或者仓单持有人应当凭仓单提取仓储物。存货人或者仓单持有人逾期提取的,应当加收仓储费;提前提取的,不减收仓储费。"存货人应按照合同的约定,按时将仓储物提离。保管人根据合同的约定安排仓库的使用计划,如果存货人未将仓储物提离,会使得保管人已签订的下一个仓储合同无法履行。当事人在合同中约定储存期间的,存货人或仓单持有人应当在储存期间届满凭仓单提取仓储物,并按约定支付仓储费;存货人或仓单持有人也可以提前提取仓储物,但是不减收仓储费;存货人或仓单持有人逾期提取仓储物的,应当加收仓储费。

2. 存货人的权利

（1）查验、取样权

《合同法》第三百八十八条规定:"保管人根据存货人或者仓单持有人的要求,应当同意其检查仓储物或者提取样品。"存货人将货物存置于仓库,存货人为了了解仓库堆藏及保管的安全程度与保管行为,保管人应允许其进入仓库检查仓储物或提取样品。虽然查验会影响保管人的工作,取样还会造成仓储物的减量,但存货人合理进行的查验和取样,保管人不得拒绝。

由于仓单是物权证券,存货人可以转让仓单项下仓储物的所有权,也可以对仓单项下的仓储物设定担保物权,即出质。仓单经背书并经保管人签字或盖章而转让或出质的,仓单受让人或质权人即成为仓单持有人。无论是转让仓单还是出质仓单,仓单持有人与存货人一样,都有检查仓储物或提取样品的权利。

（2）保管物的领取权

《合同法》第三百九十一条规定:"当事人对储存期间没有约定或者约定不明确的,存货人或者仓单持有人可以随时提取仓储物,保管人也可以随时要求存货人或者仓单持有人提取仓储物,但应当给予必要的准备时间。"本条是关于储存期间不明确时如何提取仓储物的规定。当事人对储存期间没约定或约定不明确的,存货人或仓单持有人可以随时提取仓储物。保管人根据自己的储存能力和业务需要,也可以随时要求存货人或仓单持有人提取仓储物,但应当给予必要的准备时间。所谓"给予必要的准备时间",是指保管人预先通知提货,然后确定一个合理的期限,以给存货人或仓单持有人留出必要的准备时间,在期限届满前提货即可,并不是在通知的当时就必须提取仓储物。例如,保管人甲和存货人乙没有约定储存期间,但约定每天收取仓储费 100 元。在这种情况下,乙可以随时提取仓储物,仓储费按实际的储存日期确定。甲也可以随时请求乙提取仓储物,但应当给乙必要的准备时间,仓储费也是按实际的储存日期计算。

3. 保管方的义务

(1) 提供合适的仓储条件、合理化仓储

《合同法》第三百九十四条规定:"储存期间,因保管人保管不善造成仓储物毁损、灭失的,保管人应当承担损害赔偿责任。因仓储物的性质、包装不符合约定或者超过有效储存期造成仓储物变质、损坏的,保管人不承担损害赔偿责任。"本条是关于保管人因保管不善造成保管物毁损、灭失时的责任规定。储存期间,保管人负有妥善保管仓储物的义务。所谓"妥善保管",主要是应当按照仓储合同中约定的保管条件和保管要求进行保管。保管条件和保管要求是双方约定的,大多数情况下是存货人根据货物的性质、状况提出保管的条件和要求。只要是双方约定的,保管人就应当按照约定的保管条件和保管要求进行保管。保管人没有按照约定的保管条件和保管要求进行保管,造成仓储物毁损、灭失的,保管人应当承担损害赔偿责任。保管人除应当按照约定的保管条件和保管要求进行保管外,还应当尽到善良管理人的责任。因为保管人的保管行为是有偿的,所以保管仓储物应当比保管自己的货物给予更多的注意。保管人应当经常对储存设施和储存设备进行维修和保养。还应当经常对仓储物进行巡视和检查,注意防火防盗。此外,为了存货人的利益,保管人在符合约定的保管条件和保管要求的情况下,发现仓储物变质、损坏,或者有变质、损坏的危险时,及时通知存货人或者仓单持有人,这其中包括对临近失效期的仓储物,也应当及时通知存货人或仓单持有人作出处置。这是诚实信用原则的要求。仓储物在毁损、灭失的情况下,保管人就应当承担赔偿责任,但是保管人能够证明仓储物的毁损、灭失是因仓储物本身性质的原因,或者因包装不符合约定,或者因仓储物超过有效储存期而造成的,保管人不承担赔偿责任。保管人储存易燃、易爆、有毒、有腐蚀性、有放射性等危险物品的,应当具备相应的保管条件。如果保管人不具备相应的保管条件而对上述危险物品予以储存,造成损害的,存货人不负赔偿责任。

(2) 验收货物

《合同法》第三百八十四条规定:"保管人应当按照约定对入库仓储物进行验收。保管人验收时发现入库仓储物与约定不符合的,应当及时通知存货人。保管人验收后,发生仓储物的品种、数量、质量不符合约定的,保管人应当承担损害赔偿责任。"本条是关于仓储物验收的规定。保管人和存货人应当在合同中对入库货物的验收问题作出约定。验收问题的主要内容有 3 项:一是验收项目,二是验收方法,三是验收期限。

(3) 签发仓单

《合同法》第三百八十五条规定:"存货人交付仓储物的,保管人应当给付仓单。"仓单是保管人收到仓储物后给存货人开具的提取仓储物的凭证,以便存货人取回或处理其仓储物。仓单实际上是仓储物所有权的一种凭证。

(4) 返还仓储物及其孳息的义务

《合同法》第三百七十七条规定:"保管期间届满或者寄存人提前领取保管物的,保管人应当将原物及其孳息归还寄存人。"可见,如果仓储物在保管期间产生了孳息,存货人有权获取该孳息。

（5）危险告知义务

《合同法》第三百八十九条规定："保管人对入库仓储物发现有变质或者其他损坏的,应当及时通知存货人或者仓单持有人。"本条是关于保管人在仓储物变质或者发生其他损坏情况下的通知义务的规定。保管人对仓储物有妥善保管的义务,保管人应当按照保管合同中约定的保管条件和保管要求妥善进行保管。保管人因保管不善造成仓储物变质或其他损坏的,应当承担赔偿责任。例如,保管条件已不符合原来的约定,如合同约定用冷藏库储存水果,但冷藏库的制冷设施发生故障,保管人不采取及时修理等补救措施,致使水果腐烂变质的,保管人应承担赔偿责任。保管人在符合合同约定的保管条件和保管要求进行保管的情况下,因仓储物的性质、包装不符合约定或者超过有效储存期,造成仓储物变质、损坏的,尽管保管人不承担责任,但是保管人应当及时将此种情况通知存货人或仓单持有人。即使仓储物没有变质或其他损坏,但有发生变质或其他损坏的危险时,存货人也应当及时通知存货人或仓单持有人。这是对保管人的更进一步要求。

《合同法》第三百九十条规定："保管人对入库仓储物发现有变质或者其他损坏,危及其他仓储物的安全和正常保管的,应当催告存货人或者仓单持有人作出必要的处置。因情况紧急,保管人可以作出必要的处置,但事后应当将该情况及时通知存货人或者仓单持有人。"本条是关于保管人对有变质或其他损坏的仓储物如何处理的规定。

保管人发现入库仓储物有变质或其他损坏,这种变质或损坏是非可归责于保管人的原因造成的,如因仓储物的性质、包装不符合约定造成仓储物本身的变质或损坏,保管人除及时通知存货人或仓单持有人外,如果该仓储物已经危及其他仓储物的安全和正常保管的,还应当催告存货人或仓单持有人作出必要的处置。因情况紧急,保管人可以作出必要的处置,但事后应当将该情况及时通知存货人或仓单持有人。

存货人或仓单持有人在接到保管人的通知或催告后,应当及时对变质的仓储物进行处置,这是存货人应尽的义务。因为变质或损坏的仓储物会危及其他仓储物的安全和正常保管。如果存货人不尽此义务,由此给其他仓储物或保管人的财产造成损害的,存货人应当承担损害赔偿责任。

保管人对变质货物的紧急处置权,类似于对危险货物的紧急处置权。存货人储存危险货物没有向保管人说明并提供有关资料,保管人在接收后发现的,可以对该仓储物进行紧急处置,由此产生的费用由存货人承担。因此,保管人紧急处置变质的仓储物,由此产生的费用也应该由存货人承担。无论是危险货物还是变质货物,都会危及其他仓储物的安全和正常保管,但只有在保管人来不及通知存货人或仓单持有人进行处置或者存货人对保管人的通知置之不理的情况下,保管人才可以对该仓储物进行紧急处置。并且事后应当将该情况及时通知存货人或仓单持有人。因此保管人的紧急处置权不是随意行使的,而是为了其他仓储物的安全和正常的保管秩序,在不得已的情况下才能行使。

4. 保管人的权利

（1）收取仓储费的权利

仓储合同是当事人双方约定由保管人（又称仓管人或仓库营业人）为存货人保管储存货物,存货人支付仓储费的合同。

（2）保管人的提存权

《合同法》第三百九十三条规定："储存期间届满,存货人或者仓单持有人不提取仓储物的,保管人可以催告其在合理期限内提取,逾期不提取的,保管人可以提存仓储物。"本条是关于仓单持有人不提取仓储物时如何处理的规定。储存期届满,存货人或仓单持有人提取仓储物,既是存货人或仓单持有人的权利,也是存货人或仓单持有人的义务。如果在储存期间届满,存货人或仓单持有人不能或拒绝提取仓储物,保管人可以确定一个合理的期限,催告存货人或仓单持有人在此期限内提取。如果逾期仍不提取的,保管人可以依照规定将仓储物提存。保管人将仓储物提存后,如果存货人或仓单持有人前来提取仓储物的,依照规定,可以要求其支付延期提取的仓储费。存货人或仓单持有人迟延给付仓储费的,还可以按照约定要求存货人或仓单持有人给付违约金。没有约定违约金的,可以要求支付迟延给付的逾期利息。

二、仓储保管合同的违约与赔偿

1. 仓储合同违约行为

（1）拒绝履行

仓储合同的当事人无法律或约定根据而不履行义务的行为。仓储合同不履行的表现,不以明示为限,单方毁约、将应当交付的仓储物作其他处理等,均可以推断为不履行义务。例如,存货人在储存期间届满时,故意不支付仓储费;保管人在约定的期限内不返还仓储物或将仓储物挪作他用等。如果仓储合同的义务人拒绝履行义务,权利人有权解除合同;给权利人造成损失的,权利人有权要求义务人赔偿其损失。

（2）履行不能

当事人应履行义务的一方无力按合同约定的内容履行义务。履行不能可能是由于客观原因,如仓储物因毁损、灭失而不能履行;也可能是由于主观过错而不能履行,如保管人将仓储物返还给存货人。履行不能的情况自仓储合同成立时就已经存在的,则为原始不能;如果是在合同关系成立以后才发生的,则为事后不能,如仓储物于交付前灭失。如果仓储物只部分灭失,则为部分不能;如果全部灭失的,则为全部不能。由于自己的原因而不能履行义务的,为事实上的不能;由于法律上的原因而不能履行义务的,为法律上的不能。

（3）履行迟延

因可归责于义务人的原因,未在履行期内履行义务的行为,为履行迟延。在仓储合同中,保管人未在合同规定的期限内返还仓储物,存货人未按时将货物入库,未在约定的期限内支付仓储费用等行为均属于履行迟延。义务人履行迟延,经催告后在合同期限内未履行的,权利人可以解除合同,要求义务人支付违约金和赔偿损失。

（4）履行不适当

未按法律规定、合同约定的要求履行的行为为履行不适当。在仓储合同中,在货物的入库、验收、保管、包装、货物的出库等任何一个环节未按法律规定或合同的约定去履行,即属履行不适当。由于履行不适当不属于真正的履行,因此作为仓储合同权利主体的一方当事人,可以请求补正,要求义务人承担违约责任,支付违约金并赔偿损失,此外还可以根据实际情况要求解除合同。

2. 仓储合同违约责任免除

免除民事责任,是指不履行合同或法律规定的义务,致使他人财产受到损害时,由于有不可归责于违约方的事由,法律规定违约方可以不承担民事责任的情况。仓储合同订立后,如果客观上发生了某些情况阻碍了当事人履行仓储合同义务,这些情况如果符合法律规定的条件,违约方的违约责任就可以依法免除。

（1）不可抗力

不可抗力是指当事人不能预见、不能避免并且不能克服的客观情况。它包括自然灾害和某些社会现象。前者如火山爆发、地震、台风、冰雹和洪水侵袭等,后者如战争、罢工等。因不可抗力造成仓储保管合同不能履行或不能完全履行,违约方不承担民事责任。

不可抗力的免责是有条件的,在不可抗力发生以后,作为义务方必须要采取以下积极的措施才可以免除其违约责任。

① 发生不可抗力事件后,应当积极采取有效措施,尽最大努力避免和减少损失,如果当事人有能力避免损失的加剧,但未采取有效措施致使损失扩大,扩大的损失不属于不可抗力造成的损失。

② 发生不可抗力事件后,应当及时向对方通报不能履行或延期履行合同的理由。及时通报的目的是使对方根据合同不能履行的具体情况,采取适当措施,尽量避免或减少由此而造成的损失。如果遭受不可抗力的一方没有及时通报,由此而加重了对方的损失,则加重部分不在免责之列。

③ 发生不可抗力事件后,应当取得有关证明,即遭遇不可抗力的当事人要取得有关机关的书面材料,证明不可抗力发生及影响当事人履行合同的情况,这样如果日后发生纠纷,也可以做到有据可查。

（2）仓储物自然特性

根据《合同法》及有关规定,由于储存货物本身的自然性质和合理损耗,造成货物损失的,当事人不承担责任。

（3）存货人的过失

由于存货人的原因造成仓储物的损害,如包装不符合约定、未提供准确的验收资料、隐瞒和夹带、存货人的错误指示和说明等,保管人不承担赔偿责任。

（4）合同约定的免责

基于当事人的利益,双方在合同中约定免责事项,对负责事项造成的损失,不承担互相赔偿责任。例如,约定货物入库时不验收质量,则保管人不承担质量短少的赔偿责任;约定不检验货物内容质量的,保管人不承担非作业保管不当的内容变质损坏责任。

3. 仓储合同违约责任承担

（1）支付违约金

违约金是指一方违约而向另一方支付的一定数量的货币。从性质上而言,违约金是"损失赔偿额的预定",具有赔偿性,同时,又是对违约行为的惩罚,具有惩罚性。在仓储合同中,赔偿性违约金是指存货人与保管人对违反仓储合同可能造成的损失而做出的预定的赔偿金额。当一方当事人违约给对方当事人造成某种程度的损失,而且这种数额超过违约金数额时,违约的一方当事人应当依照法律规定实行赔偿,以补足违约金不足部分。惩罚性违约金,是指仓储合同的一方当事人违约后,不论其是否给对方造成经济损失,都必须支付的违约金。

（2）损害赔偿

损害赔偿是指合同的一方当事人在不履行合同义务或履行合同义务不符合约定的情形下，在违约方履行义务或采取其他补救措施后，在对方还有其他损失时，违约方承担赔偿损失的责任。作为承担违反合同责任的形式之一，损害赔偿最显著的性质特征即为补偿性。在合同约定有违约金的情况下，损害赔偿的赔偿金是用来补偿违约金的不足部分，如果违约金已能补偿经济损失，就不再支付赔偿金。但是如果合同没有约定违约金，只要造成了损失，就应向对方支付赔偿金。由此可见，赔偿金是对受害方实际损失的补偿，是以弥补损失为原则的。

受害方的实际损失包括直接经济损失和间接经济损失。直接经济损失，又称实际损失，是指仓储合同的一方当事人因对方的违约行为所直接造成的财物的减少。例如，仓储合同中仓储物本身灭失或毁损，为处理损害后果的检验费、清理费、保管费、劳务费或采取其他措施防止损害事态继续扩大的直接费用支出等。

间接经济损失是指因仓储合同一方当事人的违约行为而使对方失去实际上可以获得的利益。它包括：利润的损失，主要是指被损害的财产可以带来的利润；利息的损失、自然孳息的损失等。

尽管违约方承担的是完全赔偿责任，但是损害赔偿也不能超过违反合同一方当事人于订合同时预见到或者应当预见到的因违反合同可能造成的损失。因此，在确定损害赔偿责任时，应注意避免损害赔偿的扩大。在违约行为发生时，受害一方当事人有及时采取防止损失扩大的义务，没有及时采取措施致使损失扩大的，无权就扩大的部分要求赔偿。

（3）继续履行

继续履行是指一方当事人在不履行合同时，对方有权要求违约方按照合同规定的标的履行义务，或者向法院请求强制违约方按照合同规定的标的履行义务，而不得以支付违约金和赔偿金的办法代替履行。

通常来说，继续履行有4个构成要件：①仓储合同的一方当事人有违约行为；②违约一方的仓储合同当事人要求继续履行；③继续履行不违背合同本身的性质和法律；④违约方能够继续履行。在仓储合同中，要求继续履行作为非违约方的一项权利，是否需要继续履行，取决于仓储合同非违约一方的当事人——他可以要求支付违约金、赔偿金，也可以要求继续履行。

（4）采取补救措施

所谓补救措施是指在违约方给对方造成损失后，为了防止损失的进一步扩大，由违约方依照法律规定承担的违约责任形式，如仓储物的更换，补足数量等。从广义而言，各种违反合同的承担方式，如损害赔偿，支付违约金，继续履行等，都是违反合同的补救措施，它们都是使一方当事人的合同利益在遭受损失的情况下能够得到有效的补偿与恢复。因此，这里所称的采取补救措施仅是从狭义上而言，是上述补救措施之外的其他措施。在仓储合同中，这种补救措施表现为当事人可以选择偿付额外支出的保管费、保养费、运杂费等方式，一般不采取实物赔偿方式。

4. 仓储合同纠纷解决

在发生仓储合同争议后，合同的双方当事人应当先进行友好协商，争取达成双方比较满意的协议。如果合同双方达不成协议，则可以由当地工商行政管理部门进行调解。双方协商或经过工商行政部门调解不成的,可以选择仲裁或者向人民法院提起诉讼。

本章小结

仓储合同是关于保管人储存存货人交付的仓储物,存货人支付仓储费的合同。仓储合同在法律特征上和一般保管合同有很大区别,仓储合同是诺成合同、不要式合同和有偿合同,其主体是法人,对象是动产。

知识结构图

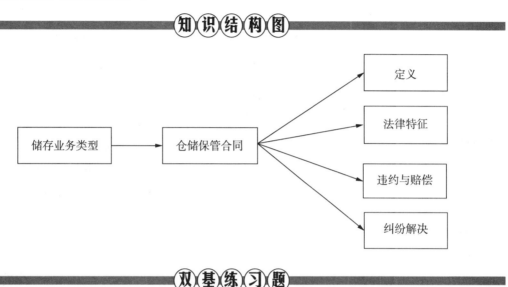

双基练习题

1. ( )是保管人在接收仓储物后签发的表明一定数量的保管物已经交付仓储保管的法律文书。

　　A. 保管证　　　　　B. 保管合同　　　　　C. 仓单　　　　　D. 物资储存单

2. (多选)以下哪些属于仓单的法律特性?( )。

　　A. 仓单由保管人持有　　　　　　　　B. 仓单是提货凭证

　　C. 仓单是有价证券　　　　　　　　　D. 仓单是仓储合同关系的证明

3. 仓储合同中约定违约金为2万元,有过错一方给对方造成实际损失为3万元,则应赔偿( )。

　　A. 2万元　　　　　B. 3万元　　　　　C. 5万元　　　　　D. 2.5万元

4. ( )储存类型采取"逐笔清"的结算方式。

　　A. 临时委托存储　　B. 全权委托　　　　C. 包仓自管　　　　D. 包仓代管

5. (多选)储存业务受理的类型有( )。

　　A. 计划委托　　　　B. 合同协议储存　　C. 临时委托储存　　D. 包仓代管

6. (多选)选择包仓代管,存货方需要确定和完成( )。

　　A. 仓库类型　　　　B. 货位面积　　　　C. 保管业务　　　　D. 保管条件

7. (多选)存货方的权利有( )。

　　A. 查验　　　　　　B. 取样　　　　　　C. 告知　　　　　　D. 及时提取仓储物

8. 仓储合同一方违约未给对方造成实际损失,是否需要赔偿?( )。

A. 需要　　　　　　　B. 不需要

9. （多选）仓储纠纷协商无果时，可以（　　　）。

在线测试

　A. 申请调解和仲裁　　　　　　　　B. 先调节再起诉

　C. 向法院起诉　　　　　　　　　　D. 先起诉再调解

10. 仓储合同是否必须遵循国家工商行政总局颁布的示范文本来拟定？
（　　　）。

　A. 是　　　　　　　B. 否

简　答　题

1. 仓储合同的法律特征主要有哪些？

2. 仓储合同双方的权利和义务分别有哪些？

3. 仓储合同出现纠纷的处理方式有哪些？

案例分析

案例 1：甲公司在乙公司储存了 100 吨用布袋包装的面粉。甲公司提取面粉时，发现面粉已经受潮，遂要求乙公司赔偿。乙公司引用《合同法》进行抗辩：按照保管物的性质需要采取特殊保管措施的，寄存人应当将有关情况报告保管人，寄存人未告知，致使保管物受损失的，保管人不承担损害赔偿责任。

思考：乙公司的抗辩理由是否能够成立？

案例 2：甲公司应当向乙公司交付 3 万吨铝锭，向丙公司（仓库）求援，于是丙公司向乙公司交付了 3 万吨铝锭。后甲公司在丙公司储存了 10 万吨铝锭，该 10 万吨铝锭与前 3 万吨铝锭完全相同。后甲公司到丙公司提取货物，丙公司只同意交付 7 万吨。

思考：丙公司的做法是否于法有据？

第五章

商品入库业务

学习重点

    1. 掌握入库业务的基本流程和各环节的基本工作内容;

    2. 掌握仓容定额的计算。

知识重点

    掌握入库作业的基本作业内容与要求。

**案例
导入**

    某供应商于 2017 年 6 月 1 日送来一车某品牌纯净水,送货单上数量为 600 箱,规格为 1×24 瓶(500 毫升/瓶),单价 0.8 元/瓶,金额 19.2 元/箱,生产日期是 2017 年 5 月 20 日,保质期为 12 个月。作为某配送中心的收货员,你打算怎样验收这批货物?

第一节 商品仓储业务流程

一、仓储业务流程

    商品仓储业务管理是仓储管理的基本核心内容,它是以保管商品为基础,准确及时地为生产和销售等环节提供商品供给的储存活动。做好仓储业务管理有利于准确及时地为生产和销售等环节提供商品供给,确保生产和销售的正常进行;有利于保证商品的质量,减少商品的损耗,降低商品的成本;有利于合理储备商品,加快资金周转速度,提高企业经济效益;有利于确保商品储存安全,实现企业生产经营成果。仓储业务作业的全过程包括商品的入库作业、商品的储存保管作业、商品的出库和盘点作业等。其作业流程大体上如图 5.1 所示。

图 5.1 仓储业务流程

二、仓储业务管理的一般要求

仓库业务管理要求做到"三化""三保""三清""两齐""三一致""五防"。"三化",即仓库规范化、存放系列化、养护经常化;"三保",即保质、保量、保安全;"三清",即材料清、规格清、数量清;"两齐",即库区整齐、工位整齐;"三一致",即账、物、卡三者一致;"五防",即防火、防水、防盗、防虫、防变质。

第二节　商品入库业务流程

一、商品入库含义

商品的入库业务也称为收货业务,它是仓储业务的开始。入库业务是从货物被运达仓储中心开始,经验单、装卸搬运、分类编码、验收等环节,确认商品后,按预定的货位储存入库等一系列的工作过程。入库作业进行的好坏关系到后续仓储作业能否顺利进行。

商品入库管理是根据商品入库凭证,在接收入库商品时所进行的卸货、查点、验收、办理入库手续等各项业务活动的计划和组织。

二、入库作业的基本流程

入库作业是仓储业务的第一步,仓储企业需根据仓储合同约定编制入库作业计划,根据计划来实施入库作业。其基本流程如图5.2所示。

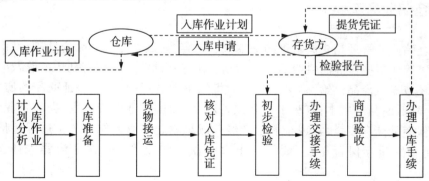

图5.2　商品入库作业的基本流程

1. 入库申请

入库申请是存货人对仓储服务产生需求,并向仓储企业发出需求通知。仓储企业接到申请之后,对此项业务进行评估并结合仓储企业自身业务状况作出反应,或拒绝该项业务,并作出合理解释,以求客户的谅解;或接受此项业务,并制定入库作业计划,并分别传递给存货人和仓库部门,做好各项准备工作。入库申请流程如图5.3所示。

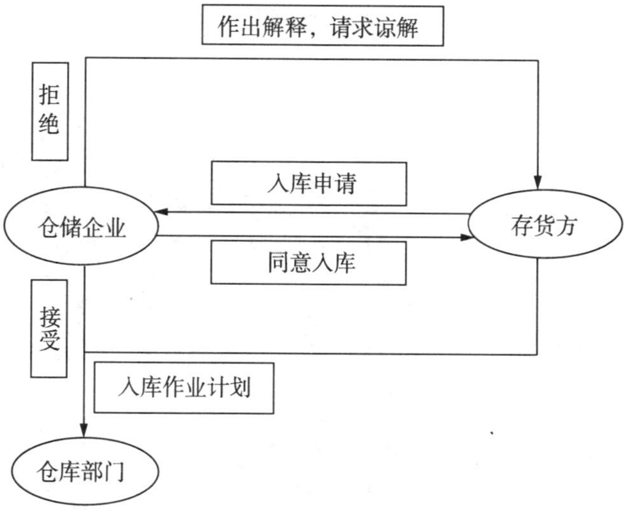

图5.3 入库申请流程

2. 入库作业计划分析

入库作业计划是指仓库部门根据本部门和存货人等外部实际情况,权衡存货人的需求和仓库储存的可能性,通过科学的预测,提出在未来一定时期内仓库要达到的目标和实现目标的方法。

入库作业分析是指仓库部门对入库作业计划的内容进行分析,并根据物品在库时间,物理、化学、生物特性,单品体积、质量,包装物等,合理安排货位。仓库部门通过对入库作业计划作出测评与分析之后,即可进行物品入库前的准备工作。

3. 入库准备

(1)安排仓容

根据入库货物的性能、数量、类别,仓库分类分区保管的原则妥善安排货位,计算货位面积,确定储存空间、仓库条件,彻底清洁货位,清除残留物,腾出仓容,清理排水管道,清扫消毒,准备好存货场所。

(2)合理组织人力

根据货物入库的时间和数量合理安排数量相符、技能娴熟的搬运、堆码、检验等相关作业人员。

(3)机械设备和检验器具的准备

理货人员根据物资情况和仓库管理制度,确定验收方法。根据货物、货位、人员等情况合理安排车辆,检验秤、尺、移动照明、撬棍、锤子、堆码工具,以及验收危险品所需的必要防护用品。

(4)苫垫用品准备

在物资入库前,根据入库货物的性质、数量及保管要求安排好所需的苫盖和垫垛的材料类型及数量。

苫盖是指采用专用苫盖材料对货垛进行遮盖。常用的苫盖材料有帆布、芦席、竹席、塑料膜、铁皮铁瓦、玻璃钢瓦、塑料瓦等。垫垛是指在物品码垛前,在预定的货位地面位置,使用衬垫材料进行铺垫。常见的衬垫物有枕木、废钢轨、货架板、木板、钢板等。部分苫垫材料如图5.4所示。

图5.4 部分苫垫材料

4. 货物接运

由于商品到达仓库的形式不同,除了小部分由供货单位直接运到仓库交货外,大部分要经过铁路、公路、航运、空运或短途运输等运输工具转运。凡经过交通运输部门转运的商品,均需经过仓库接运后,才能进行入库验收。因此,商品的接运是商品入库业务流程的第一道作业环节,也是商品仓库直接与外部发生的经济联系。接运的主要任务是及时而准确地向交通运输部门提取入库货物。要求手续清楚,责任分明,为仓库验收工作创造有利条件。因为接运工作是仓库业务活动的开始,如果接收了损坏的或错误的商品,那将直接导致商品出库装运时出现差错。商品接运是商品入库和保管的前提,接运工作完成的质量直接影响商品的验收和入库后的保管保养。因此,在接运由交通运输部门(包括铁路)转运的商品时,必须认真检查,分清责任,取得必要的证件,避免将一些在运输过程中或运输前就已经损坏的商品带入仓库而造成验收中责任难分和保管工作中的困难或损失。

做好商品接运业务管理的主要意义在于,防止把在运输过程中或运输之前已经发生的商品损害和各种差错带入仓库,减少或避免经济损失,为验收和保管保养创造良好的条件。

 专业拓展

运输方式是客货运输赖以完成的手段、方法,包括为完成客货运输任务而采取的一定性质、类别的技术装备(运输线路和运输工具)和一定的管理手段。现代运输方式有铁路运输、公路运输、水上运输、航空运输和管道运输等。

(1)到车站、码头提货

外地托运单位委托铁路、水运、民航或邮政等代运的物资到达本埠车站、码头、民航站、邮局后,仓库应依据物资通知单派车接运物资。此外,在接受货主的委托,代理完成提货、末端送货活动的情况下也会发生到车站、码头提货的作业活动。到车站、码头提货的多是零担托运、到货批量比较小的物资。

提货人员对所提取的商品应了解其品名、型号、特性和一般保管知识，以及装卸搬运注意事项等，在提货前应做好接运货物的准备工作，如装卸运输工具，腾出存放商品的场地等。提货人员在货到前，应主动了解到货时间和交货情况，根据到货多少，组织装卸人员、机具和车辆，按时前往提货。

提货时应根据运单及有关资料详细核对品名、规格、数量，并要注意商品外观，查看包装、封印是否完好，有无沾污、受潮、水渍、油渍等异状。若有疑点或不符，应当场要求运输部门检查。对短缺损坏情况，凡属运输方面责任的，应作出商务记录；属于其他方面责任需要运输部门证明的，应作出普通记录，由铁路运输员签字。注意记录内容与实际情况要相符。在短途运输中，要做到不混不乱，避免碰坏损失。危险品应按照危险品搬运规定办理。

商品到库后，提货员应与保管员密切配合，尽量做到提货、运输、验收、入库、堆码一条龙作业，从而缩短入库验收时间，并办理内部交接手续。

（2）铁路专用线到货接运

一般铁路专用线都与公路干线联合。在这种联合运输形式下，铁路承担主干线长距离的物资运输，汽车承担直线部分的直接面向收货方的短距离运输。

接到专用线到货通知后，应立即确定卸货货位，力求缩短场内搬运距离；组织好卸车所需要的机械、人员及有关资料，做好卸车准备。

车皮到达后，引导对位，并进行检查。看车皮封闭情况是否良好（卡车、车窗、铅封、苫布等有无异状），根据运单和有关资料核对到货品名、规格、标志和清点件数；检查包装是否有损坏或有无散包；检查是否有进水、受潮或其他损坏现象。在检查中发现异常情况，应请铁路部门派员复查，作出普通记录或商务记录，记录内容应与实际情况相符，以便交涉。

卸车时要注意为商品验收和入库保管提供便利条件，分清车号、品名、规格，不混不乱；保证包装完好，不碰坏，不压伤，更不得自行打开包装。应根据商品的性质合理堆放，以免混淆。卸车后在商品上应标明车号和卸车日期。

编制卸车记录，记明卸车货位规格、数量，连同有关证件和资料，尽快向保管人员交代清楚，办好内部交接手续。

 小·知识

铁路专用线：由企业或其他单位管理的与国家铁路或其他铁路线路接轨的岔线。铁路专用线与专用铁路都是企业或其他单位修建的主要为本企业内部运输服务的，两者所不同的是，专用铁路一般都自备动力、运输工具，在内部形成运输生产为一体的系统化运输组织，而铁路专用线则仅仅是一条线，其长度一般不超过 30 千米，其运输动力使用的是与其相接轨的铁路的动力。铁路专用线的管理方式为谁投资谁管理。铁路专用线的修建虽然是为解决企业或单位内部的运输需要而修建的，但是其本身也是国家铁路网的一个组成部分。

（3）仓库自行接货

这是仓库受托运方的委托，直接到供货单位提货的一种形式。其作业内容和程序主要是当仓库接到托运通知单后，做好一切提货准备，并将提货与物资的初步验收工作结合在一起进行。最好在供货人员在场的情况下,当场进行验收。因此,接运人员要按照验收注意事项提货,必要时可由验收人员参与提货。

（4）库内接货

存货单位或供货单位将商品直接接运送到仓库储存时,应由保管人员或验收人员直接与送货人员办理交接手续,当面验收并作好记录。若有差错,应填写记录,由送货人员签字证明,据此向有关部门提出索赔。

5. 核对入库凭证

货物到库后,仓库收货人员首先要检查货物入库凭证,然后根据入库凭证开列的收货单位和货物名称与送交的货物内容和标记进行核对。如果核对不一致,可以直接拒收。

除了核对入库凭证,还要核查供货单位提供的发票、产品说明书、质量合格证书、装箱单、磅码单、发货明细等,最后还要核查承运部门提供的运单。证件未到之前,不能验收,不能入库,更不能发货。

6. 初步检验

这一环节主要是对到货情况进行粗略的检查。理货员在对商品进行初步清点的基础上,按储放地点、包装标志进行分类并作出标记。同时根据相关单据和信息,对商品进行初步清理验收。在这个阶段理货员仅对货物的数量和包装进行检查。数量检验属于大数验收,只清点货物大包装的数量是否与单证相符,一般采用逐件清点或堆码点数的方法,还须检查货物的外包装是否出现挖洞、开缝、水渍、潮湿、污染、破损等。包装如果出现异常,必须两人同时在场开箱检查。

7. 办理交接手续

在对商品进行初步检查的基础上,接货员与送货人员办理交接手续,初步验收没有异常情况出现,收货员接收货物,同时在回单上签字盖章。如果在初步验收中有异常情况出现,则必须在送货单上详细注明并由送货人员签字,以作为事后处理的依据。

8. 商品验收

办完交接手续后,仓库对入库商品还要做进一步的验收工作。验收的基本要求是及时、准确,即要求在规定时间内(若合同有约定,则按照合同来执行;若合同没有约定,则按照惯例来执行——国内货物一般在 10 天以内,国外货物一般在 30 天以内),准确地对商品的数量、质量和包装进行详细的验收工作。这是做到储存商品无误和确保商品质量的重要措施。

9. 办理入库手续

验收合格的商品,应及时办理入库手续,建立档案资料及给货主反馈商品验收报告。这一环节主要做好立卡、登账、建档、签单等工作。

① 立卡又称货卡或存卡,它能够直接反映该垛商品品名、型号、规格、数量、单位、进出动态和积存数。卡片应按入库通知单所列内容逐项填写。商品入库堆码完毕,应立即建立卡片,一垛一卡。由保管员保管或悬挂在货垛上。

② 登账。入库,仓库应建立实物保管明细账(或库存保管明细账),用于登记商品进库、出库、结存的详细情况,并为仓库对账提供依据。可以按商品的品名、型号、单价和货主等分别建立账户。

③ 建档,就是将商品入库作业全过程的有关资料证件进行整理、核对,建立资料档案,以便商品保管和保持客户联系,并为将来发生争议时提供凭据。同时也有助于积累仓库管

理经验,提高仓管人员的业务素质。

④ 签单,是指在商品验收入库后,应及时按照仓库商品验收记录的要求签商品验收报告,以便向供货单位和货主表明收到商品的情况。另外,如果出现短少等异常情况,也可作为货主向供货方交涉的依据,所以签单必须准确无误。

三、仓容确定

仓容定额即仓库的容量,或称该仓库的储存能力,是指在一定条件下,仓库单位面积允许合理存放商品的最高数量。单位面积一般以平方米计算,允许存放的商品数量以吨计算。仓容定额 P 即仓库单位面积允许存放某类商品的最高数量(吨/平方米)。

$$P = min\ (P_货, P_库)$$

式中,$P_货$——货位单位面积允许存放某类商品的最高数量(吨/平方米);

$P_库$——仓库地面单位面积允许存放某类商品的最高数量(吨/平方米)。

当已知仓容的基础上,对于某货位的储存数量 q 则等于某类仓库仓容定额与该类货位存放有效占用面积 s 的乘积,即 $q = p \times s$(一般用吨计量)。

例 5 - 1　某冰箱注明限高 4 层,每个冰箱底面积为 0.8 米×0.8 米,每冰箱重 80 千克,存放某仓库。仓库地面单位面积定额为 3 吨/平方米,单位仓容定额 P 为多少? 若仓库此货位占地面积为 100 平方米,则货位存放数量 Q 为多少? 若货物重 200 吨,需要多大的货位?

解:根据题目所给条件,据公式可以得到:

$$P_货 = \frac{80 \times 4}{0.8 \times 0.8 \times 1\ 000} = 0.5(吨/平方米)$$

$$P_库 = 3(吨/平方米)$$

$$\because P_货 < P_库$$

$$\therefore P = P_货 = 0.5(吨/平方米)$$

$$Q = P \times S = 0.5 \times 100 = 50(吨)$$

$$S = \frac{Q}{P} = \frac{200}{0.5} = 400(平方米)$$

单位仓容定额 P 为 0.5 吨/平方米;若仓库此货位占地面积为 100 平方米,则货位存放数量 Q 为 50 吨;若货物重 200 吨,则需要 400 平方米的货位。

第三节　商品入库验收

在办完商品交接手续之后,检验员要对入库的商品做进一步的验收工作。凡商品进入仓库储存,必须经过检查验收。只有验收后的商品,方可入库保管。货物入库验收是仓库把好"三关"(入库、保管、出库)的第一关,抓好货物入库质量关,能防止劣质商品流入流通领域,划清仓库与生产部门、运输部门及供销部门的责任检验界限,也为货物在仓库中保管提供第一手资料。

一、商品验收基本要求

商品验收工作是一项技术要求高、组织严密的工作,其好坏关系到整个仓储业务能否顺利进行,所以必须做到及时、准确、严格、经济。

1. 及时

到库商品必须在规定的期限内完成验收工作。因为商品虽然到库,但是未经过验收的商品不算入库入账,不能供应给用料单位。只有及时验收,尽快提交检验报告,才能保证商品尽快入库,满足用料单位需要,加快商品和资金周转。同时,商品的托收承付和索赔都有一定的期限,如果验收时发现商品不合规定要求,要提出退货、换货或赔偿等要求,均应在规定的期限内提出;否则,供方或责任方不再承担责任,银行也将办理拒付手续。

2. 准确

验收的各项数据或检验报告必须准确无误。验收的目的是要弄清商品数量和质量方面的实际情况,验收不准确,就失去了验收的意义。而且,不准确的验收还会给人以假象,造成错误的判断,引起保管工作的混乱,严重者还会危及营运安全。

3. 严格

仓库有关各方都要严肃认真地对待商品验收工作。验收工作直接关系到国家和企业利益,也关系到以后各项仓储业务的开展,因此仓库领导应高度重视验收工作,直接参与人员更要以高度负责的精神来对待这项工作。

4. 经济

在多数情况下,商品在验收时不但需要检验设备和验收人员,而且需要装卸搬运机具和设备及相应工种工人的配合。这就要求各工种密切协作,合理组织调配人员与设备,以节省作业费用。此外,在验收工作中,应尽可能保护原包装,减少或避免破坏性试验,这也是提高作业经济性的有效手段。

二、商品验收内容及方法

检验货物是入库业务的重要环节,包括数量检验、质量检验和包装检验 3 个方面的内容,即符合货物数量是否与入库凭证相符,货物质量是否符合规定要求,货物包装能否保证在储存和运输中的安全。

1. 数量检验

数量检验是保证货物数量准确不可缺少的措施,要求商品入库时一次进行完毕。数量检验一般在质量验收之前,由仓库保管职能机构组织进行。按商品性质和包装情况,数量检验分为 3 种形式,即计件、检斤、检尺求积。

(1)计件

这是指按件数供货或以件数为计量单位的商品在数量验收时的清点件数。一般情况下,计件商品应全部逐一点清。固定包装物的小件商品,如果包装完好,打开包装对保管不利——国内货物只检查外包装,不拆包检查;进口商品按合同或惯例办理。

（2）检斤

这是指按质量供货或以质量为计量单位的商品进行数量验收时的称重。金属材料、某些化工产品多半是检斤验收。按理论换算质量供应的商品,先要通过检斤,如金属材料中的板材、型材等,然后按规定的换算方法换算成质量验收。对于进口商品,原则上应全部检斤,但如果订货合同规定按理论换算质量交货,则应该按合同规定办理。所有检斤的商品,都应填写磅码单,如图5.5所示。

供货单位_____　　　品　　名_____

合同编号_____　　　型号规格_____

序号	质量	序号	质量	序　号	质量
1		1		1	
2		2		2	
3		3		3	
4		4		4	
5		5		5	

图5.5　磅码单式样

实际磅差率 =（实收质量 − 应收质量)/应收质量 ×100%

索赔质量 = 应收质量 − 实际质量

（3）检尺求积

这是指对以体积为计量单位的商品,如木材、竹材、砂石等,先检尺后求体积所做的数量验收。凡是经过检尺求积检验的商品,都应该填写磅码单。

2．质量检验

质量检验包括外观质量检验、尺寸精度检验、机械物理性能检验和化学成分检验4种形式。仓库一般只作外观质量检验和尺寸精度检验,后两种检验如果有必要,则由仓库技术管理职能机构取样,委托专门检验机构检验。

（1）商品外观质量检验

这是指通过人的感觉器官,主要是看(视觉),观看商品外表有无变、裂痕、砂眼、变色、虫蛀、污痕、生霉、涂层脱落、氧化、溶解、渗漏、挥发、沉淀、混浊和破损等异状;听(听觉),对易碎商品,例如玻璃器皿,摇晃容器,听内容物有无破碎杂音,判断其有无破碎;摸(触觉),用手触摸商品的含水量程度,或有无黏结、潮湿、干硬、结块和老化等异状;嗅(触觉),鼻嗅商品是否已失应有的气味,或有无串味及有无异味(有毒物品禁止嗅闻)来检验商品。外观有缺陷的商品,有时可能影响其质量,所以对外观有严重缺陷的商品,要单独存放,防止混杂,等待处理。凡经过外观检验的商品,都应该填写检验记录单。商品的外观检验只通过直接观察商品包装或商品外观来判别质量情况,大大简化了仓库的质量验收工作,避免了各个部门反复进行复杂的质量检验,从而节省了大量的人力、物力和时间。

（2）商品的尺寸精度检验

该检验由仓库的技术管理职能机构组织进行。进行尺寸精度检验的商品,主要是金属材料中的型材、部分机电产品和少数建筑材料。不同型材的尺寸检验各有特点,如椭圆材主要检验直径和圆度,管材主要检验壁厚和内径,板材主要检验厚度及其均匀度等。对部分机电产品的检验,一般请用料单位派员进行。尺寸精度检验是一项技术性强、很费时间的工作,全部检验的工作量大,并且有些产品质量的特征只有通过破坏性的检验才能测到。因此,一般采用抽样的方式进行。

(3)理化检验

这是指对商品内在质量和物理化学性质所进行的检验,一般主要对进口商品进行理化检验。对商品内在质量的检验要求一定的技术知识和检验手段,目前仓库多不具备这些条件,所以一般由专门的技术检验部门进行。

以上质量检验是商品交货时或入库前的验收。在某些特殊情况下,还有完工时期的验收和制造时期的验收,这是指在供货单位完工和正在制造过程中,由需方派员到供货单位进行的检验。应当指出,即使在供货单位检验过的商品,因为运输条件不良或者质量不稳定,也会在进库时发生质量问题,因此交货时入库前的检验,在任何情况下都是必要的。

2. 外包装的异常状况

商品包装直接影响着物资的安全运输和储存,所以在交接过程中,特别要注意外包装是否完好。凡是产品合同对包装有具体规定的要严格按照规定验收,如箱板的厚度等。一般情况下要注意外包装是否有以下异状。

① 人为的挖洞、开缝。通常是被盗窃的痕迹。

② 水渍、潮湿。通常是指雨水淋湿或商品本身出现潮湿、渗漏的现象。

③ 污染。一般是由于配装不当而引起的商品间的相互沾污。

④ 包装破损。由于包装结构不良,或包装材质不当,或装卸过程中乱摔、乱扔、碰撞等造成的包装破损。

三、商品验收方式

商品验收方式分为全验和抽验。

在进行数量和外观验收时一般要求全验。在质量验收时,当批量小、规格复杂、包装不整齐或要求严格验收时可以采用全验。全验需要大量的人力、物力和时间,但是可以保证验收的质量;在批量大、规格和包装整齐、存货单位的信誉较高或验收条件有限的情况下,通常采用抽验的方式。

商品质量和储运管理水平的提高及数理统计方法的发展,为抽验方式提供了物质条件和理论依据。商品验收方式和有关程序应该由存货方和保留方共同协商,并通过协议在合同中加以明确规定。

四、进口商品的检验

国家规定进口商品的验收内容和方法原则上与国内商品相同,但对下列 5 项商品验收的内容要注意。

1. 按照订货合同验收

进口商品的验收依据是订货合同,到库商品及其资料必须与订货合同相一致,商品的质量、包装必须符合合同规定。订货合同、技术资料、各项证件与到货核对完全相符后方可开始验收。

2. 数量要全验

进口商品原则上要100%逐件验收。但对到货规格整齐、包装完整或因批量大、打开包装对销售与保管不利的,可以抽验10%~20%,抽验合格,按正常手续验收入库。

3. 按合同规定的计量方法计重

进口金属材料原则上规定过磅计重。若合同规定按理论换算计重,则按合同规定办理。对一些轻化工产品,合同规定按定量计件点收的,在抽验定量无出入的前提下,可点件验收。

4. 按商检规定检验外观质量

进口商品外观检验,原则上与国内商品相同。在检验中发现外观有缺陷时,抽验率要扩大到20%~30%,以最后检验结果作为判断依据。

5. 对外索赔

通过验收,若发现存在数量短缺、外观缺陷等问题,由仓库负责填写验收记录单和明细对照码单等交货主,再由货主报商检部门复验之后出证索赔。

五、商品验收中异常问题的处理

在商品验收中,可能会发现诸如证件不齐、数量短缺、质量不符合要求等问题,应区别不同情况,及时处理。

（1）单据不全的处理

凡验收所需的证件不齐全时,应及时向供货单位索取,到库物资仍作为待验物资处理,待证件到齐后再进行验收。证件未到之前,不能验收,不能入库,更不能发料。

（2）单单不符的处理

单单不符是指供货单位提供的质量证明书等与存货单位(货主)提供的入库单不符。遇到这种情况应立即通知货主,并按货主提出的方法办理,但应将全部事实处理经过记录在案备查。入库凭证不符,仓库有权拒收或暂时存放,待凭证到齐后再验收入库。

（3）质量有异的处理

凡规格、质量、包装不符合要求或在途中受损变质者,均称质量有异。此时,应先将合格品验收入库,不合格品分开堆放,作出详细记录,并立即通知货主与发货单位交涉;交涉期间,对不合格品要妥善保管;如货主同意按实际情况验收入库时,应让货主在验收单上记录签章。验收单如图5.6所示。

进料时间	年 月 日		厂商名称	订购数	
料号				交货数	
订单名称			品名规格	点收数	
发票号码				实收数	
检验项目	检验规范		检验状况	数量	判定
检验数量			不良数		不良率	
处理情况	允许		拒收	特采	全检	
备注		仓库主管		入库员	质管主管	检验员	点检员

图 5.6　验收单式样

（4）数量不符的处理

在商品入库验收过程中发生的数量不符情况，其原因可能是发货方在发货过程中出现了差错，误发了商品，或者是在运输过程中漏装或丢失了商品等。在商品验收过程中，如果对数量不进行严格的检验，或者由于工作粗心，忽视了商品数量的短缺，就会给仓库造成经济损失。

若实际数量多于原发料量的，可由主管部门向供货单位退回多发数，或补发货款；若实际验收数量少于送验数量并小于合同中的磅差率时，则以送验数量为验收数量；若实际数量少于送验数量并大于合同中的磅差率时，经核实后应立即通知货主。

在货主未提出处理意见前，该商品不得动用，若供货单位来复磅，验收员应积极配合，提供方便；若供货单位不来复磅，验收员需提供到货登记表、检斤单、铁路记录等相关验收证明材料（复印件），并加盖公章。验收过程中如遇严重问题应填写商品异常报告单，如图 5.7所示。

序号＿＿＿＿＿＿＿＿＿＿＿＿＿＿＿＿＿＿＿＿＿　　　日期＿＿＿＿＿＿＿＿

物资编号	品名	规格	数量	异常情况

送货人：　　　　　　　　检验：

图 5.7　商品异常报告单式样

（5）有单无货的处理

有单无货是指有关单据已到库，但在规定时间内商品未到。此时，应及时向货主反映，以便查询。

（6）错验的处理

验收员在验收过程中发生数量、质量等方面的差错时，应及时通知货主，积极组织力量进行复验，及时更正。凡验收中发现问题等待处理的商品，应该单独存放，妥善保管，防止混杂、丢失、损坏。

本章小结

入库业务是仓储业务的开始。本章主要内容是商品接运、商品入库验收和商品入库操作。入库业务是指从货物被运达仓储中心开始，经验单、装卸搬运、分类编码、验收等环节，确认商品后，按预定的货位储存入库等一系列的工作过程。入库作业进行的好坏关系到后续仓储作业能否顺利进行。在入库流程中，商品的入库验收是一项非常重要的工作，需要遵循及时、准确的要求对包装、数量和质量进行检验。

知识结构图

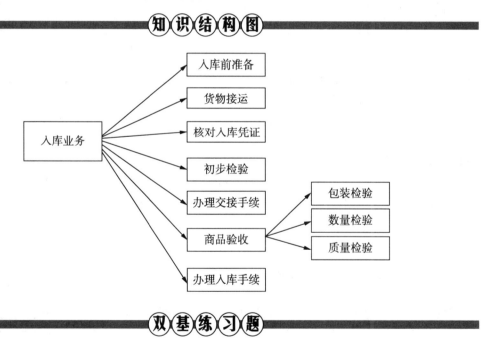

双基练习题

1. 苫垫是指（　　）。

　　A. 苫盖　　　　　B. 苫盖垫垛　　　　C. 垫垛　　　　D. 保管

2. （　　）是指仓库在物品正式入库前，按照一定的程序和手续，对到库物品进行数量和外观质量的检查，以验证它是否符合订货合同规定的一项工作。

　　A. 核查　　　　　B. 接管　　　　　C. 校对　　　　D. 验收

3. 物品入库或上架后，将物品名称、规格、数量或出入状态等内容填在料卡上，称为（　　）。

　　A. 登账　　　　　B. 记录　　　　　C. 立卡　　　　D. 建档

4.（多选）仓库作业过程是仓库以入库、（　　　）为中心的一系列作业阶段和作业环节的总称。

    A. 分拣　　　　　　　B. 保管　　　　　　　C. 出库　　　　　　　D. 运输

5.（多选）验收工作的基本要求为（　　　）。

    A. 准确　　　　　　　B. 及时　　　　　　　C. 严格　　　　　　　D. 经济

6.（多选）货物接运方式有（　　　）。

    A. 车站码头提货　　　B. 专用线接车　　　　C. 仓库自行接货　　　D. 库内接货

7. 初步检验的内容有（　　　）。

    A. 商品包装　　　　　B. 商品数量　　　　　C. 商品质量　　　　　D. 商品安全

8. 商品验收的内容有（　　　）。

    A. 商品包装　　　　　B. 商品数量　　　　　C. 商品质量　　　　　D. 商品安全

9. 国内货物检查验收的时间是（　　　）天。

    A. 7　　　　　　　　　　　　　　　　　　B. 10

    C. 15　　　　　　　　　　　　　　　　　　D. 30

10. 检查商品入库凭证时,需核对的内容为（　　　）。

    A. 商品包装　　　　　　　　　　　　　　　B. 商品数量

    C. 商品名称　　　　　　　　　　　　　　　D. 收货单位

在线测试

简答题

1. 简述商品入库流程。

2. 某供应商于 2017 年 1 月 8 日送来一车旺旺食品,送货单上标明旺旺雪饼的数量是 50 箱,规格 1×20 袋（500 克/袋）,单价 22 元/袋,金额 440 元/箱,生产日期 2016 年 12 月 6 日；旺旺烧米饼 80 箱,规格 1×20 袋（500 克/袋）,单价 32 元/袋,金额 640 元/箱,生产日期 2016 年 12 月 10 日。这两种食品的保质期都为 9 个月,在收货时,发现其中有 4 件旺旺雪饼外包装破损,3 件旺旺烧米饼外包装有水。你作为某配送中心的收货员,打算怎样处理这批有问题的货物？

3. 列举常见的苫盖和垫垛材料及其作用。

计算题

南山枣糕注明限高 8 层,每箱重 20 千克,每箱底面长、宽分别为 0.4 米和 0.4 米,存放在某仓库,仓库地面单位面积定额为 2 吨/平方米。则仓库单位仓容定额为多少？若共有 100 箱,需要多大的货位面积？如果定下了 100 平方米货位,可存放多少箱货物？

第六章

商品储存保管

学习重点

1. 掌握仓库温湿度控制与调节的方法；
2. 掌握商品储存保管的基本要求；
3. 了解影响仓储商品质量变化的因素。

知识重点

掌握商品储存保管的基本要求。

案例
导入

　　某配送中心在年度盘点中发现,货号为 3301 的物品共有 3 个批号(批号按年、月、日顺序编排)——170815、170709、170603,库存各有 10 箱零 5 盒、10 箱零 7 盒子、10 箱零 9 盒;物品 3301 每箱有 10 盒,每盒 10 千克,放置于仓库内侧转角区域;货号为 3302 的物品每箱重 300 千克,共 50 箱,放置于 3301 物品的上面。按出货频率划分 3301 为 A 类商品,3302 为 B 类商品。

　　请问该配送中心违背了哪些商品保管原则,并对这些原则进行简单说明。

第一节　仓储商品质量的变化

　　仓储商品在保管过程中出现的质量变化主要有物理机械变化、化学变化、生理生化变化等类型。

一、物理机械变化

　　物理变化是指没有新物质生成,只是改变物质外在形态或状态,而不改变其本质,并且可以反复进行的变化。物品的机械变化是指商品外力作用下发生的形态变化。常见的物理机械变化有挥发、溶化、熔化、渗漏、串味、沾污、破碎与变形等。

　　1. 挥发

　　挥发是指低沸点的物品或经液化的气体物品在空气中经气化而散发到空气中的现象。液态物品的挥发不仅会降低有效成分、增加物品损耗、降低物品质量,一些燃点很低的物品还容易引起燃烧或爆炸,一些物品挥发的蒸气有毒性或麻醉性,会对人体造成伤害。常见易挥发的物品有酒精、白酒、香精、花露水、香水,以及化学试剂中的各种溶剂,医药中的一些试剂,部分化肥农药、杀虫剂、油漆等。

挥发的速度与气温的高低、空气流动速度的快慢、液体表面接触空气面积的大小成正比。防止物品挥发的主要措施是增强包装,控制仓库温度。高温季节要采取降温措施,保持较低温度条件。

2. 溶化

溶化是指某些固态物品在保管过程中,吸收空气或环境中的水分,当吸收数量达到一定程度时,就溶化成液态。易溶性物品具有吸湿性和水溶性两种性能。

物品溶化与空气温度、湿度及物品的堆码高度有密切关系。虽然溶化后物品本身的性质并没有发生变化,但由于形态改变,给储存、运输及销售部门带来很大的不便。对易溶化物品应按物品性能,分区分类存放在干燥阴凉的库房内,不适合与含水分较大的物品存放在一起。在堆码时要注意底层物品的防潮和隔潮,垛底要垫高一些,并采取吸潮和通风相结合的温、湿度管理方法来防止物品吸湿溶化。

3. 熔化

熔化是指低熔点的物品受热后发生软化乃至化为液态的现象。物品的熔化,除受气温高低的影响外,还与物品本身的熔点、物品中杂质种类和含量高低密切相关。熔点越低,越易熔化;杂质含量越高,越易熔化。常见的易熔化物品有:百货中的香脂、发蜡、蜡烛;文化用品中的复写纸、蜡纸、打字纸和圆珠笔芯;化工物品中的松香、石蜡、粗茶;医药物品中的油膏、胶囊、糖衣片等。

物品熔化有的会造成物品流失、粘连包装、沾污其他物品,有的因产生熔解热而体积膨胀,使包装破裂,有的因软化而使货垛倒塌。预防物品的熔化应根据物品的熔点高低,选择阴凉通风的库房储存。在保管过程中,一般可采取密封和隔热措施,加强库房的温度管理,防止日光照射,尽量减少温度的影响。

4. 渗漏

渗漏主要是指液态物品,特别是易挥发的液态物品,由于包装容器不严密,包装质量不符合物品性能的要求,或在搬运装卸时碰撞震动破坏了包装而发生跑、冒、滴、漏的现象。

物品渗漏不仅与包装材料性能、包装容器结构及包装技术优劣有关,还与仓库温度变化有关。有的金属包装焊接不严,受潮锈蚀;有些包装耐腐蚀性差;有的液态物品因气温升高,体积膨胀而使包装内部压力增大胀破包装容器;有的液态物品在降温或严寒季节结冰,也会发生体积膨胀引起包装破裂而造成物品损失。因此,对液态物品应加强入库验收和在库物品检查及温、湿度控制和管理。

5. 串味

串味是指吸附性较强的物品吸附其他气体、异味,从而改变本来气味的现象。吸附性强、易串味的物品,含有胶体物质成分,并具有疏松、多孔性的组织结构。常见易被串味的物品有大米、面粉、木耳、食糖、饼干、茶叶、卷烟等。常见的引起其他物品串味的物品有汽油、煤油、桐油、腊肉、樟脑、卫生球、肥皂、化妆品及农药等。

物品串味与其表面状况与异味物质接触面积的大小、接触时间的长短及环境中异味的浓度有关。预防物品的串味,应对易被串味的物品尽量采取密封包装,在储存和运输中不与有强烈气味的物品同车、船混载或同库储藏。

6. 沉淀

沉淀是指含有胶质和易挥发成分的物品在低温或高温等因素影响下,出现部分物质的凝固进而发生沉淀或膏体分离的现象。常见的易出现沉淀的物品有墨汁、墨水、牙膏、化妆品等。某些饮料、酒在仓储中也会离析出纤细絮状的物质而出现混浊沉淀的现象。

预防物品的沉淀应根据不同物品的特点防止阳光照射,做好物品冬季保温工作和夏季降温工作。

7. 沾污

沾污是指物品外表沾有其他物质或染有其他污秽的现象。物品沾污主要是因生产、储运中卫生条件差及包装不严所致。对一些外观质量要求较高的物品,如绸缎呢绒、针织品、服装等要注意防沾污,精密仪器、仪表类也要特别注意防沾污。

8. 破碎与变形

破碎与变形是常见的机械变化,是指物品在外力作用下所发生的形态上的改变。物品的破碎主要发生于脆性较大物品的仓储中。例如,玻璃、陶瓷、搪瓷制品、铝制品等因包装不良,在搬运过程中受到碰、撞、挤、压和抛掷而破碎、掉瓷、变形等。物品的变形则通常发生于塑性较大物品的仓储中,如铝制品和皮革、塑料、橡胶等制品由于受到强烈的外力撞击或长期重压,物品丧失回弹性能,从而发生形态改变。

对于容易发生破碎和变形的物品,主要注意妥善包装,轻拿轻放,在库堆垛高度不能超过一定的压力限度。

二、化学变化

商品的化学变化是指不仅改变物质的外表形态,而且改变物质的本质,并生成新物质,且不能恢复原状的变化。商品发生化学变化,严重时会使商品完全丧失其使用价值。常见的化学变化有化合、分解、氧化、聚合、老化、风化、锈蚀等形式。

1. 氧化

氧化是指物品与空气中的氧或其他能放出氧气的物质产生化合反应。容易发生氧化的物品品种比较多,如某些化工原料、纤维制品、橡胶制品、油脂类物品等。棉、麻、丝、毛等纤维织品,长期受阳光照射会发生变色,这也是由于织品中的纤维被氧化的结果。

物品在氧化过程中会产生热量。如果产生的热量不易散失,就能加速其氧化过程,从而使反应的温度迅速升高;当达到自燃点,就会发生自燃现象。桐油布、油布伞、油纸等桐油制品,如果还没有干透就进行打包储存,则容易发生自燃,这是由于在桐油中含有不饱和脂肪酸,它在发生氧化时产生的热量不易尽快散失时,便会促使其温度升高,当达到纤维的燃点时,就会引发自燃事故。除了桐油制品外,还有其他植物性油脂类或含油脂较多的物品,如豆饼、核桃仁等,也会发生自燃现象。因此,此类物品要储存在干燥、通风、散热和温度比较低的库房,才能保证其质量安全。

2. 分解

分解是指某些性质不稳定的物品,在光、电、热、酸、碱及潮湿空气的作用下,由一种物质生成两种或两种以上物质的变化。物品发生分解反应后,不仅使其数量减少、质量降低,有的还会在反应过程中产生一定的热量和可燃气体而引发事故。例如,过氧化氢(双氧水)是一种不稳定的强氧化剂和杀菌剂,在常温下会逐渐分解,如遇高温能迅速分解,生成水和氧气,并能放出一定的热量。漂白粉,呈白色粉末状,其外观与石灰相似,故又称氧化石灰,也是一种强氧化剂和杀菌剂,当漂白粉遇到空气中的二氧化碳和水汽时就能分解出氯化氢、碳酸钙和次氯酸。在反应过程中所生成的新生态氧,具有很强的氧化能力,既能够加速对其他物品的氧化,又能破坏物品的色团。因此,过氧化氢和漂白粉都具有漂白作用。但在保管过氧化氢和漂白粉的过程中一旦发生上述变化时,就会降低其有效成分,还会降低其杀菌能力。这类物品的储存要注意包装物的密封性,库房中要保持干燥、通风。

3. 水解

水解是指某些物品在一定条件下,遇水发生分解的现象。不同物品在酸或碱的催化作用下发生水解的情况是不相同的。例如,肥皂在酸性溶液中能全部水解,而在碱性溶液中却很稳定;蛋白质在碱性溶液中容易水解,在酸性溶液中却比较稳定,所以羊毛等蛋白质纤维怕碱不怕酸;棉纤维在酸性溶液中尤其是在强酸的催化作用下,容易发生水解,能使纤维的大分子链断裂,从而大大降低纤维的强度,而棉纤维在碱性溶液中却比较稳定,所以棉纤维怕酸而耐碱。

易发生水解的物品在物流过程中,要注意包装材料的酸碱性,要清楚哪些物品可以或不能同库储存,以便防止物品的人为损失。

4. 化合

化合是指物品在储存期间,在外界条件的影响下,两种或两种以上的物质相互作用,从而生成一种新物质的反应。化合反应通常不是单一存在于化学反应中,而是两种反应(分解、化合)依次先后发生。如果不了解这种情况,就会给保管和养护此类物品带来损失。例如,化工产品中的过氧化钠,如果储存在密闭性好的桶里并在低温下与空气隔绝,其性质非常稳定,但如果遇热,就会发生分解放出氧气;过氧化钠如果同潮湿的空气接触,在迅速地吸收水分后,会发生分解而降低有效成分。

5. 聚合

聚合是指某些物品,在外界条件的影响下,能使同种分子互相加成而结合成一种更大分子的现象。例如,由于桐油中含有高度不饱和脂肪酸,在日光、氧气和温度的作用下,能发生聚合反应,生成 B 型桐油块,浮在其表面而使桐油失去使用价值。因此,储存和保管养护此类物品时,要特别注意日光和储存温度的影响,以便防止发生聚合反应,造成物品质量降低。

6. 裂解

裂解是指高分子有机物(如棉、麻、丝、毛、橡胶、塑料、合成纤维等),在日光、氧气、高温条件的作用下,发生分子链断裂、分子量降低,从而使其强度降低,机械性能变差,产生发软、发黏等现象。例如,天然橡胶在日光、氧气和一定温度的作用下,就会变软、发黏而变质。另外,在塑料制品中的聚苯乙烯,在一定条件下,也会同天然橡胶一样发生裂变。所以,这类物品在保管养护过程中,要防止受热和日光的直接照射。

7. 老化

老化是指含有高分子有机物成分的物品(如橡胶、塑料、合成纤维等),在日光、氧气、热等因素的作用下,性能逐渐变坏的现象。物品发生老化能破坏其化学结构、改变其物理性能,使机械性能降低,出现变硬发脆、变软发黏等现象,从而使物品失去使用价值。

容易老化的物品,在保管养护过程中,要注意防止日光照射和高温的影响,不能在阳光下曝晒。物品在堆码时不宜高,以防止在底层的物品受压变形。橡胶制品切忌同各种油脂和有机溶剂接触,以防止发生粘连现象。塑料制品要避免同各种有色织物接触,以防止由于颜色的感染发生串色。

8. 风化

风化指含结晶水的物品,在一定温度和干燥空气中,失去结晶水而使晶体崩解,变成非结晶状态的无水物质的现象。容易风化的物品,在保管养护过程中,要注意温、湿度的控制。

三、生理生化变化

生化变化是指有生命活动的有机体商品,在生长发育过程中,为了维持它们的生命,本身所进行的一系列生理变化,如粮食、水果、蔬菜、鲜鱼、鲜肉、鲜蛋等有机体商品,在储存过程中,受到外界条件的影响和其他生物作用,往往会发生这样或那样的变化。这些变化主要有呼吸、发芽、胚胎发育、后熟、霉腐、虫蛀等。

1. 呼吸

呼吸是指有机体物品在生命活动过程中,不断地进行呼吸,分解体内有机物质,产生热量,维持其本身生命活动的现象。呼吸可分为有氧呼吸和缺氧呼吸两种类型。不论是有氧呼吸还是缺氧呼吸,都要消耗营养物质,降低食品的质量。有氧呼吸热的产生和积累,往往使食品腐败变质。特别是粮食的呼吸作用,产生的热不易失散,如积累过多会使粮食变质。同时由于呼吸作用,机体分解出来的水分,又有利于有害微生物生长繁殖,加速物品的霉变。缺氧呼吸则会产生酒精积累,引起有机体细胞中毒,造成生理病害,缩短储存时间。对于一些鲜活物品,缺氧呼吸往往比有氧呼吸要消耗更多的营养物质。保持正常的呼吸作用,维持有机体的基本生理活动,物品本身会具有一定的抗病性和耐储性。因此,鲜活物品的储藏应保证它们正常而最低的呼吸,利用它们的生命活性,减少物品损耗,延长储藏时间。

2. 发芽

发芽指有机体物品在适宜条件下,冲破"休眠"状态,发生的发芽、萌发现象。发芽会使有机体物品的营养物质转化为可溶性物质,供给有机体本身的需要,从而降低有机体物品的质量。在发芽萌发过程中,通常伴有发热、生霉等情况,不仅增加损耗而且降低质量。因此对于能够发芽、萌发的物品,必须控制它们的水分并加强温、湿度管理,防止发芽、萌发现象的发生。

3. 胚胎发育

胚胎发育主要指的是鲜蛋的胚胎发育。在鲜蛋的保管过程中,当温度和供氧条件适宜时,胚胎会发育成血丝蛋、血环蛋。经过胚胎发育的禽蛋新鲜度和食用价值会大大降低。为抑制鲜蛋的胚胎发育,应加强温、湿度管理,最好是低温储藏或截断供氧条件。

4. 后熟

后熟是指瓜果、蔬菜等类食品在脱离母株后继续其成熟过程的现象。瓜果、蔬菜等的后熟作用将改进色、香、味及适口的硬脆度等食用性能。但当后熟作用完成后则容易发生腐烂变质,难以继续储藏,甚至失去食用价值。因此,对于这类鲜活食品,应在其成熟之前采收并采取控制储藏条件的办法来调节其后熟过程,以达到延长储藏期、均衡上市的目的。

5. 霉腐

霉腐是物品在霉腐微生物作用下发生的霉变和腐败现象。在气温高、湿度大的季节,如果仓库的温、湿度控制不好,储存的针棉织品、皮革制品、鞋帽、纸张、香烟及中药材等许多物品就会生霉,肉、鱼、蛋类就会腐败发臭,水果、蔬菜就会腐烂。无论哪种物品发生霉腐后,都会受到不同程度的破坏,甚至完全失去使用价值。食品发生霉腐会产生能引起人畜中毒的有毒物质。对易霉腐的物品在储存时必须严格控制温、湿度,并做好物品防霉和除霉工作。

6. 虫蛀

物品在储存期间常常会遭到仓库害虫的蛀蚀。危害物品的仓库害虫有多种,仓库害虫不仅破坏物品的组织结构,使物品破碎或出现孔洞,而且排泄各种代谢废物污染物品,影响物品质量和外观,降低物品使用价值,因此害虫对物品危害性也是很大的。凡是含有有机成分的物品,都容易遭受害虫蛀蚀。

第二节　影响储存物品质量变化的因素

物品发生质量变化,是由一定因素引起的。为了保管好物品,确保物品的安全,必须找出变化原因,掌握物品质量变化的规律。通常引起物品变化的因素可分为内部因素和外部因素两种,内因决定了物品变化的可能性和程度,外因是促进这些变化的条件。

一、内部因素

物品本身的组成成分、分子结构及其所具有的物理性质、化学性质和机械性质,决定了其在储存期发生损耗的可能程度。通常情况下,有机物比无机物易发生变化,无机物中的单质比化合物易发生变化;固态物品比液态物品稳定且易保存保管,液态物品又比气态物品稳定并易保存保管;化学性质稳定的物品不易变化、不易产生污染;物理吸湿性、挥发性、导热性都差的物品不易变化;机械强度高、韧性好、加工精密的物品易保管。

1. 物品的物理性质

物品的物理性质主要包括吸湿性、导热性、耐热性、透气性等。

（1）吸湿性

吸湿性是指物品吸收和放出水分的特性。物品吸湿性能的强弱、吸湿速度的快慢,直接影响该物品含水量的增减。吸湿性是许多物品在储存期间发生质量变化的重要原因之一。

（2）导热性

导热性是指物体传递热能的性质。物品的导热性与其成分和组织结构有密切关系,物品结构不同,其导热性也不一样。同时,物品表面的色泽与其导热性也有一定的关系。

（3）耐热性

耐热性是指物品耐温度变化而不致被破坏或显著降低强度的性质。物品的耐热性,除与其成分、结构和不均匀性有关外,也与其导热性、膨胀系数有密切关系。导热性大而膨胀系数小的物品,耐热性良好,反之则差。

（4）透气性

物品能被水蒸气透过的性质称为透气性,物品能被水透过的性质称为透水性。这两种性质在本质上都是指水的透过性能,所不同的是前者指气体水分子的透过,后者是指液体水的透过。物品透气、透水性的大小,主要取决于物品的组织结构和化学成分。结构松弛、化学成分含有亲水基团,其透气、透水性都大。

2. 物品的机械性质

物品的机械性质是指物品的形态、结构在外力作用下的反应。物品的这种性质与其质量关系极为密切,是体现适用性、坚固耐久性和外观的重要内容,它包括物品的弹性、可塑性、强力、韧性、脆性等。这些机械性质对物品的外形及结构变化有很大的影响。

3. 物品的化学性质

物品的化学性质是指物品的形态、结构及物品在光、热、氧、酸、碱、温度、湿度等作用下,发生改变物品本质相关的性质。与物品储存紧密相关的物品的化学性质包括:物品的化学稳定性,物品的毒性、腐蚀性、燃烧性、爆炸性等。

（1）化学稳定性

化学稳定性是指物品受外界因素作用,在一定范围内,不易发生分解、氧化或其他变化的性质。化学稳定性不高的物品容易丧失使用性能。物品的稳定性是相对的,稳定性的大小与其成分、结构及外界条件有关。

（2）毒性

毒性是指某些物品能破坏有机体生理功能的性质。具有毒性的物品,主要是用作医药、农药及化工品等。有的本身有毒;有的蒸汽有毒;有的本身虽无毒,但分解化合后,产生有毒成分,等等。

（3）腐蚀性

腐蚀性是指某些物品能对其他物质产生破坏作用的化学性质。具有腐蚀性的物品,本身具有氧化性和吸水性,因此,不能把这类物品与棉、麻、丝、毛织品及纸张、皮革制品等同仓储存,也不能与金属制品同仓储存。盐酸可以与钢铁制品作用,使其遭受破坏;烧碱能腐蚀皮革、纤维制品和人的皮肤;硫酸能吸收物品中的水分,使它们碳化而变黑;漂白粉的氧化性很强,能破坏一些有机物;石灰有强吸水性和发热性,能灼热皮肤和刺激呼吸器官,等等。因此在保管时要根据物品不同的性能,选择储存场所,安全保管。

（4）燃烧性

燃烧性是指有些物品性质活泼,发生剧烈化学反应时常伴有热、光同时发生的性质。具有这一性质的物品被称为易燃物品。常见的易燃物品有红磷、火柴、松香、汽油、柴油、乙醇等低分子有机物。易燃物品在储存中应该特别注意防火。

（5）爆炸性

爆炸是物质由一种状态迅速变化为另一种状态,并在瞬息间以机械功的形式放出大量能量的现象。能够发生爆炸的物品要专库储存,并应有严格的管理制度和办法。

4. 化学成分

（1）无机物品

无机物品的构成成分中不含碳,但包括碳的氧化物、碳酸及碳酸盐,如化肥、部分农药、搪瓷、玻璃、五金及部分化工品等。无机物品,按其组成元素的种类及其结合形式,又可以分为单质物品、化合物、混合物等三大类。

（2）有机物品

有机物品指以含碳的有机化合物为其成分的物品，但不包括碳的氧化物、碳酸与碳酸盐。属于这类成分的物品，其种类相当繁多，如棉、毛、丝、麻及其制品，化纤、塑料、橡胶制品，石油产品，有机农药，有机化肥，木制品、皮革、纸张及其制品，蔬菜、水果、食品、副食品等。这类物品成分的结合形式也不相同，有的是化合物，有的是混合物。单一成分的物品极少，多数物品含杂质，而成分绝对纯的物品很罕见。所以，物品成分有主要成分与杂质之分。主要成分决定着物品的性能、用途与质量，而杂质则影响着物品的性能、用途与质量，给储存带来不利影响。

5. 物品的结构

物品的种类繁多，各种物品又有各种不同形态的结构，所以要求用不同的包装盛装。如气态物品，分子运动快、间距大，多用钢瓶盛装，其形态随盛器而变；液态物品，分子运动比气态慢，间距比气态小，其形态随盛器而变；只有固态物品有一定外形。

虽然物品形态各异，概括起来，可分为外观形态和内部结构两大类。物品的外观形态多种多样，所以在保管时应根据其体形结构合理安排仓容，科学地进行堆码，以保证物品质量的完好。物品的内部结构即构成物品原材料的成分结构，属于物品的分子及原子结构，是人的肉眼看不到的结构，必须借助于各种仪器来进行分析观察。物品的微观结构对物品性质往往影响极大，有些分子的组成和分子量虽然完全相同，但由于结构不同，性质就有很大差别。

总之，影响物品发生质量变化的因素很多，这些因素主要包括物品的性质、成分、结构等内在因素，这些因素之间是相互联系、相互影响的统一整体，工作中绝不能孤立对待。

二、外部因素

物品储存期间的变化虽然主要是物品内部活动的结果，但与储存的外界因素也有密切关系。

1. 自然因素

自然因素主要指温度、湿度、有害气体、日光、尘土、杂物、虫鼠雀害、自然灾害等。

（1）温度

除冷库外，仓库的温度直接受天气温度的影响，库存物品的温度也就随天气温度同步变化。一般来说，绝大多数物品在常温下都能保持正常的状态。大部分物品对温度的适应都有一定范围。低沸点、易挥发的物品，在高温下易挥发；低熔点的物品，温度高时易熔化变形及粘连流失；具有自燃性的物品，在高温下因氧化反应而放出大量的热，当热量聚积不散时，导致自燃发生。温度过低，也会对某些物品造成损害。

普通仓库的温度控制主要是避免阳光直接照射物品，因为在阳光直接照射的地表温度要比气温高很多，午间甚至高近一倍。仓库遮阳采用仓库建筑遮阳和苫盖遮阳。不同建筑材料的遮阳效果不同，混凝土结构遮阳效果最佳。怕热物品要存放在仓库内阳光不能直接照射的货位。

对温度较敏感的物品，在气温高时可以洒水降温，包括直接对物品洒水，对苫盖、仓库屋顶洒水(怕水物品)。在日晒降低的傍晚或夜间,将堆场物品的苫盖适当揭开通风,也是对露天堆场物品降温保管的有效方法。

物品自热是物品升温损坏的一个重要原因。对容易自热的物品,应经常检查物品温度,当发现升温时,可以采取加大通风、洒水等方式降温,也可以翻动物品散热降温,必要时还可以在货垛内存放冰块、释放干冰等降温。

此外,仓库里的热源也会造成温度升高,应避开热源,或者在高温季节避免使用仓库内的热源。在严寒季节,气温极低时,可以采用加温设备对物品加温防冻。对突至的寒潮采取寒潮到达前对物品进行保暖苫盖,也具有短期保暖效果。

（2）湿度

不同物品对环境湿度(相对湿度)要求有很大差别。霉菌、微生物和蛀虫在适宜的温度和相对湿度高于60%时繁殖迅速,可在短时期内使棉毛丝制品、木材、皮革、食品等霉变、腐烂。具有吸湿性的物品,在湿度较大的环境中会结块。绝大多数金属制品、电线、仪表等在相对湿度达到或超过80%时锈蚀速度加快。但是某些物品的储存环境却要求保持一定的潮湿度,如木器、竹器及藤制品等,它们在相对湿度低于50%的环境中会因失水而变形开裂,但是当相对湿度大于80%时又容易霉变。纯净的潮湿空气对物品的影响不大,尤其是对金属材料及其制品,但如果空气中含有有害气体时,即使相对湿度刚达到60%,金属材料及其制品也会迅速锈蚀。

（3）大气中的有害气体

大气中的有害气体主要来自燃料,如煤、石油、天然气、煤气等燃料放出的烟尘,以及工业生产过程中的粉尘、废气。对空气产生污染的主要是二氧化碳、二氧化硫、硫化氢、氯化氢和氮等气体。物品储存在有害气体浓度大的空气中,其质量变化玥显。例如,二氧化硫气体溶解度很大,溶于水中能生成亚硫酸,当它遇到含水量较大的物品时,能强烈地腐蚀物品中的有机物。在金属电化学腐蚀中,二氧化硫也是造成电池腐蚀的重要介质之一。如果空气中含有0.01%的二氧化硫,就能使金属锈蚀增加几十倍,使皮革、纸张、纤维制品脆化。特别是金属物品,必须远离二氧化硫发源地。目前,主要通过改进和维护物品包装或在物品表面涂油涂蜡等方法,减少有害气体对物品质量的影响。

（4）日光、尘土、虫鼠雀害

适当的日光可以去除物品表面或体内多余的水分,也可抑制微生物等的生长。但长时间在日光下曝晒会使物品或包装物开裂、变形、变色、褪色或失去弹性。尘土、杂物能加速金属锈蚀,影响精密仪器仪表和机电设备的精密度和灵敏度。虫鼠雀不仅能毁坏物品和仓库建筑,还会污染物品。

（5）自然灾害

自然灾害主要有雷击、暴雨、洪水、地震、台风等。

2. 人为因素

人为因素是指人们未按物品自身特性的要求或未认真按有关规定和要求作业,甚至违反操作规程而使物品受到损害和损失的情况。这些情况主要有如下表现。

（1）保管场所选择不合理

由于物品自身理化性质决定了不同库存物在储存期要求的保管条件不同,因此,对不同库存物应结合当地的自然条件选择合适的保管场所。一般条件下,普通的黑色金属材料、大部分建筑材料和集装箱应在露天货场储存;怕雨雪侵蚀、阳光照射的物品应放在普通库房及货棚中储存;要求一定温、湿度条件的物品应相应存放在冷藏、冷冻、恒温、恒温恒湿库房中;易燃、易爆、有毒、有腐蚀性危险的物品必须存放在特种仓库中。

 专业拓展

货物仓储存放保管七大原则:①面向通道进行保管;②尽可能地向高处码放,提高保管效率;③根据出库频率选定位置;④同一品种在同一地方保管;⑤根据物品质量安排保管的位置;⑥依据形状安排保管方法;⑦先进先出。

（2）包装不合理

为了防止物品在储运过程中受到冲击、压缩等外力而被破坏,应对库存物进行适当的捆扎和包装,如果捆扎或包装不牢,将会造成倒垛、散包,使物品丢失和损坏。某些包装材料或形式选择不当不仅不能起到保护的作用,还会加速库存物受潮变质或受污染霉烂。

（3）装卸搬运不合理

装卸搬运活动贯穿于仓储作业过程的始终,是一项技术性很强的工作。各种物品的装卸搬运均有严格规定,如平板玻璃必须立放挤紧捆牢,大件设备必须在重心点吊装,胶合板不可直接用钢丝绳吊装等。实际工作表明,装卸搬运不合理,不仅会给库存物造成不同程度的损害,还会给劳动者的生命安全带来威胁。

（4）堆码苫垫不合理

垛形选择不当、堆码超高超重、不同物品混码、需苫盖而没有苫盖或苫盖方式不对都会导致库存物损坏变质。

（5）违章作业

在库内或库区违章明火作业、烧荒、吸烟,会引起火灾,从而造成更大的损失,带来更大的危害。

3. 储存期

物品在仓库中停留的时间越长,受外界因素影响发生变化的可能性就越大,而且发生变化的程度也越大。

物品储存期的长短主要受采购计划、供应计划、市场供求变动、技术更新,甚至金融危机等因素的影响,因此仓库应坚持先进先出的发货原则,定期盘点,将接近保存期限的物品及时处理,对于落后产品或接近淘汰的产品限制入库或随进随出。

第三节 商品储存保管的措施

一、商品储存保管的基本要求

商品的保管与养护是流通领域各部门不可缺少的重要工作之一,应在此过程中贯彻"以防为主、防重于治、防治结合"的方针,达到最大限度地保护商品质量,减少商品损失的目的。

"防"是指不使商品发生质量上的降低和数量上的减损,"治"是指商品出现问题后采取救治的方法,"防"和"治"是商品保管养护不可缺少的两个方面。

1. 严格验收入库商品

要防止物品在储存期间发生各种不应有的变化,首先在物品入库时要严格验收,弄清物品及其包装的质量状况。对吸湿性物品要检测其含水量是否超过安全水平,对其他有异常情况的物品要查清原因,针对具体情况进行处理和采取救治措施,做到防微杜渐。

2. 适当安排储存场所

不同物品性能不同,对保管条件的要求也不同,分区分类、合理安排存储场所是物品养护工作的一个重要环节。例如,怕潮湿和易霉变、易生锈的物品,应存放在较干燥的库房里;怕热、易溶化、发黏、挥发、变质或易发生燃烧、爆炸的物品,应存放在温度较低的阴凉场所;既怕热又怕冻,且需要较大湿度的物品,应存放在冬暖夏凉的楼下库房或地窖里。此外,性能相互抵触或易串味的物品不能在同一库房混存,以免相互产生不良影响。尤其对于化学危险物品,要严格按照有关部门的规定,分区分类安排储存地点。

3. 妥善进行堆码苫垫

阳光、雨雪、地面潮气对物品质量影响很大,要切实做好货垛苫盖和垫垛的隔潮工作,如利用石块、枕木、垫板、苇席、油毡或采用其他防潮措施。存放在货场的物品,货区四周要有排水沟,以防积水流入垛下;货垛周围要遮盖严密,以防日晒雨淋。

货垛的垛形与高度应根据各种物品的性能和包装材料,结合季节气候等情况妥善堆码。含水率较高的易霉物品,热天应码通风垛;容易渗漏的物品,应码间隔式的行列垛。此外,库内物品堆码留出适当的距离,俗称"五距",即顶距:平顶楼库顶距为50厘米以上,人字形屋顶以不超过横梁为准;灯距:照明灯要安装防爆灯,灯头与物品的平行距离不少于50厘米;墙距:外墙50厘米,内墙30厘米;柱距:一般留10厘米~20厘米;垛距:通常留10厘米。对易燃物品还应适当留出防火通道距离。

4. 控制好仓库温、湿度

应根据库存物品的保管保养要求,适时采取密封、通风、吸湿和其他控制与调节温、湿度的办法,力求把仓库温、湿度保持在适合物品储存的范围内。

5. 认真对商品进行在库检查

由于仓库中保管的物品性质各异,品种繁多,规格型号复杂,进出库业务活动每天都在进行,而每一次物品进出库业务都要检斤计量或清点件数,加之物品受周围环境因素的影响,很容易使物品发生数量或质量上的损失,因此对库存物品和仓储工作进行定期或不定期的盘点和检查非常必要。

(1)检查

检查工作主要包括:检查物品保管条件是否满足要求;检查物品质量的变化动态;检查各种安全防护措施是否落实、消防设备是否正常。检查应特别注意物品温度、水分、气味、包装物的外观、货垛状态是否有异常。

(2)盘点

盘点是检查账、卡、物是否相符,把握库存物数量和质量动态的手段。

6. 保持好仓库清洁卫生

储存环境不清洁,易引起微生物、虫类寄生繁殖危害物品。因此,对仓库内外环境应经常清扫,彻底铲除仓库周围的杂草、垃圾等物,必要时使用药剂杀灭微生物和潜伏的害虫。对容易遭受虫蛀、鼠咬的物品,要根据物品性能和虫、鼠生活习性及危害途径,及时采取有效的防治措施。

二、仓库温、湿度的控制

商品养护的首要问题,就是采用科学的方法控制与调节温、湿度,使之适合于商品的储存,以保证商品完好无损。必须对仓库提出适合于商品长期安全储存的温度界限,即"安全温度"。

1. 空气温度基本知识

① 温度含义:空气冷热程度(气温)。

② 表示方法:空气温度主要是通过温度表来衡量,有摄氏温度、华氏温度和绝对温度 3 种表示方法。目前工作中都采用 1968 年的国际实用温标,即国际实用摄氏度。摄氏温度把在标准大气压下冰水混合物的温度定为 0℃,沸水的温度定为 100℃,0℃ 和 100℃ 中间分为 100 个等份,每个等份代表 1℃;华氏温标把一定浓度的盐水凝固时的温度定为 0℉,把纯水的冰点温度定为 32℉,把标准大气压下水的沸点温度定为 212℉,中间分为 180 等份,每一等份代表 1℉;绝对温度以绝对零度(0K)为最低温度,规定水的三相点的温度为 273.16K。

③ 摄氏温度与华氏温度换算公式如下:

$$℃ = (℉ - 32) × 5/9$$
$$℉ = 9/5 × ℃ + 32$$

2. 空气湿度基本知识

① 湿度含义:表示大气干湿程度的物理量。

② 表示方法:空气湿度常用绝对湿度、饱和湿度、相对湿度等方法表示。

绝对湿度(e):在单位体积的空气中实际所含水蒸气的量。可以按密度来计算,即按每立方米空气中实际所含水蒸气的质量来计算,用克/立方米表示。

饱和湿度(E):在一定湿度下单位体积中最大限度能容纳水蒸气的量,用克/立方米表示。空气的饱和温度随着温度的升高而增大,随温度降低而减小。

相对湿度 = 绝对湿度/同温度下的饱和湿度 × 100%。相对湿度表示空气中实际水蒸气量距离饱和状态程度,相对湿度越大,空气就越潮湿,水分不易蒸发,反之,则易蒸发。

相对湿度是仓库湿度管理中的常用标度。相对湿度越接近 100%,说明空气越潮湿;反之,空气越干燥。在气温和气压一定的情况下,绝对湿度越大,相对湿度也越大。表 6.1 列举了几类商品所需温、湿度。

表6.1　商品适宜温、湿度

种　类	温度/℃	相对湿度/%	种　类	温度/℃	相对湿度/%
金属及制品	5~30	≤75	重质油、润滑油	5~35	≤75
碎末合金	0~30	≤75	轮胎	5~35	45~65
塑料制品	5~30	50~70	布电线	0~30	45~60
压层纤维塑料	0~35	45~75	工具	10~25	50~60
树脂、油漆	0~30	≤75	仪表、电器	10~30	70
汽油、煤油、轻油	≤30	≤75	轴承、钢珠、滚针	5~35	60

3. 露点

露点指空气中所含水蒸气因气温下降达到饱和状态而开始液化成水时的温度。当库内温度低于露点温度时，空气中的水汽会结露使物品受潮，因此在采用通风方式调节库内温、湿度时，应避免露点温度出现。

4. 临界湿度

临界湿度是使物品发生变化的相对湿度范围。对于金属材料及其制品来说，就是引起金属锈蚀的相对湿度范围。一般情况下，铁的临界湿度为65%~70%，钢的临界湿度为70%~80%，如果空气中含有大量的碳粒、二氧化硫、氨和氯等杂质，则钢和铁的临界湿度范围将缩小到60%左右。

5. 温、湿度变化规律

（1）大气温度的变化规律

温度的日变化规律通常为单峰型，即大气温度从上午8点开始迅速升高，到下午2~3点达最高，过后随着日照减弱而逐渐下降，到次日凌晨2点左右为最低。

温度的年变化规律因各地区地理位置和地形地貌不同而有所差异。例如，云贵高原四季如春，四季温差不大；东南沿海和海南无明显冬季，只有雨季和旱季之分；内陆地区及其他地区四季分明，年最低温度在1月中旬至2月中旬，5月后气温显著升高，7月中旬至8月中旬为气温最高时期。物品保管中，1~2月份须防低温冻坏，7~8月份须防高温；结合地理位置来看，淮河以南地区以防高温为主、防冻为辅，淮河以北广大地区及东北、西北地区以防冻为主、防高温为辅。

（2）大气湿度的变化规律

绝对湿度反映空气中水蒸气的实际含量，由于在不同的自然地理条件下，或在不同的季节中，绝对湿度的日变化规律不完全相同，因此在我国有一高一低（单峰型）和两高两低（双峰型）绝对湿度日变化形式。

所谓单峰型是指绝对湿度在一日内出现一次最高值和一次最低值。这种类型出现在沿海地区及沿江沿湖一带，内陆地区的秋冬季节也常表现为这种类型。这种变化为每日日出前气温最低时，绝对湿度最低，日出后随着气温增高绝对湿度增大，至14~15点达到最高值，而后随日照减弱绝对湿度降低。所谓双峰型是指绝对湿度在一日内出现两次最高值和两次最低值。一般内陆地区春夏季节绝对湿度日变化属这种类型。这种变化为日出前绝对湿度最低,日出后随气温上升,绝对湿度迅速增加,至8~9点,出现第一次绝对湿度最高;随即大气垂直运动加快,热交换运动开始,地面热湿空气上升,空中干冷空气下降,干湿空气混合使绝对湿度开始下降,至14~15点左右热交换运动相对停止时绝对湿度达到第二次最低;之后水蒸气又在不断蒸发,至20~21点左右绝对湿度达到第二次最高。

绝对湿度的年变化受降雨降雪量的影响最大,一般情况下雨季绝对湿度高。北方地区7~8月份为雨季,绝对湿度最高,东北地区冬季绝对湿度最高,南方地区4~5月份进入梅雨季节时绝对湿度最高。

相对湿度也有日变化和年变化的一般规律。相对湿度的日变化基本上由气温变化决定,气温上升,由于饱和湿度增大,因而相对湿度减小;气温下降,饱和湿度降低,相对湿度增大。

（3）库内温、湿度变化的特点

除特殊仓库外,库内温、湿度的变化主要受库外温、湿度变化的影响。其变化规律是基本一致的,但变化的程度不同。

① 库内温度的变化。库内温度的变化与库外气温的变化大致相同。但由于仓库建筑物的防护作用,库内温度与库外温度又有差别,库内温度的日差比较小。另外,库外温度对库内的影响需要一定时间,所以库内温度的变化滞后于库外。库内温度的变化受多种因素的影响,如仓库建筑物的结构特征、结构材料、密封性及库存物品的性质等。因此,不同仓库隔热保温性能不同,库内温度变化的实际情况也就不同。

② 库内湿度的变化。库内绝对湿度的变化直接受库外湿度的影响,在没有密封的情况下,库内外湿度不会有太大的差别。但是由于库内外气温不同,在绝对湿度相同的情况下,库内外的相对湿度会有差别,即当库内温度高于库外时,其相对湿度低于库外,而当库内温度低于库外时,其相对湿度高于库外。此外,同一时点库内不同位置的温、湿度也不相同。一般情况下地面附近温度较低、湿度较大,屋顶附近温度较高、湿度较小;向阳面温度较高、相对湿度较小,背阴面温度较低、相对湿度较大;库房四角温度较高,但因通风受阻其相对湿度也就偏高,而库房门、窗附近受库外温湿度影响较大,所以与库外温湿度比较接近。

6. 库内外温、湿度测量

（1）测量工具

仓库的温、湿度管理是一项基本工作,仓库员工要定时观测并记录绝对湿度、相对湿度、温度、风力、风向等。测量库内外温度时需要使用温度计,湿度主要使用干湿球温度计和自动记录湿度计测定。

干湿球温度计是由两支相同的温度计固定在一个木架上,左边称为干球,测温度;右边称为湿球,下端裹以纱布浸入水槽中,槽内有蒸馏水或冷开水（见图6.1）。利用水分蒸发时吸热的原理,两支温度计显示一定的温度差。在测得两支温度计温度的同时,可以查对温湿对照表,获得此时库内或大气的相对湿度值。

自动记录湿度计可以连续记录空气中的湿度变化,它由感应部分和自动记录部分组成。其中,感应部分用脱脂的毛发制成,毛发属于纤维组织,有许多毛细孔,当空气中湿度增大时毛发吸收水分而膨胀,当空气中的水分减少时毛发失去部分水分而收缩。自动记录部分与自动温度记录计相同。

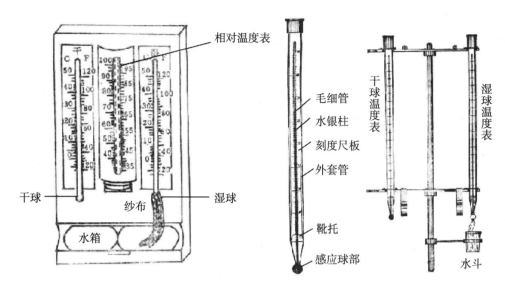

图6.1 干湿球温度计

（2）测量工具正确放置

在库房内放置温、湿度表时，应放在空气流通、避光的地方，高度与人眼平，离地面约1.5米左右；库外测量时应设置百叶箱，内放温、湿度计。百叶箱应置于空旷通风的地方，门朝北，箱内不放杂物，球部离地面2米。应指定专人每天按时观察和记录，按月、季、年分别记录统计该时期内最高、最低和平均温、湿度，当发现库内温、湿度超过要求时，应立即采取相应措施，以达到安全储存的目的。

7. 温、湿度控制的常用方法

控制库房温、湿度的方法很多，最常用的方法有密封、通风、吸湿。

（1）密封

密封就是将商品严密封闭，减少外界因素对商品的不良影响，切断感染途径，从而达到安全储存的目的。

① 密封的要求：密封前必须确保商品正常，要检查商品含水量、温度、湿度，选择绝热防潮材料（沥青纸、塑料薄膜、芦席等），确定密封时间；密封后加强管理。

② 密封的形式：整库密封、整垛密封、整柜密封、整件密封。

（2）通风

通风就是利用库内外空气对流，从而达到调节库内温、湿度的目的。通风既能起到降温、降潮和升温的作用，又可排除库内的污浊空气，使库内空气适宜于储存商品。

通风有自然通风和机械通风。夏天气温较高，天晴时可在凌晨和夜晚通风，雨天不能通风；库内湿度较高时，可用通风散潮，一般在上午通风，但要注意此时库外湿度要低于库内。机械通风是利用鼓风机、电扇等送风或排风，以加速空气交换，达到降温、散潮的目的。

（3）吸湿

吸湿是利用吸湿剂减少库房的水分，以降低库内湿度的一种方法。在霉雨季或阴雨天，当库内湿度过大，不宜通风散潮，但为保持库内干燥，可以放置吸湿剂或吸湿机吸湿。常用的吸湿剂有生石灰、氯化钙、氯化锂、硅胶、木灰、炉灰等。

本章小结

本章阐述了商品保管的意义、原则,商品养护的目的与任务;重点说明了库存商品的变化及其影响因素,以及库存商品的养护方法。

知识结构图

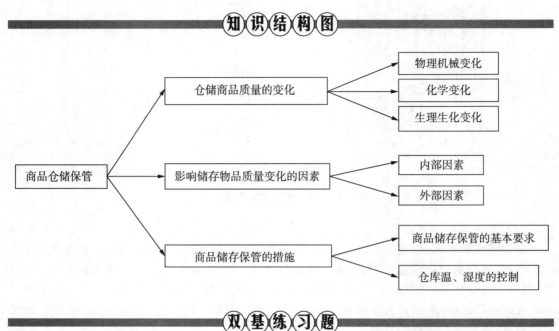

双基练习题

1. (   )是指只改变物质本身的外表形态,不改变其本质,没有新物质的生成,并且有可能反复进行的质量变化现象。

A. 化学变化   B. 物理机械变化   C. 生化变化   D. 色泽变化

2. (   )是指构成物品的物质发生变化后,不仅改变了物品的外表形态,而且改变了物品的本质,并且有新物质生成,且不能恢复原状的变化现象。

A. 化学变化   B. 物理机械变化   C. 生化变化   D. 色泽变化

3. 相对湿度是指绝对湿度与其同温度下(   )的百分比。

A. 绝对湿度   B. 临界湿度   C. 饱和湿度   D. 露点

4. (   )是指保持空气的水汽含量不变而使其冷却,直至水蒸气达到饱和状态而将结出露水时的温度。

A. 饱和湿度   B. 临界湿度   C. 冰点   D. 露点

5. 天然橡胶在日光、氧和一定温度的作用下,就会变软、发黏而变质,这种现象属于(   )。

A. 聚合   B. 裂解   C. 分解   D. 老化

6. (多选)物品在仓储过程中的变化形式归纳起来有(   )及某些生物活动引起的变化等。

A. 物理机械变化   B. 化学变化   C. 生化变化   D. 色泽变化

7.（多选）下列哪些变化属于物品的化学变化？（　　　）。

    A. 氧化　　　　　　B. 老化　　　　　　C. 沉淀　　　　　　D. 水解

8.（多选）下列哪些变化属于生化变化？（　　　）。

    A. 水解　　　　　　B. 霉腐　　　　　　C. 虫蛀　　　　　　D. 呼吸

9.（多选）影响物品质量变化的外界因素主要包括（　　　）。

    A. 自然因素　　　　　　　　　B. 物理因素

    C. 人为因素　　　　　　　　　D. 储存期

10.（多选）湿度是表示大气干湿程度的物理量,常用（　　　）等方法表示。

    A. 绝对湿度　　　　　　　　　B. 饱和湿度

    C. 临界湿度　　　　　　　　　D. 相对湿度

👆在线测试

1. 简述商品质量变化的类型。

2. 简述仓库温、湿度调节和控制的方法。

3. 影响储存物品质量变化的因素有哪些?

案例分析

    九江市某仓库新进一批茶叶,仓储管理员将茶叶储存于某日化仓库。

    思考:他这样操作是否正确? 茶叶的储存应注意哪些方面?

第七章
商品出库与盘点管理

学习重点

    1. 掌握出库的方式及出库时问题的处理；

    2. 掌握盘点的内容、时间和方法。

知识重点

    掌握出库方式和盘点的内容。

**案例
导入**

    某供应商由于近期仓库业务较多,公司在 2017 年 4 月 26 日发出编号为 PD001 的盘点指令,要求在 2017 年 4 月 30 日对仓库 CK02 进行一次大的盘点。冯某作为仓库 CK02 的负责人在盘点过程中使用了 3 辆叉车、5 名库工。结果发现仓库一区 A10204 货位上的台灯 NA 实际数量为 29 箱,而账面数量为 30 箱;仓库二区 B10204 货位上的台灯 MR 实际数量为 31 箱,而账面数量为 30 箱。冯某负责回单,复核人为李默。

    如果你是冯某,请按要求完成盘点单的缮制。

第一节　商品出库业务管理

一、商品出库含义

    商品出库业务,又称为发货业务,是仓库根据业务部门或存货单位开出的商品出库凭证(提货单、调拨单),按其所列商品编号、名称、规格、型号、数量等项目,从对出库凭证的审核开始,进行拣货、分货、发货检查、包装直到把商品点交给要货单位或发运部门的一系列作业过程。商品出库的主要任务是保证所发放商品准确、及时、保质保量地发给收货单位。

二、商品出库的依据

    仓储管理信息系统(WMS)的出库功能模块必须由货主的出库通知或请求驱动,如图 7.1 所示,也就是说商品出库必须依据货主开出的商品调拨通知单进行。在任何情况下,仓库都不得擅自动用、变相动用或外借货主的库存商品。图 7.1 出库模块货主的出库通知或请求的格式不尽相同,但无论采用何种形式,都必须是符合财务制度要求的有法律效力的凭证,要坚决杜绝凭信誉或无正式手续的发货。

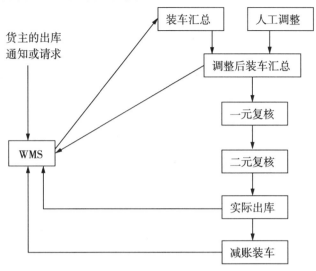

图 7.1　WMS 出库模块

 小·知识

出库凭证的格式不尽相同,在日常生活中有领料单、发料单、仓单、出库单、调拨单等各种形式。

三、商品出库的要求

商品出库要求做到"三不三核五检查"。"三不",即未接单据不翻账,未经审单不备货,未经复核不出库;"三核",即在发货时,要核实凭证、核对账卡、核对实物;"五检查",即对单据和实物要进行品名检查、规格检查、包装检查、件数检查、质量检查。具体地说,商品出库要求严格执行各项规章制度,提高服务质量,使用户满意,具体包括核对品种规格,积极与货主联系,为用户提货创造各种方便条件,杜绝差错事故。

四、商品出库方式

商品出库方式是指仓库用什么样的方式将商品交付用户。一般来说,商品出库有 5 种方式,选用哪种方式出库,要根据具体情况,由供需双方事先确定。一般情况下,出库采用何种方式,主要决定于收货人。

1. 送货

仓库根据货主单位预先送来的商品调拨通知单,通过发货作业,把应发商品交由运输部门送达收货单位,这种发货形式就是通常所说的送货制。

仓库送货要划清交接责任。仓储部门与运输部门的交接手续,在仓库现场办理完毕;运输部门与收货单位的交接手续要根据货主单位与收货单位签订的协议,一般在收货单位指定的到货地办理。

仓库送货具有"预先付货,接车排货,发货等车"的特点。仓库送货具有多方面的好处:仓库可预先安排作业,缩短发货时间;收货单位可避免因人力、车辆等不便而发生的取货困难;在运输上,可合理使用运输工具,减少运费。

仓库送货,应考虑到货主单位不同的经营方式和供应地区的远近,既可向外地送货,也可向本地送货。

2. 自提

由收货人或其代理持正式出库凭证直接到库提取,仓库凭单发货,这种发货形式就是仓库通常所说的提货制。它具有"提单到库,随到随发,自提自运"的特点。为划清交接责任,仓库发货人与提货人在仓库现场对出库商品当面交接清楚并办理签收手续。

3. 过户

过户是一种就地划拨的形式,商品虽未出库,但是所有权已从原存货户转移到新存货户。仓库必须根据原存货户开出的正式过户凭证,新存货户出具的入库凭证,才予办理过户手续。

4. 取样

取样是指货主单位出于对商品质量检验、样品陈列等需要,到仓库提取货样。仓库也必须根据正式取样凭证才予发给样品,并做好账务记载。

5. 转仓

货主单位为了业务方便或改变储存条件,需要将某批库存商品自甲库转移到乙库,这就是转仓的发货形式。仓库必须根据货主单位开出的正式转仓单,才予办理转仓手续。

第二节   商品出库业务流程及出库出现问题的处理

一、出库业务流程

不同仓库在商品出库的操作程序上会有所不同,操作人员的分工也有粗有细,但就整个发货作业的过程而言,一般都是随着商品在库内的流向,或出库凭证的流转而构成各工种的衔接。出库业务流程包括核单备料→复核→包装→点交→登账→现场和档案清理,如图 7.2 所示。

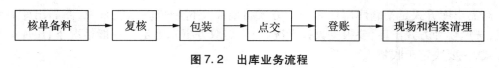

图 7.2   出库业务流程

1. 核单备料

发放商品必须有正式的出库凭证,严禁无单或白条发料。保管员接到出库凭证后,应仔细核对,这就是出库业务的核单(验单)工作。首先,要审核出库凭证的合法性和真实性;其次,核对商品品名、型号、规格、单价、数量、收货单位、到站、银行账号;最后,审核出库凭证的有效期等。若属自提商品,还须检查有无财务部门准许发货的签章。

在对出库凭证所列项目进行核查之后,才能开始备料。出库商品应附有质量证明书或抄件、磅码单、装箱单等。机电设备等配件产品,其说明书及合格证应随货同到。备料时应本着"先进先出,易霉易坏先出,接近失效期先出"的原则,根据领料数量下堆备料或整堆发料。备料的计量实行"以收代发",即利用入库检验时的一次清点数,不再重新过磅。备料后要及时变更料卡余额数量,填写实发数量和日期等。常见的出库单如图7.3所示。

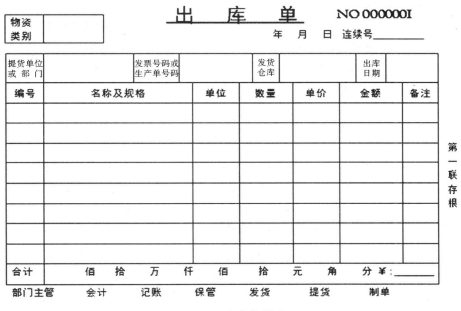

图7.3　出库单样式

2. 复核

为防止差错,备料后应立即进行复核。出库的复核形式主要有专职复核、交叉复核和环环复核3种。除此之外,在发货作业的各个环节中,都贯穿着复核工作。例如,理货员核对单货,守护员(门卫)凭票放行,账务员(保管会计)核对账单(票)等。这些分散的复核形式,起到分头把关的作用,都有助于提高仓库发货业务的工作质量。复核的主要内容包括品种数量是否准确,商品质量是否完好,配套是否齐全,技术证件是否齐备,外观质量和包装是否完好等。复核后保管员和复核员应在出库凭证上签名。

3. 包装

出库的货物如果没有符合运输方式所要求的包装,应进行包装。应根据商品外形特点,选用适宜的包装材料,其质量和尺寸应便于装卸和搬运。出库商品包装,要求干燥、牢固。若有破损、潮湿、捆扎松散等不能保障商品在运输途中安全的,应负责加固整理,做到破包破箱不出库。此外,各类包装容器,若外包装上有水湿、油迹、污损,均不许出库。另外,严禁互相影响或性能互相抵触的商品混合包装;包装后,要写明收货单位、到站、发货号、本批总件数、发货单位等。

4. 点交

商品经复核后,如果是本单位内部领料,则将商品和单据当面点交给提货人,办清交接手续;如果是送料或将商品调出本单位办理托运的,则与送料人员或运输部门办理交接手续,当面将商品点交清楚。交清后,提货人员应在出库凭证上签章。

5. 登账

点交后,保管员应在出库凭证上填写实发数、发货日期等内容,并签名。然后将出库凭证连同有关证件资料,及时交给货主,以便货主办理货款结算。保管员应把留存的一联出库凭证交给实物明细账登记人员登记做账。

6. 现场和档案清理

现场清理包括清理库存商品、库房、场地、设备和工具等;档案清理是指对收发、保养、盈亏数量和垛位安排等情况进行梳理。

在整个出库流程中,复核和点交是两个最关键的环节。复核是防止差错的重要和必不可少的措施,而点交则是划清仓库和提货方两者责任的必要手段。

二、出库单证的流转

对整个出库业务流程而言,有时是以出库单证的流转而构成各工种的衔接。出库方式不同,出库单证流转也有所不同,下面分析一下提货和送货方式下出库单证的流转。

1. 提货方式下的出库单证流转

提货就是货主携带出库凭证和运输工具来取货。其出库单证流转程序如图 7.4 所示。

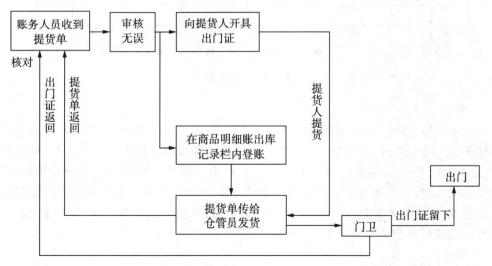

图 7.4 提货方式下的出库单证流转程序

2. 送货方式下的出库单证流转

在送货方式下,一般先发货后记账。

提货单随同送货单位内部流转送达仓库后,一般直接送给理货员,而不先经过账务人员。理货员接单后,先理单、编写储区代号,再分送仓管员发货,待货发讫后再交给账务人员

记账。其出库单证流转程序如图7.5所示

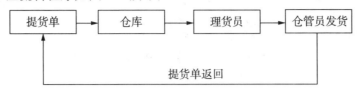

图7.5　送货方式下的出库单证流转程序

二、商品出库中发生问题的处理

商品出库时可能会出现以下几个方面的问题,对不同问题需要采取不同的措施。

1. 出库凭证的问题

① 凡出库凭证超过提货期限,用户前来提货,必须先办理手续,按规定缴足逾期仓储保管费,方可发货。

② 出库凭证发现有假冒、复制、涂改等情况时,应与保卫部门及出具出库凭证的单位或部门联系,妥善处理。

③ 凡发现出库凭证有疑点、不清楚的,应及时与出具出库凭证的部门取得联系,确认信息。

④ 凡发现出库凭证上商品规格出现错误,应及时与制票员联系,重新开具。

⑤ 存货人遗失出库凭证,应及时与仓库发货员和账务人员联系挂失。若挂失时货物已被取走,仓储部门不承担责任;若货物未被取走,存货人核实信息即可办理挂失,原凭证作废,缓期发货。

 专业拓展

出库凭证遗失可以通过两种方式提货。①人民法院公示催告提货。原仓单持有人持仓储合同向人民法院申请对仓单进行公示催告,60天期满无人争议,人民法院可以判决仓单无效,申请人可以向保管人要求提货。若在公示期内有人争议,则由法院审理判决,确定有权提货人,凭借法院的判决书提货。②提供担保提货。提货人向保管人提供仓储标的物的担保后提货,由保管人掌握担保财产,将来另有人出示仓单而不能交货需要赔偿时,保管人可以用担保财产进行赔偿。该担保在可能存在的仓单失效后,方可解除。

2. 提货数与实存数不符

(1) 串发货和错发货

商品的串发货和错发货会造成提货数与实存数不符,如果商品尚未离库,应立即组织人力,重新发货;如果商品已经离开仓库,需要和仓库主管部门及货主单位及时取得联系后,会同货主单位和运输单位共同协商解决。

(2) 漏记和错记账

商品的漏记和错记账也会造成提货数与实存数不符,如果出现账目的漏记和错记,首先应向领导汇报,然后根据原出库凭证查明原因,调整保管账,使之与实际库存保持一致。如果造成损失应赔偿并追究相关责任。

（3）仓储中损耗

商品在仓库中存放，由于自身的性质和外界环境的影响，会或多或少出现一些数量变化。如果数量的减少在约定的合理范围内，其损失由货主自己承担；如果数量的减少超出合理范围，则可能是保管不当造成的，应由仓储部门负责赔偿。

第三节　商品盘点业务管理

一、盘点作业的含义

在仓储作业过程中，商品不断地入库和出库，期间产生的误差经过一段时间的积累会使库存资料反映的数据与实际数量不相符。为了对库存商品的数量进行有效控制，并查清商品在库房中的质量状况，必须定期对各储存场所进行清点作业。定期或不定期对所储存的商品进行清点、查核，这一过程称为盘点作业。

二、盘点作业的目的

1. 核查实际库存数量

盘点可以查清实际库存数量，并通过盈亏调整使库存账面数量与实际库存数量一致。

2. 计算企业资产的损益

库存商品总金额直接反映企业流动资产的使用情况，如果库存量过高，流动资金的正常运转会受到威胁，因此为了能准确地计算出企业的实际损益，必须进行盘点。

3. 发现商品管理中存在的问题

通过盘点查明盈亏的原因，发现作业与管理中存在的问题，并通过解决问题来改善作业流程和作业方式，提高人员素质和企业的管理水平。

三、盘点作业的内容

1. 查数量

通过点数计数查明商品在库的实际数量，核对库存账面资料与实际库存数量是否一致。

2. 查质量

检查在库商品质量有无变化，有无超过有效期和保质期，有无长期积压等现象，必要时还必须对商品进行技术检验。

3. 查保管条件

检查保管条件是否与商品的保管要求相符合。

4. 查安全

检查各种安全设施和消防设备、器具是否符合安全要求，建筑物和设备是否处于安全状态。

三、盘点作业的程序

盘点作业进行前需要做好准备,确定盘点的时间和方法,并对盘点工作人员进行培训,以确保盘点的效果。盘点业务流程如图7.6所示。

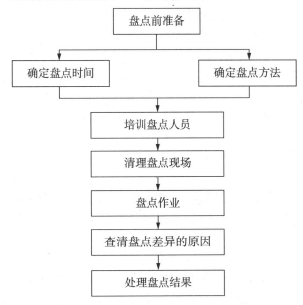

图7.6　盘点业务流程

1. **盘点前准备**

盘点作业的准备工作是否充分,关系到盘点作业能否顺利进行。为了使盘点能在短时间内利用有限的人力达到迅速准确的目标,事前准备工作如下。

① 确定盘点的具体方法和作业程序。

② 配合财务会计做好准备。

③ 设计印制盘点用表单。盘点单格式如图7.7所示。

编码	品名	规格	单位	单价进价	账面数		清点数		溢余	
					数量	金额	数量	金额	数量	金额
1										
...										
本页金额合计										

图7.7　盘点单格式

④ 准备盘点用基本工具。

2. **确定盘点时间**

一般来说,为了保证账物相符,盘点次数越多越好,但盘点需投入人力、物力、财力,有时大型全面盘点还会引起生产的暂时停顿,因此合理地确定盘点时间非常必要。

(1)盘点频率的确定

事实上,导致盘点误差的关键因素在于出入库过程,如因出入库作业单据的输入、检查点数的错误,或出入库搬运造成的损失,因此一旦出入库作业次数多时,误差也会随之增加。因此,要根据仓库周转的速度来确定盘点时间。例如,可以根据商品的不同特点、价值大小、流动速度、重要程度来分别确定不同的盘点时间。盘点频率可以是每天、每周、每月或每年盘点一次。以一般生产厂家而言,因其商品流动速度不快,半年至一年实施一次盘点即可。但在配送中心商品流动速度较快的情况下,我们既要防止过久盘点对公司造成的损失,又碍于可用资源的限制,因而最好能视配送中心各商品的性质制定不同的盘点频率。

(2)盘点时间

① 淡季进行:因淡季储货较少,业务不太繁忙,盘点较为容易,投入资源较少,且人力调动也较为方便。

② 财务决算前夕:通过盘点计算损益,以查清财务状况。

3. 确定盘点方法

因为不同现场对盘点的要求不同,盘点的方法也会有差异,为尽可能快速准确地完成盘点作业,必须根据实际需要确定盘点方法。盘点分为账面盘点及现货盘点。

(1)账面盘点

账面盘点又称为永续盘点,就是将每一种商品分别设立存货账卡,把每天入库及出库商品的数量及单价,记录在计算机或账簿上,而后不断地累计加总算出账面上的库存量及库存金额,这样可以随时从计算机或账簿上查悉商品的出入库信息及库存结余量。

(2)现货盘点

现货盘点又称为实地盘点或实盘,就是实际上去清点调查仓库内的库存数,再依商品单价计算出实际库存金额。现货盘点按盘点时间频率的不同又可分为期末盘点和循环盘点。

① 期末盘点。期末盘点是指在会计计算期末统一清点所有商品数量。由于期末盘点是将所有一次点完,因此工作量大,要求严格。通常采用分区、分组的方式进行,其目的是明确责任,防止重复盘点和漏盘。分区即将整个储存区域划分成一个一个的责任区,不同的区由专门的小组负责点数、复核和监督。因此,一个小组通常至少需要 3 人分别负责,一人清点数量并填写盘存表,一人复查数量并登记复查结果,一人核对前两次盘点数量是否一致,对不一致的结果进行检查。等所有盘点结束后,再与计算机或账簿上反映的账面数核对。

② 循环盘点。循环盘点是指在每天、每周清点小部分商品,一个循环周期将每种商品至少清点一次。循环盘点通常对价值高或重要的商品进行盘点,检查的次数多,而且监督也严密一些;对价值低或不太重要的商品,盘点的次数可以尽量减少。循环盘点一次只对少量商品盘点,所以通常只需保管人员自行对照库存资料进行点数检查,发现问题按盘点程序进行复核,并查明原因,然后调整即可。也可采用专门的循环盘点单登记盘点情况。

目前,国内大多数配送中心都已使用计算机来处理库存账务,当账面数与实存数发生差异时,有时很难断定是账面数有误还是实存数有误。因此,可以采取账面盘点和现货盘点平行的方法,以查清误差出现的实际原因。

4. 培训盘点人员

盘点人员是盘点工作的主体。为保障盘点工作的有效进行,盘点小组在成立后,必须制订详细的盘点计划,对各层次的盘点人员进行培训,包括对盘点小组人员的培训、盘点管理层的培训、点数员工的培训、输入员工的培训等。要建立培训档案,进行盘点培训的考核,要求所有参加的盘点的人员均须通过考核。盘点培训的内容主要有盘点表的使用、盘点点数、盘点工作纪律等几个方面。

5. 清理盘点现场

盘点现场也就是仓库或配送中心的保管现场,因此盘点作业开始之前必须对其进行整理,以提高盘点作业的效率和盘点结果的准确性。清理作业主要包括以下几方面的内容。

① 盘点前对已验收入库的商品进行整理、归入储位,对未验收入库属于供应商的商品,应区分清楚,避免混淆。

② 盘点场所关闭前,应提前通知各需求部门预领所需的商品,将需要出库的商品提前做好准备。

③ 账卡、单据、资料均应整理后统一结清。

④ 预先鉴别呆料、废品、不良品,以便盘点。

6. 盘点作业

盘点时可以采用人工抄表计数,也可以用电子盘点计数器计数。盘点工作不仅工作量大,而且非常烦琐,因此,除了加强盘点前的培训外,盘点作业时的指导与监督也非常重要。

7. 查清盘点差异的原因

盘点结束后,如果发现所得数据与账簿资料不符,应追查差异的主因。追查差异主因可从如下几方面入手。

① 计账员素质不高,登录数据时发生错登、漏登等情况。

② 账物处理系统管理制度和流程不完善,导致数据出错。

③ 盘点时发生漏盘、重盘、错盘现象,盘点结果出现错误。

④ 盘点前数据资料未结清,使账面数不准确。

⑤ 出入库作业时产生误差。

⑥ 货物损坏、丢失等原因。

8. 处理盘点结果

差异原因追查后,应针对主要原因进行适当的调整与处理,呆废品、不良品减价的部分则需与盘亏一并处理。除了盘点时产生数量的盈亏外,有些商品在价格上会产生增减,这些变更在经主管审核后必须对商品盘点盈亏表及价目增减更正表进行修改。

本章小结

本章主要介绍出库和盘点业务。出库指从对出库凭证的审核开始,进行拣货、分货、发货检查、包装直到把商品点交给要货单位或发运部门的一系列作业过程。盘点是定期或不定期对所储存的商品进行清点、查核。

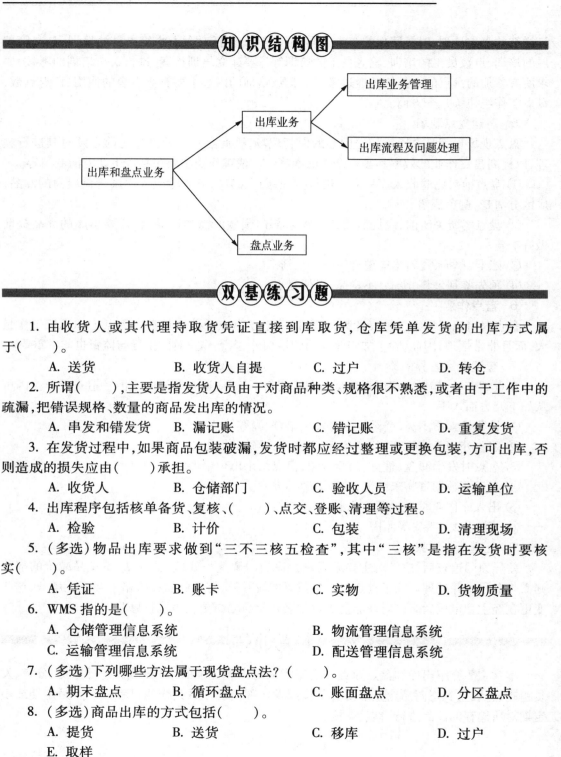

知识结构图

双基练习题

1. 由收货人或其代理持取货凭证直接到库取货,仓库凭单发货的出库方式属于(   )。

    A. 送货　　　　　　B. 收货人自提　　　　C. 过户　　　　　　D. 转仓

2. 所谓(   ),主要是指发货人员由于对商品种类、规格很不熟悉,或者由于工作中的疏漏,把错误规格、数量的商品发出库的情况。

    A. 串发和错发货　　B. 漏记账　　　　　　C. 错记账　　　　　D. 重复发货

3. 在发货过程中,如果商品包装破漏,发货时都应经过整理或更换包装,方可出库,否则造成的损失应由(   )承担。

    A. 收货人　　　　　B. 仓储部门　　　　　C. 验收人员　　　　D. 运输单位

4. 出库程序包括核单备货、复核、(   )、点交、登账、清理等过程。

    A. 检验　　　　　　B. 计价　　　　　　　C. 包装　　　　　　D. 清理现场

5. (多选)物品出库要求做到"三不三核五检查",其中"三核"是指在发货时要核实(   )。

    A. 凭证　　　　　　B. 账卡　　　　　　　C. 实物　　　　　　D. 货物质量

6. WMS 指的是(   )。

    A. 仓储管理信息系统　　　　　　　　　B. 物流管理信息系统
    C. 运输管理信息系统　　　　　　　　　D. 配送管理信息系统

7. (多选)下列哪些方法属于现货盘点法?(   )。

    A. 期末盘点　　　　B. 循环盘点　　　　　C. 账面盘点　　　　D. 分区盘点

8. (多选)商品出库的方式包括(   )。

    A. 提货　　　　　　B. 送货　　　　　　　C. 移库　　　　　　D. 过户
    E. 取样

9. (多选)盘点的基本内容包括(   )。

    A. 数量　　　　　　B. 质量　　　　　　　C. 保管条件　　　　D. 安全

10. 进行全面盘点时,每小组至少需要(　　)个人。

A. 5　　　　　　　　B. 2　　　　　　　　C. 3　　　　　　　　D. 4

在线测试

1. 简述盘点的内容和盘点的方法。

2. 简述出库的方式。

3. 出库可能会遇到哪些问题? 如何处理?

第八章

库存管理

学习重点

1. 了解库存的基本概念;
2. 掌握订货点技术;
3. 学习 MRP 的原理及计算方法;
4. 掌握并运用 ABC 分类法管理库存。

知识重点

1. 掌握订货点模型和定期订货模型;
2. 掌握 ABC 分类法;
3. 掌握 MRP 运行逻辑。

**案例
导入**

Z 餐饮集团公司是一家大型连锁快餐公司,主要为顾客提供中式快餐、饮料等服务。Z 公司在全国现有快餐连锁店 1 500 多家。由于各店多数处于繁华闹市区,营业场地面积狭小,因此,公司聘用 D 公司负责为各个连锁店提供新鲜食材配送,如米饭、面条、饮料原浆等。

其具体的过程是:D 公司在各地的配送中心根据与 Z 公司连锁共同协商的补货标准,通过 Z 公司连锁店的销售终端机,循环检查该连锁店需要补货产品的销售情况,当剩余库存降低到安全库存水平时,则根据规划好的配送路线,补充固定数量的食材到各个连锁店。

补货的安全库存是根据上月原材料平均消耗情况,以及考虑配送的提前期以后,共同确定的。

运行一段时间以后,Z 公司和 D 公司共同发现了一些问题。

由于全国各地城市的交通状况日益恶化,很多时候,原来的配送时间无法保证,导致某些食材被完全消耗,顾客无法选择自己喜欢的食品。

同时,由于每周一到周日的客流情况不同,甚至早晚客流情况都有变化,采用固定的补货安全库存,经常导致高峰时间缺货,而一般时间则出现食材大量剩余需要退回的情况。

上述案例中,Z 公司和 D 公司采用的是哪种库存控制模型? 其在安全库存设置、订货量控制方面存在哪些问题? 如何解决? 本章将结合该案例对企业库存的基本概念及库存管理方法进行阐述。

第一节 库存概述

库存管理是指在保障供应的前提下,以库存物品的数量最小和周转最快为目标所进行的计划、组织、协调与控制活动。库存管理主要要求控制合理的库存水平,即用最小的投资和最少的库存管理费用,维护合理的库存,以满足使用部门的需求和减少缺货损失。

 小·知识

库存管理和仓储管理是有区别的,它们的范围、侧重的内容都是不一样的。

1. 库存的分类

库存有不同的形式,从不同的角度可以对库存进行多种不同的分类。

（1）按其价值分类

按库存的价值进行分类,可以分为贵重物品与普通物品。

（2）按其在生产过程和配送过程中所处的状态分类

按其在生产过程和配送过程中所处的状态进行分类,库存可分为原材料库存、在制品库存和产成品库存。

① 原材料库存:包括原材料、零件和部件。这部分库存可能是符合生产者自己标准的特殊商品。

② 在制品库存:包括在产品生产的不同阶段的半成品。

③ 产成品库存:准备运送给消费者的完整的或最终的产品。这种库存通常由不同于原材料库存的职能部门来控制。

（3）按库存物品的形成原因（或用处）分类

按库存物品的形成原因（或用处）进行分类,库存可分为安全库存、储备库存、在途库存和正常周转库存。

① 安全库存:为了应付需求、制造与供应的意外情况而设立的一种库存。

② 储备库存:企业用于应付季节性市场采购与销售情况,如采购困难、材料涨价、销售旺季等而产生的库存。

③ 在途库存:由于材料和产品运输而产生的库存。

④ 正常周转库存:用于生产等企业经营需要而产生的库存,如按生产计划采购的物品等。

（4）按用户对库存的需求特性分类

按用户对库存的需求特性进行分类,库存可分为独立需求库存与相关需求库存。

① 独立需求库存:用户对某种库存物品的需求与其他种类的库存无关,表现出对这种库存需求的独立性。独立需求库存无论在数量上还是在时间上都有很大的不确定性,但可以通过预测方法粗略地估算。

② 相关需求库存:用户对某种库存物品的需求与其他种类的库存有关,表现出对这种库存需求的相关性。根据这种相关性,企业可以精确地计算出它的需求量和需求时间,它是

一种确定型需求。

2. 库存的作用与弊端

（1）库存的作用

① 维持销售产品的稳定。拥有库存可以预防需求与供应的波动。企业并不预先知道市场真正需要什么，持有一定量的库存有利于调节供需之间的不平衡，保证企业按时交货和快速交货，能够避免或减少由于库存缺货或供货延迟带来的损失。这对于企业改善客户服务质量具有重要作用。

② 维持生产的连续性、稳定性。库存可以维持生产的连续性、稳定性。企业制定采购计划，下达采购订单。由于采购的物品需要一定的提前期，而这个提前期是根据统计数据或者是在供应商生产稳定的前提下制定的，因而存在一定的风险，有可能会延迟交货，最终影响企业的正常生产。

③ 平衡流通资金的占用。库存的材料、在制品及成品是企业流通资金的主要占用部分，因而库存量的控制实际上也是进行流通资金的平衡。大批量的采购可以获得价格折扣，降低采购次数，避免价格上涨。原材料合理的库存数量基于经济订货批量，可以降低总费用。

④ 平衡企业物流。企业在采购材料、生产材料、在制品及销售物品的物流环节中，库存起着重要的平衡作用。采购的材料会根据库存能力（资金占用等），协调来料收货入库。同时对生产部门的领料应考虑库存能力、生产线物料情况（场地、人力等）平衡物料发放，并协调在制品的库存管理。另外，对销售产品的物品库存也要视情况进行协调（各个分支仓库的调度与出货速度等）。

（2）库存的弊端

库存的作用是相对的。客观地说，任何企业都不希望存在任何形式的库存，无论原材料、在制品还是成品，企业都想方设法降低库存。库存的弊端主要表现在以下几个方面。

① 占用企业大量资金。

② 增加成本。企业持有库存所需的成本包括占用资金的利息、储藏保管费、保险费、库存物品价值损失费用等。这些成本会直接增加产品成本，相关库存设备、管理人员的增加则加大了企业的管理成本。

③ 掩盖了企业众多管理问题，如计划不周、采购不力、生产不均衡、产品质量不稳定及市场销售不力等问题。

3. 库存成本构成

库存成本一般包括订货费用、保管费用、进货费和购买费。

（1）订货费用

订货费用是指订货过程中发生的全部费用，包括订货手续费、差旅费、通信费、招待费及订货人员有关费用。订货费用与订货量的多少无关，而与订货次数有关。

（2）保管费用

保管费用是指保管过程中发生的全部费用，包括：出入库时的装卸搬运费用、堆码检验费用，保管用具、用料费用，仓库房租、水电费，保管人员薪金等；保管过程中的货损、货差；保管物品占用资金的银行利息。保管成本的高低与保管数量的多少和保管时间的长短有关。

（3）进货费和购买费

所谓进货费,就是指进货途中的全部费用,包括运费、包装费、装卸费、租赁费、延时费、货损、货差等;购买费是指所购物品的原价。

第二节　库存控制

一、定量库存控制模型

定量库存控制模型用来控制库存物品的数量,当库存数量下降到某个库存值时,立即采取补充库存的方法来保证库存的供应。这种控制方法必须连续不断地检查库存物品的库存数量。因此,有时又称为连续库存检查控制法。假设每次订货点的订货批量是相同的,采购提前期也是固定的,并且物料消耗是稳定的,则模型如图8.1所示。

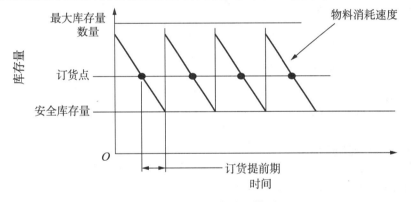

图8.1　定量库存控制模型

从这个控制模型中可以看到,它必须确定两个参数:补充库存的库存订货点、订货的批量。订货批量按经济订货批量求解。

经济订货批量(Economic Order Quality,EOQ)是通过平衡采购进货成本和保管仓储成本核算,以实现总库存成本最低的最佳订货量。它的原理是要求总费用(仓储保管费用 + 订货费用)最小。由于保管费用随着库存量的增加而增加,但订货费用却随着订货批量的加大而减少,两者具有物流效益背反关系。因此,要找到一个合理的订货批量,即经济订货批量,使订货费用和保管费用之和为最小,如图8.2所示。以下是该库存控制模型的参数计算方法。

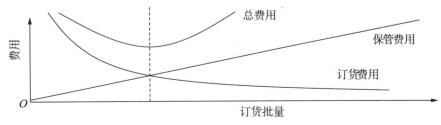

图8.2　经济订货批量的确定模型

订货点:$R = L_T + A$

经济订货量:$Q = \sqrt{\dfrac{2 \times C \times D}{H}} = \sqrt{\dfrac{2 \times C \times D}{F \times P}}$

式中,C——单位订货费用(元/次);

$\quad$ D——库存物料的年需求(件/年);

$\quad$ H——单位库存保管费(元/件/年);

$\quad$ L_T——订单周期内物料的消耗量;

$\quad$ A——安全库存量;

$\quad$ F——单位库存保管费用与单件库存采购成本之比;

$\quad$ P——单位采购成本(元/件)。

例 8.1 某商业企业的 X 型彩电年销售量 15 000 台,订货费用为每台 8 元/次,每台彩电平均年库存保管费用为 5 元/台,订货提前期为 7 天,安全库存为 50 台。按经济订货批量原则,求解最佳库存模型。

解:根据题意

$C = 8$(元/次),$D = 15\ 000$(台/年),$H = 5$(元/台),$A = 50$(台)

$L_T = 15\ 000 \times 7 \div 365 = 287.7$(台)

订货点 $R = L_T + A = 287.7 + 50 = 337.7$(台),取整数 338 台。

经济订货批量为 $Q = \sqrt{\dfrac{2 \times C \times D}{H}} = \sqrt{\dfrac{2 \times 8 \times 15\ 000}{5}} = 219.1$(台),取整数 220 台。

二、定期库存控制模型

定期库存控制模型按一定的周期 T 检查库存,并随时进行库存补充,补充到一定的规定库存 S。这种库存方法不存在固定的订货点,但有固定的订货周期。每次订货也没有一个固定的订货数量,而是根据当前库存量 I 与规定库存量 S 比较,补充的量为 $Q = S - I$。但由于订货存在提前期,所以还必须加上订货提前期的消耗量。这种库存控制方法也要设立安全库存量。这种模型主要是确定订货周期与库存补充量,如图 8.3 所示。

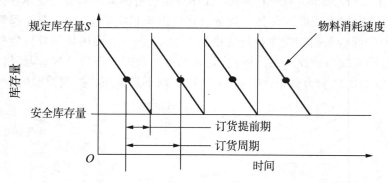

图 8.3 定期库存控制模型

订货周期按经济订货周期(Economic Order Interval,EOI)的模型确定。计算方法如下。

经济订货周期:$T = \sqrt{\dfrac{2 \times C}{D \times F \times P}} = \sqrt{\dfrac{2 \times C}{D \times H}}$

订货量:$Q = (T + L) \times D/365$

最大库存量:$S = D/T$

式中,L——订货提前期(天);

　　C——单位订货费用(元/次);

　　D——库存物料的年需求(件/年);

　　P——物料价格(元/件);

　　H——单位库存保管费(元/件/年);

　　F——单位库存保管费与物料价格之比,即 $F = H/P$。

例 8.2　某商业企业的 X 型彩电销售量 15 000 台,订货费用为每台 8 元/次,每台彩电平均年库存保管费用为 5 元/台,订货提前期为 7 天,安全库存为 50 台。按经济订货周期原则,求解最佳库存模型。

解:根据题意

$C = 8$(元/次),$D = 15\,000$(台/年),$H = 5$(元/台),$A = 50$(台),$L = 7$(天)

经济订货周期 $T = \sqrt{\dfrac{2 \times C}{D \times H}} = \sqrt{\dfrac{2 \times 8}{15\,000 \times 5}} = 0.014\,6$(年)$= 5.33$(天),取整数 6 天。

订货量 $Q = (T + L) \times D/365 = (6 + 7) \times 15\,000 \div 365 = 534.2$(台),取整数 535 台。

由于该库存控制方法可以简化库存控制工作量,但由于库存消耗的不稳定性,存在缺货风险,因此一般只能用于稳定性消耗及非重要的独立需求物品的库存控制。由于该模型是用订货的周期来检查库存并补充库存的,因而还必须确定订货的操作时间初始点,一般可以设在库存量到达安全库存前的订货提前期的时间位置。

第三节　MRP

定量库存控制法受到众多条件的限制,而且不能反映物料的实际需求,往往为了满足生产需求而不断提高订货点数量,从而造成库存积压,库存占用的资金大量增加,产品成本也随之提高,导致企业缺乏竞争力。20 世纪 60 年代,IBM 公司的约瑟夫·奥列基博士提出了把对物料的需求分为独立需求与相关需求的概念。在此基础上,人们形成了"在需要的时候提供需要的数量"的重要认识。理论的研究与实践的推动,发展并形成了物料需求计划理论,即 MRP(Material Requirements Planning)理论。

一、MRP 概述

1. 独立需求与相关需求

独立需求通常根据预测或企业客户的独立需求而下达。独立需求的物料包括成品、半成品、样品、备品和备件等,可任意下达。

相关需求是指可以由独立需求派生出来的,并与其他项目或最终产品有直接关系的需求。相关需求的物料包括半成品、零部件和原材料,这些物料的需求量可以从独立需求物料的需求量中计算出来。

2. MRP 系统的概念

MRP 系统是计算生产最终产品所用到的原材料、零件和组件的系统。MRP 系统用来确定所需相关需求物料的数量和时间,对每项需求都进行预测,计算出的物料需求与预测相符。

MRP 系统是一种以计算机为基础的生产计划与控制系统,它根据主生产计划中规定的最终产品的交货日期,规定必须完成各项作业的时间,编制所有较低层次零部件的生产进度计划,对外计划各种零部件的采购时间与数量,对内确定生产部门应进行加工生产的时间和数量。当作业不能按时完成时,MRP 系统可通过重新计算,对采购和生产进度时间与数量加以调整,使各项作业的优先顺序符合实际情况。

3. MRP 系统的目标

MRP 系统的主要目标是控制储存水平;确定产品的生产优先顺序,满足交货期的要求;计划生产系统的负荷,并使其达到均衡等。具体可归纳为以下几点。

① 采购恰当品种和数量的零部件,在恰当的时间订货,维持尽可能最低的库存水平。

② 保证计划生产和向用户提供所需的各种材料、零件和产品。

③ 计划充分且负荷均衡,对于未来的负荷要在计划中作适当的考虑。

④ 规划制造活动、交货日期和采购活动。

二、MRP 系统的原理

1. 狭义 MRP 系统

早期的 MRP 系统称为狭义 MRP 系统,即库存控制系统(Inventory Control System)。它在各时间段决定最终产品的需求量,以此作为主生产计划。同时考虑需求产品(或零部件)的构成信息,即物料清单(BOM)和各种物料的库存信息,然后对最终产品进行运算,直至发出加工或采购订单,进行储存控制。狭义 MRP 系统有两个假设:一是在计划中各零部件的提前期是可靠的;二是在需要的时候,有足够的生产能力,即无能力约束问题。狭义 MRP 系统的流程如图 8.4 所示。

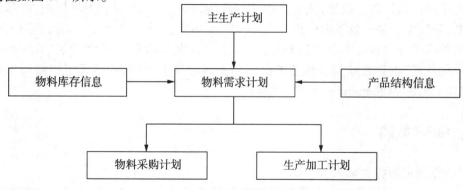

图 8.4 狭义 MRP 系统的流程

　　在 MRP 的形成、制定过程中,考虑了产品结构相关信息和库存相关信息。但实际生产中的条件是变化的,如企业的制造工艺、生产设备及生产规模都是发展变化的,甚至要受到社会环境的影响,如能源的供应、社会福利待遇等的影响。狭义 MRP 系统制定的采购计划可能受供货能力或运输能力的限制而无法保障物料的及时供应。另外,如果制定的生产计划未考虑生产线的能力,因而在执行时经常偏离计划,使计划的严肃性受到挑战。因此,由狭义 MRP 系统得到的计划往往不可行。因为信息是单向的,与管理思想不一致,管理信息必须是闭环的信息流,由输入至输出再循环影响至输入端,从而形成信息回路。

　　闭环 MRP 系统的流程如图 8.5 所示。

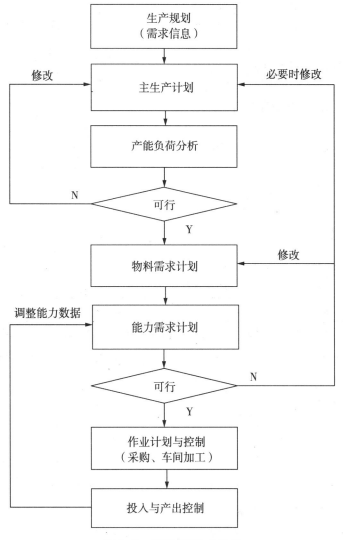

图 8.5　闭环 MRP 的流程

闭环 MRP 系统的流程具体如下。

1) 企业根据发展的需要与市场需求来制定企业生产规划。

2）根据生产规划制定主生产计划,同时进行生产能力与负荷的分析,该过程主要是针对关键资源的能力与负荷进行分析。只有通过该分析,才能达到主生产计划基本可靠的要求。

3）根据主生产计划、企业物料库存信息、产品结构清单等信息来制定物料需求计划。

4）由物料需求计划、产品生产工艺路线、车间各加工工序能力数据(工作中心能力)生成能力需求计划。通过对各加工工序的能力平衡,调整物料需求计划。如果这个阶段无法平衡能力,还有可能修改主生产计划。

5）采购与车间作业按照平衡能力后的物料需求计划执行,并进行能力的控制,即投入与产出控制,然后将作业执行结果反馈到计划层。

因此,闭环 MRP 系统能较好地解决计划与控制问题,是计划理论的一次大飞跃。

三、MRP 的应用和计算

现举例说明 MRP 的应用和计算。

 例 8.3　根据表 8.1 进行 MRP 计算。

表 8.1　MRP 计算

物品代码:B1225　　　　　　　计划员:BY　　　　　　　计划日期:2017/03/28

物品名称:MC02

型号/规格:XS-1　　　　　　　计量单位:台

可用库存:10 台　　　　　　　安全库存:5 台　　　　　　　提前期:7 天

批量规则:实际批量　　　　　　批量:10 台

需求时界:3 天　　　　　　　　计划时界:7 天

类　别	时段	1	2	3	4	5	6	7	8	9	10
	日期	04/01	04/08	04/15	04/22	04/29	05/06	05/13	05/20	05/27	06/03
毛需求量/台			30	20	30	20	30	30	30	30	20
计划接受量/台			40								
预计可用库存/台		5									
净需求量/台											
计划产出量/台											
计划投入量/台											

以时段 2 的 MRP 计算为例讲解如下。

1）毛需求量是由主生产计划的计划投入量而引起的需求。

2）本时段预计可用库存 = 前时段预计可用库存 + 本时段计划接受量 - 毛需求
$$= 15 + 0 - 20 = -5(台)$$
可用库存小于 0,说明要补充库存,并且还要补充安全库存量。

3）净需求量 = 毛需求量 - 前时段预计可用库存 + 安全库存 = 20 - 15 + 5 = 10(台)

4）计划产出量＝净需求量(假设不考虑损耗率、成品率等)。

5）计算该计划产出量的计划投入量。由于提前期为 7 天,即一个时间段,则要在时段 1 投入 10 台。

6）本例的批量规则是实际批量,实际运行系统时也可以设为倍数批量等批量规则。

计算结果如表8.2所示。

表8.2 MRP 计算结果

类　别	时段	1	2	3	4	5	6	7	8	9	10
	日期	04/01	04/08	04/15	04/22	04/29	05/06	05/13	05/20	05/27	06/03
毛需求量/台			30	20	30	20	30	30	30	30	20
计划接受量/台			40								
预计可用库存/台		5	15	5	5	5	5	5	5	5	
净需求量/台				10	30	20	30	30	30	30	20
计划产出量/台				10	30	20	30	30	30	30	20
计划投入量/台			10	30	20	30	30	30	30	20	

第四节　ABC 分析法

通常对所有物品都进行详细的库存分析是不经济的,因为通过不断地盘点、发放订单、接收订货等工作来维持库存要耗费大量的时间和资金。当资源有限时,企业很自然地就会试图用最好的方式利用有限的资源来对库存进行控制,即企业库存控制重点应集中于重要物品。ABC 分析法是帕累托原理的一种库存应用。帕累托原理指出存在着重要的"少数"和不重要的"多数"。这一思想就是将管理资源集中于重要的"少数"而不是不重要的"多数"。

1. ABC 分析法概述

库存管理要确定下面 4 个决策问题。

① 不同库存物品的重要程度是什么?

② 如何控制不同重要程度的物品?

③ 不同物品的订货量是多少?

④ 什么时候发出订货?

ABC 分析法回答了上述问题中的前两个问题。ABC 分析法在国外库存管理中得到了广泛应用,是一种行之有效的管理方法。我国在库存管理上使用的分级管理和重点控制法也是与之类似的方法,只是 ABC 分析法在对材料进行分类时,数量上具有比较明确的划分界限,便于管理人员掌握。具体来说,就是把企业生产所需要的原材料和零部件,按物料本身的价值和品种数量大小,划分为 A、B、C 三种类型,然后分别采取不同的管理方法。

① A 类材料:约占总物品品种的 20%、价值比重约占总物品价值的 80% 的贵重物品。

② B 类材料:约占总物品品种的 30%、价值比重约占总物品价值的 15% 的普通物品。

③ C 类材料：约占总物品品种的 50%、价值不大（占 5% 左右）的低值物品。

ABC 分析法能使企业管理人员对企业生产所需的不同原材料,在品种、价值和数量上做到心中有数,从而采取不同的管理措施。

A 类材料价值较大,对企业产品生产成本和经济效益影响较大,因而要实行重点管理和控制,其采购量和库存量都要求按经济订货批量加以计算,并且随着生产、采购、供应、运输和库存的变化随时(大约每月一次)加以核查和调整。

B 类材料价值相对较低,采购量和库存量可每一季度或半年调整一次。

C 类材料价值很低,仅作粗略计算,可半年或一年调整一次。

抓住了 A 类物料的管理,也就抓住了企业物料和库存管理的重点,使影响成本 80% 的物料得到了合理的控制。但需要指出的是,这并不是说对 B 类、C 类物料就可以放任不管了。在影响产品成本方面,如果 A 类物料管理不好,将会产生举足轻重的影响,但在库存不足,遇到材料供应中断影响生产持续进行这一点上,不管是 A 类物料,还是 B 类、C 类物料,都会同样给生产带来不利的影响和损失。因此,在物料管理上,既要抓住重点(A 类),又要兼顾一般(B 类)和个别(C 类),以求取得较好的管理效果。

2. ABC 分析法步骤

ABC 分析法的步骤如下。

1) 确定每种物品的年需用量。

2) 计算出每种物品的年需用量成本。

3) 按年需用量价值的大小,将物品进行排序。

4) 计算出年累计价值额和累计百分比。

5) 观察年需用量的分布,并将物品按年需用量的比重分成 A、B、C 三类。

例 8.4 通过历史数据统计,得到某仓库一段时期各种物品的需求量,如表 8.3 所示。用 ABC 分析法对这些物品进行分类。

表 8.3 需求量历史数据

物品编号	需求量/件	物品编号	需求量/件
001	25	006	15
002	7	007	150
003	170	008	4
004	20	009	4
005	3	010	2

根据上述步骤,进行 ABC 分类,计算的结果如表 8.4 与图 8.6 所示。在进行 ABC 分类分析中,断点的选择是一项基于明显偏差的随意行为,它对 ABC 分类结果有明显的影响。一般我们可以按这个原则来选择断点,即某一物品与下一物品之间的需求有很大的不同而呈现明显的分离,这时就可以确定断点的所在。

表 8.4　某仓库 ABC 分类计算结果一览

需求/件	累计需求/件	累计需求占整个需求的百分比/%	物品的累计数	累计物品占整个物品的百分比/%
170	170	42.50	1	10.00
150	320	80.00	2	20.00
25	345	86.25	3	30.00
20	365	91.25	4	40.00
15	380	95.00	5	50.00
7	387	96.75	6	60.00
4	391	97.75	7	70.00
4	395	98.75	8	80.00
3	398	99.50	9	90.00
2	400	100.00	10	100.00

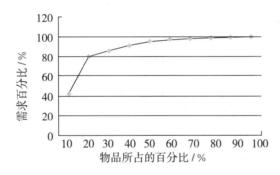

图 8.6　某仓库 ABC 分析

　　ABC 分类的结果并不唯一,分类的目标是把重要的物品与不重要的物品分离开来。除了年使用量和价值这两个最常用的评价指标外,其他指标也同样可以用来对存货进行分类。

　　① 缺货后果。如果某些存货的供应中断将给其他运作带来严重干扰甚至延误,那么它们应该获得较高的优先级别。

　　② 供应的不确定性。某些存货尽管价值较低,但是供应缺乏规律性或非常不确定,也应该得到更多的重视。

　　③ 过期或变质的风险。如果存货很容易因过期或变质而失去价值,那么必须给予更多的关注和监控。

　　一些更复杂的存货分类系统则同时使用这些指标,并分别按照各个指标给存货进行 A、B、C 类的划分。例如,一个零件可能被划分为 A/B/A 类,即按照价值划分,它属于 A 类;按照缺货后果划分,它属于 B 类;按照过时风险划分,它属于 A 类。

专业拓展

常见的库存控制策略有定量库存控制模型、定期库存控制模型、ABC 分析法、多品种联合订购、供应商管理库存(VMI)等策略。

本章小结

本章在对库存进行介绍的基础上,重点阐述了定量库存控制模型、定期库存控制模型、ABC 分析法及 MRP 系统等现代库存管理和控制的方法。

知识结构图

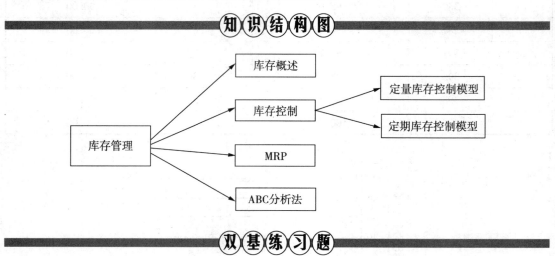

双基练习题

1. 为了应付需求、制造与供应的意外情况而设立的库存是(   )。

　　A. 周转库存　　　　　B. 储备库存　　　　　C. 安全库存　　　　　D. 在途库存

2. 下列不属于库存的作用的是(   )。

　　A. 减少不良库存　　B. 维持生产的稳定　　C. 平衡企业物流　　D. 平衡企业流

3. 在 ABC 分析法中,(   )价值较大,对企业产品生产成本和经济效益影响较大,因而要实行重点管理和控制。

　　A. A 类材料　　　　　B. B 类材料　　　　　C. C 类材料　　　　　D. 普通材料

4. (多选)经济订货批量是要实现(   )之和最小。

　　A. 仓储保管费用　　B. 进货费用　　　　　C. 订货费用　　　　　D. 购买费用

5. 在 MRP 系统的输入部分中,主生产计划的英文缩写是(   )。

　　A. FAS　　　　　　　B. MPG　　　　　　　C. BOM　　　　　　　D. MPS

6. 定量库存控制法需要随时将库存余额与订货点比较,决定是否发出订货,故又称之为(   )。

　　A. 定量检查控制法　　　　　　　　　　　B. 定期检查控制法

　　C. 随机检查控制法　　　　　　　　　　　D. 连续库存检查控制法

7. (多选)库存成本包括(   )。

　　A. 订货费用　　　　B. 采购费用　　　　　C. 保管费用　　　　　D. 缺货费用

8. 定量库存控制法中,每次(　　)是相同的。

   A. 订货费用　　　　B. 订货量　　　　C. 订货时间　　　　D. 订货次数

9. 经济订货批量是(　　)最小时的订货量。

   A. 库存总费用　　　　　　　　　B. 订货费用

   C. 保管费用　　　　　　　　　　D. 缺货费用

10. 定期库存控制模型中,每次(　　)是相同的。

   A. 订货费用　　　　　　　　　　B. 订货量

   C. 订货周期　　　　　　　　　　D. 订货次数

简答题

1. 简述 MRP 系统的运行逻辑。

2. 简述 ABC 分析法的原理及操作步骤。

3. 简述库存总成本的构成。

案例分析

安科公司的库存管理策略

   安科公司是一家专门经营进口医疗用品的公司,目前,该公司经营的产品有 26 个品种,共有 69 个客户购买其产品,年营业额为 5 800 万元人民币。对于安科公司这样的贸易公司而言,因其进口产品交货期较长、库存占用资金大,库存管理显得尤为重要。

   安科公司按销售额的大小,将其经营的 26 种产品排序,划分为 ABC 类。排序在前 3 位的产品占到总销售额的 97%,因此,把它们归为 A 类产品;第 4、5、6、7 种产品每种产品的销售额在 0.1%~0.5% 之间,把它们归为 B 类;其余的 19 种产品(共占销售额的 1%),将其归为 C 类。其库存物品 ABC 分类如下表所示。

类　别	库存物品/种	销售价值/万元	销售价值百分比/%	占库存比例/%
A	3	5 625	97	11.5
B	4	116	2	15.4
C	19	58	1	73.1

安科公司库存 ABC 分类的帕累托曲线如下图所示。

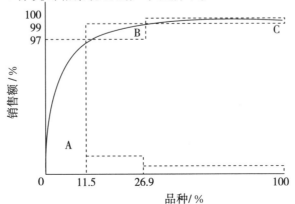

从安科公司的 ABC 分类的帕累托曲线可以看出，A 类产品只占总库存的 11.5%，而其 A 类产品的销售价值占总销售价值的 97%；B 类产品占总库存的 15.4%，其销售价值占总销售价值的 2%；C 类产品占总库存的 73.1%，其销售价值占总销售价值的 1%。

在此基础上，安科公司对 A 类的 3 种产品实行连续性检查策略，即每天检查其库存情况。但由于该公司每月的销售量不稳定，所以每次订货的数量不相同，另外，为了防止预测的不准确及工厂交货的不准确，该公司还设定了一个安全库存量，根据案例资料显示，该类产品的订货提前期为 2 个月，即如果预测在 6 月份销售的产品，应该在 4 月 1 日下订单给供应商，才能保证产品在 6 月 1 日出库。

该公司对 A 类产品的库存管理方案如下。

① 安全库存＝下一个月预测销量的 1/3

② 订货时间：当实际的存货数量＋在途产品数量＝下两个月的销售预测数量＋安全库存时，就下订单。

③ 订货数量＝第 3 个月的预测数量

安科公司对 B 类产品的库存管理采用周期性检查策略，即每个月检查库存并订货一次，目标是每月检查时应有以后两个月的销售数量在库里（其中一个月的用量视为安全库存），另外在途还有一个月的预测量。每月订货时，再根据当时剩余的实际库存数量，决定需订货的数量，这样就会使 B 类产品的库存周转率低于 A 类。

对于 C 类产品，该公司则采用了定量订货的方法，即根据历史销售数据得到产品的半年销售量为该种产品的最高库存量，并将其两个月的销售量作为最低库存，一旦库存达到最低库存时就订货，将其补充到最低库存量。这种方法比前两种更节省时间，但是库存周转率更低。

思考：

1. 安科公司选择 ABC 分析法管理库存的依据是什么？

2. 安科公司对 A、B、C 类产品分别选择了哪种库存控制策略？是否合理？

第九章

仓库安全管理

学习重点

    1. 掌握仓库安全的基本消防知识；

    2. 正确认识仓库安全管理所涉及的内容；

    3. 了解仓库最新安全管理措施。

知识重点

    掌握仓库消防知识。

**案例
导入**　　**大火毁掉爱立信**

    2000年初,芯片供应商飞利浦的半导体工厂因闪电发生火灾,使全球手机芯片供应受到了严重影响。这场大火毁掉了爱立信,也成就了诺基亚。诺基亚及时觉察到了芯片不足可能对生产带来影响,于是火灾发生的当天,其采购人员就四处奔走,调动一切可以调动的力量保证芯片供应。而爱立信似乎对芯片的减少无动于衷,只是眼睁睁地看着自己的手机产量越来越少、市场份额迅速下滑,最终不得不选择外包。

    自此,爱立信一日千里地从手机销售头把交椅跌落,不但退出了销售三甲,而且还排在了新军三星、飞利浦之后。自1998年开始的3年里,世界蜂窝电话业务得到快速发展,爱立信的蜂窝电话市场份额从18%迅速降至5%。即使在中国这个它从未放弃的市场,其份额也从1/3左右急剧下滑到2%。

第一节　仓库安全管理的内容

    仓库安全管理是仓库管理的重要组成部分。仓库的安全工作贯穿于仓库各个作业环节,要深入细致地做好安全的宣传教育工作,提高相关人员的安全意识;要严格执行安全制度,加强危险品的监督检查,采取科学方法,消除各种危险隐患,有效防止灾害事故的发生。仓库安全管理要以消防工作为核心,贯彻预防为主的方针,确保仓库中人身、商品和设备设施3个方面的安全。

一、人身安全

    仓储工作人员在装卸、搬运、堆码、保管养护商品等操作过程中,直接与装卸搬运设备及不同特性的商品接触,因而必须注意做好人身安全工作。做好人身安全工作应从以下几方面入手。

1. 优化工作环境,强化安全意识

按以人为本、安全第一、规范操作的要求来规范人力操作,人工作业只能在安全环境下进行。作业前应使作业人员清楚地明白作业要求,了解作业环境,应指明危险因素和危险位置。必须有专人在现场指挥和安全指导,并严格按照安全规范进行作业指挥。作业人员应避开不稳定货垛的正面,不在散落、塌陷的位置,运行设备的下方等不安全位置作业;在作业设备调位时应暂停作业;如果发生安全隐患应及时停止作业,消除安全隐患后方可恢复作业。

 小·知识

仓库作业应注意 3 个方面的内容。①尽可能采用人力机械作业,人力作业仅限于轻负荷。男工人搬举货物每件不超过 80 千克,距离不大于 60 米;女工人不超过 25 千克;集体搬运时每个人负荷不超过 40 千克。人力机械承重也有一定的限制范围,如人力绞车、拖车、滑车、手推车等承重不超过 500 千克。②合理安排仓库工作人员的工间休息。每作业 2 小时至少有 10 分钟休息时间,每 4 小时有 1 小时休息时间,并且依照人身生理需要进行适当调整。③作业人员按要求穿戴相应的安全保护用具,采取必要的保护性措施,使用合适的作业工具,采用安全的作业方法,机械移动时作业人员须避开。

2. 进行仓储机械设备的安全操作规程培训,提高操作技能

对新员工和转岗员工进行仓库岗前培训,特种作业必须经过专门培训并取得特种作业资格。采用合适的机械、设备,严格按照安全规范进行作业。

3. 建立健全工作场所、仓储机械设备的安全检查制度,并有效实施

制定科学合理的各种作业安全制度、操作规程和安全责任制度,并通过严格的监督,确保管理制度得以有效和充分地执行。对于仓储作业所使用的设备必须具有良好的工作状况。设备不得带"病"作业,特别是设备的承重机件,应在设备的允许负荷范围内进行作业,不能持续性地超负荷作业。从事危险品作业时,应减低负荷 25%;尽可能采用专用设备作业,或者使用专用工具。使用通用设备,必须满足作业需要,并且采取一定的防护措施,如货物绑扎、限位等。

二、商品安全

商品由于本身的化学成分、结构特点和生理生化的性质,以及受阳光、温度、湿度等库房管理条件的影响易发生霉烂变质、虫蛀鼠咬、自然爆炸、火灾、水淹和丢失等事故。为了切实做好商品的安全管理工作,应着重从以下几方面入手。

1. 加强商品养护知识的培训

对仓库管理员工进行岗前培训,同时为做好商品的养护工作,应建立健全的岗位责任制,以便明确责任,更好地按照制度的要求,完成养护工作。

2. 根据商品性质、特点和保管条件要求等布置商品的保管环境

应按照商品的不同特性,适当安排储存场所。易霉变、易生锈商品应储存在较干燥的库

房;易挥发及易燃易爆商品,应储存在低温干燥的地下或半地下库房;贵重商品要储存在楼上防潮条件优越的库房,库房内要有空调与去湿机等设备。

3. 及时盘点,确保商品质量

对在库商品,应据其本身特性及质量变化规律,结合气候条件和储存环境,实行定期或不定期检查,及时掌握商品质量变化的动态,发现问题及时解决。采用功能完善的仓储管理软件,做好商品的全方位管理,如对各商品保质期限进行提前预警等。

4. 采用现代安全信息技术

积极采用先进科学的管理技术手段,如防盗报警系统、火灾自动报警系统等。

5. 重视物品搬运安全管理

① 仓库机械实行专人专机,建立岗位责任制,防止丢失和损坏,操作人员应做到"会操作,会保养,会检查,会排除一般故障"。

② 根据物品尺寸、质量、形状来选用合理的装卸搬运设备,严禁超高、超宽、超重、超速及其他不规范操作。不能在库房内检修机械设备。搬运设备在通过狭小通道、出入库房或接近物品时应限速鸣号。

三、设备设施安全

仓储设备设施是指与仓储活动有关的所有设备与设施,包括仓库本身、货架、搬运输送机械、商品检验计量器具等。在使用这些设备时需从下面几个方面入手。

1. 选购安全性能好的设备设施

在设备设施选购时,必须进行广泛的市场调研,在保证设备安全性能的条件下,选购使用性能好的设备,以避免设备对工作人员及仓库商品造成伤害。

2. 对设备设施的正确使用进行培训

为了保证设备的正常使用,避免其造成安全隐患,在设备使用前必须对设备的使用人员和管理人员进行培训。

3. 制定并实施设备设施安全检查保养制度

在设备设施使用过程中,需要定期或不定期地对设备设施进行检查和保养,以免出现安全隐患。

第二节　消防安全基础知识

一、燃烧知识

1. 燃烧的概念

凡有热和光一起放出的氧化反应,称为燃烧。燃烧是空气中的氧气和可燃物质发生的一种强烈的化学反应,也就是可燃物的激烈氧化。在这种化学反应中,通常要发出光和火焰,并放出大量的热。

2. 燃烧的条件

任何物质发生燃烧,都有一个由未燃状态转向燃烧状态的过程。这一过程的发生必须具备3个条件,即可燃物、助燃物和火源。

(1) 可燃物

凡是能与空气中的氧气或其他氧化剂起燃烧化学反应的物质称为可燃物。可燃物按其物理状态可分为气体可燃物、液体可燃物和固体可燃物3种类别。可燃物有木头、草料、棉花、纸张、酒精、油品、氢气、一氧化碳、甲烷、乙烯、乙炔等。

(2) 助燃物

能帮助支持可燃物燃烧,即能与可燃烧发生反应的物质称为助燃物。一般指空气中的氧气和氧化剂,如氧气、氯气、过氧化纳、高锰酸钾等。

(3) 火源

能够使可燃物和助燃物(包括某些爆炸性物质)发生燃烧或爆炸的能量来源称为火源。这种能量来源常见的是热能,还有电能、机械能、化学能、光能等。火源是引起火灾的罪魁祸首,是仓库防火管理的核心。

常见的火源主要有8种。一是明火,如炉灶火、火柴火、蜡烛火等。二是高温物体,如点燃的烟头、发热的白炽灯、汽车排气管、暖气管等。三是电热能,如各种电热器具发热,电弧、电火花、静电火花、雷击放电产生的热等。四是化学热能。经过化学变化产生的热能,如燃烧生成的热,某些有机物发热自燃,化合物分解放出热等。五是机械热能。由机械能转变为热能,如摩擦热、压缩热、撞击热等。六是生物热,如微生物在新鲜稻草中发酵发热等。七是光能。由光能转变为热能,如日光聚焦等。八是核能,如核分裂产生的热。

 专业拓展

只有同时具备了可燃物、助燃物、火源3个条件,当可燃物达到一定条件、助燃物达到一定浓度、火源达到一定数量并且3个条件相互作用,燃烧才会发生和持续。

二、仓库火灾的基础知识

仓库是生产、生活资料集中储存的地方,也是战略物资的重要基地。随着社会生产的发展,各种物资必将日益增多,特别是化工原料、农药、化肥、医药制品、化学试剂等,它们具有不同程度的爆炸、易燃、毒害、腐蚀等危险特性,一旦发生火灾,就能在短时间内烧毁大量物资,造成巨大经济损失,直接影响国计民生和国内外贸易。因此,做好仓库的消防安全工作,保障储存物资的安全,减少火灾损失,具有极其重要的意义。

1. 仓库火灾事故的成因

(1) 仓库物资储存规划不合理

普通物资仓库内存放大量的可燃物,如日用百货、纺织化纤制品、木材、纸张、橡胶制品、塑料制品等,大部分混存在一个库内,分别采用堆垛存放、货架分层存放、托盘堆放等方式储存。有的大型仓库还另设有小仓库,单独存放贵重烟酒、营养品及易燃易爆危险品等。堆放的物资数量多,密度大,可燃物种类多,火灾危险性大。

（2）易燃、易爆物资由于保管方法或搬运装卸时操作不当而引起火灾

随着现代化建设的迅速发展,仓库物资储备量日益增大,涉及种类包罗万象。仓库中储存的特殊物品,如化工原料、农药、化肥、医药用品等,具有不同程度的爆炸、易燃、助燃、毒害、腐蚀等危险特性。在储存过程中,不仅接触火源、热源、雨淋、水浸时会发生爆炸、燃烧,甚至在受到较为剧烈的震动、撞击、摩擦及接触性质相抵触的物品时,也会引起爆炸、燃烧,从而导致人身伤亡和重大财产损失。

（3）仓库建筑及平面布局不合理

大部分商家认为,普通物资仓库能利用的空间尽量用,不能利用的空间想办法用,导致整个仓库纵横交错,杂乱无章,布局比较混乱。有的仓库将采购的原材料长期散堆而不及时堆垛;有的干脆仓库、车间合为一体,发生火灾后堆垛坍塌,连成一片,不仅火势燃烧猛烈,而且蔓延速度快,并造成消防通道堵塞,使消防车辆和救援人员不便进入前沿阵地灭火。

（4）防火制度措施不健全,思想麻痹大意

仓库管理人员不重视,思想麻痹大意,缺少现场监督与检查,对操作人员缺乏消防安全教育,操作人员素质参差不齐,仓库工作人员消防安全意识不强等极易导致仓库发生火灾,造成重大损失和人员伤亡。

（5）电器设备安装不符合规定

据消防部门统计,有80%的火灾是由于电气原因造成的。因此,一定要严格按照电气安全规范进行设计安装。例如,穿阻燃塑料管敷设可以有效地避免因电线短路而引发的火灾;接线盒、开关盒不应安装在可燃材料上,槽灯、吸顶灯及发热器件均应采用非燃材料做隔热处理,避免灯具直接与可燃物接触;配电箱、照明灯具的安装应采取隔热、散热等防火措施。

2. 仓库火灾的种类

火灾依据物质燃烧特性,可划分为A、B、C、D、E五类。A类火灾是指固体物质火灾。这种物质往往具有有机物质性质,一般在燃烧时产生灼热的余烬,如木材、煤、棉、毛、麻、纸张等火灾;B类火灾是指液体火灾和可熔化的固体物质火灾,如汽油、煤油、柴油、原油、甲醇、乙醇、沥青、石蜡等火灾;C类火灾是指气体火灾,如煤气、天然气、甲烷、乙烷、丙烷、氢气等火灾;D类火灾是指金属火灾,如钾、钠、镁、铝镁合金等火灾;E类火灾是指带电物体和精密仪器等物质的火灾。表9.1中列举了仓库中易引起5类火灾的物资。

表9.1　火灾种类

分　类	具　体	生活实物
A类火灾	固体物质	木材、煤、棉、毛、麻、纸张等火灾
B类火灾	液体火灾和可熔化的固体物质	汽油、煤油、柴油、甲醇、乙醇、沥青、石蜡等火灾
C类火灾	气体	煤气、天然气、甲烷、乙烷、丙烷、氢气等火灾
D类火灾	金属	钾、钠、镁、铝镁合金等火灾
E类火灾	带电物体和精密仪器等物质	

三、灭火方法

1. 常规灭火方法

灭火就是破坏燃烧条件使燃烧反应终止。常规的灭火方法主要有 4 种：冷却、窒息、隔离和化学抑制。

（1）冷却灭火

对一般可燃物来说，能够持续燃烧的条件之一就是它们在火焰或热的作用下达到了各自的着火温度。因此，对一般可燃物火灾，将可燃物冷却到其燃点或闪点以下，燃烧反应就会终止。水的灭火机理主要是冷却作用。

（2）窒息灭火

各种可燃物的燃烧都必须在其最低氧气浓度以上进行，否则燃烧不能持续。因此，通过降低燃烧物周围的氧气浓度可以起到灭火的作用。二氧化碳、氮气、水蒸气等的灭火机理主要是窒息作用。

（3）隔离灭火

把可燃物与引火源或氧气隔离开来，燃烧反应就会自动终止。火灾中，关闭有关阀门，切断流向着火区的可燃气体和液体的通道；打开有关阀门，使已经发生燃烧的容器或受到火势威胁的容器中的液体可燃物通过管道转移至安全区域，都是隔离灭火的措施。

（4）化学抑制灭火

化学抑制灭火是利用灭火剂与链式反应的中间体自由基反应，从而使燃烧的链式反应中断，使燃烧不能持续进行。常用的干粉灭火剂、卤代烷灭火剂的主要灭火机理就是化学抑制作用。

2. 几种常用灭火剂

（1）水

水是最廉价的灭火剂。由于水具有较高的比热和潜化热，因此在灭火中其冷却作用十分明显。其灭火机理主要是冷却和窒息作用。其主要缺点是产生水渍损失和造成污染。除了电器、油和轻于水的不溶于水液体、碱金属火灾以外，其他火灾都可以用水扑灭。

（2）泡沫灭火剂

通过与水混溶、采用机械或化学反应的方法产生泡沫的灭火剂是泡沫灭火剂。它主要通过冷却、窒息作用灭火。泡沫灭火剂的灭火机理是在着火的燃烧物表面上形成一个连续的泡沫层，本身和所析出的混合液对燃烧物表面进行冷却，以及通过泡沫层的覆盖作用使燃烧物与氧隔绝而灭火。泡沫灭火剂的主要缺点是水渍损失和污染。它主要用于油类火灾，也可以用于普通火灾的灭火，但不能用于带电火灾的灭火。

（3）干粉灭火剂

用于灭火的干燥是易于流动的微细粉末。它通过化学抑制和窒息作用灭火，可分为 BC 干粉和 ABC 干粉两类。干粉灭火剂的主要缺点是对于精密仪器易造成污染。

（4）二氧化碳灭火剂

二氧化碳是一种气体灭火剂。它价格低、获取容易。其灭火主要依靠窒息作用和部分冷却作用。其主要缺点是灭火需要浓度高，会使人员受到窒息毒害。它适用于电器设备、气体,以及办公地点、封闭仓库的灭火。由于它对人体有窒息作用,所以使用时要注意防冻和防窒息。

（5）卤代烷灭火剂

卤代烷灭火剂的灭火机理是卤代烷接触高温表面或火焰时,分解产生的活性自由基,通过溴和氟等卤素氢化物的负化学催化作用和化学净化作用,大量捕捉、消耗燃烧链式反应中产生的自由基,破坏和抑制燃烧的链式反应,而将火焰迅速扑灭。卤代烷灭火剂是靠化学抑制作用灭火,还有部分稀释氧和冷却作用。其主要缺点是破坏臭氧层。它适用于扑救易燃液体和可燃液体、可燃气体。

仓库安全工作的核心是消防,在日常安全管理工作中,应做到"预防为主,防治结合",采用严格的责任制,采取"谁主管谁负责,谁在岗谁负责"的制度。同时要正确安装和使用消防设施设备。例如,仓库建筑的防火规范:防雷装置接地电阻不大于 10 欧姆;接闪器圆钢直径不小于 8 毫米;扁钢、角钢厚度不小于 4 毫米;仓库内的消防通道长度不小于 4 米。又如,消防水系统:水带长度不超过 25 米,超过 4 层的库房应设置消防水泵结合器;对于面积超过 1 000平方米的纤维及其制品仓库,应设置闭式自动喷水灭火系统。

3. 特殊物的灭火方法

① 易燃、可燃液体,如汽油、柴油、苯、酒精、沥青、动植物油、润滑油等一旦着火,火势凶猛,温度高并极易流散到其他地方造成蔓延,扑救比较困难。其主要方法是窒息法,使用的灭火剂主要是泡沫、二氧化碳、沙土、湿麻袋、湿被褥等。由于绝大多数易燃液体都比水轻,且不溶于水,故不能用水扑救。

② 易燃固体,如红磷、黄磷、硫化磷、闪光粉、硝化棉、固体火棉胶、镁粉、铝粉、硫黄、樟脑、苯、松香等。这些物品着火,可用水、沙土、泡沫、二氧化碳灭火器扑救。但镁粉、铝粉、樟脑、苯不能用水扑救,因为这些物质在遇水后会产生爆炸、燃烧。

③ 遇水易燃物品,金属钾、钠、镁、钛、铝粉、锌粉、保险粉、氢化钠（钾）、电石、漂白粉、过氧化钠、过氧化钾等都是遇水燃烧的物品,这些物品遇水后能产生易燃气体或放出热量,发生燃烧或爆炸。因此,这类物品着火,只能用干沙土、二氧化碳灭火器进行扑救。

④ 压缩气体和液化气体,如可燃煤气、氢气、乙炔气、沼气和助燃的氧气、氟气、氯气等。这类气体着火,应迅速关闭气体管道或容器的阀门,断绝气体的来源。扑救时可用二氧化碳灭火器或用大量的水冷却盛装气体的瓶、罐等容器。

⑤ 爆炸品引起的火灾很难扑救,当火灾发生时应妥善处理爆炸物品,以免再次发生爆炸。主要用水扑救,但不能用沙土等物压盖物品,以免扩大爆炸。

⑥ 腐蚀性商品中,酸类和碱类的水溶液着火可用雾状水扑救,但遇水分解的多卤化合物、氯磺酸等,绝不能用水扑救,只能用二氧化碳灭火器扑救,也可以用干沙扑救。

第三节　仓库安全管理技术

仓库的安全管理主要涉及治安保卫和消防安全两个核心部分。

一、仓库消防安全管理

仓库的消防安全管理工作坚持以"预防为主,防消结合"的原则,主要对消防规划、消防管理组织、岗位消防责任、消防工作计划、消防设备配置和管理、消防检查和监督、消防日常管理、消防应急、消防演习等方面进行管理。应做好以下几个方面的工作。

① 坚持"谁主管谁负责"的原则。根据企业法人是第一责任人的规定,成立防火灭火安全委员会(领导小组),全面负责仓库的消防安全工作。

② 建立以岗位责任制为中心的三级防火责任制,把防火安全工作具体落实到各级组织和责任人。

③ 建立健全各工种的安全操作制度和安全操作规程。特别是各种用电设备的安全作业规程,经常进行消防安全教育,坚持员工考核合格持证上岗的制度。

④ 定期开展防火灭火的消防安全检查,消除各种火灾隐患,落实各项消防措施,及时处理各类事故,做到"三不放过"。

⑤ 配备适量的消防设备和火灾报警装置。根据仓库的规模、性质、特点,配备一定数量的防火灭火设备及火灾报警器,按防火灭火的要求,分别布置在明显和便于使用的地点,并定期进行维护和保养,使之始终保持完好状态。

⑥ 遵守《建筑设计防火规范》。

⑦ 库存物资和设备的消防操作必须符合防火防爆要求,电气设备应始终符合相关规范的要求,明火作业须经安保部门批准,如遇火警或爆炸立即报警。

二、仓库治安保卫管理

仓库治安保卫工作的原则是预防为主、严格管理、确保重点、保障安全和主管负责制。其具体内容是执行国家治安保卫规章制度,防盗、防抢、防破坏、防骗、防火,维持仓库内秩序,防止意外事故等仓库治安灾难事故,协调与外部的治安保卫关系,保证库内人员生命安全与物资安全等。

随着科学技术的日新月异,仓库安全管理工作也应采取科学的管理方法和安全的管理技术,实现仓库管理的现代化。

(一)火灾自动报警系统

火灾自动报警系统是由触发装置、火灾报警装置、联动输出装置及具有其他辅助功能的装置组成的,它具有能在火灾初期,将燃烧产生的烟雾、热量、火焰等物理现象,通过火灾探测器(安装在需要监视的现场)变成电信号,传输到火灾报警控制器(安装在有人看守的值班室),并同时以声或光的形式通知着火层及上下邻层疏散,控制器记录火灾发生的部位、时间等,使人们能够及时发现火灾,并及时采取有效措施,扑灭初期火灾,最大限度地减少因火灾造成的生命和财产的损失,是预防仓库火灾的有力工具。

1. 火灾探测器

火灾初期一般都会产生烟雾、高温、火光及可燃性气体等理化现象。火灾探测器就是利用一些敏感元件和电子线路,将上述现象转变为电信号,然后输送给报警器的一类特殊的传感器。根据结构原理不同,主要有感烟探测器、感温探测器、光辐射传感器、可燃气体探测器和复合式探测器等。按探测器结构可分为点型和线型;按探测器输出信号类型可分为阀值开关和参数模拟量两类。常见火灾探测器的种类如表9.2所示。

表9.2　常见火灾探测器的种类

感烟探测器	离子感烟型		
	光电感烟型	线型	红外光束型
			激光型
		点型	散射型
			逆光型
感温探测器	差温		
	定温		
	差定温		
光辐射探测器	紫外光型		
	红外光型		
可燃气体探测器	催化型		
	半导体型		

（1）感烟探测器

这是一种响应燃烧或热解产生的固体或液体微粒的火灾探测器。它可以根据燃烧初期所产生的气溶胶或烟雾颗粒浓度来探测报警,因此,感烟探测器为"早期发现"探测器。凡在着火成灾前,先有烟雾生成的场所,除开放性空间及经常存在大量灰尘、烟雾和水蒸气的场所外,这种探测器均可使用。

（2）感温探测器

这是一种响应异常温度、温升速率和温差的火灾探测器。由于探测器采用不同的敏感元件,此类探测器又可以派生出各种火灾探测器。根据感温探测器工作原理,可以分为3类。

① 定温式探测器。定温式探测器是在规定时间内,火灾引起的温度上升超过某个定值时启动报警的火灾探测器。它有线型和点型两种结构,线型是当局部环境温度上升达到规定值时,可熔绝缘物熔化使两导线短路,从而产生火灾报警信号;点型利用双金属片、易熔金属、热电偶、热敏半导体电阻等元件,在规定的温度值上产生火灾报警信号。

② 差温式探测器。差温式探测器是在规定时间内,火灾引起的温度上升速率超过某个规定值时启动报警的火灾探测器。它也有线型和点型两种结构,线型是根据广泛的热效应而动作的;点型是根据局部的热效应而动作的,主要感温器件是空气膜盒、热敏半导体电阻元件等。

③ 差定温式探测器。差定温式探测器结合了定温和差温两种作用原理并将两种探测器结构组合在一起。差定温式探测器一般多是膜盒式或热敏半导体电阻式等点型组合式探

测器。

（3）光辐射探测器

光辐射探测器又称为感光探测器，是一种响应火焰辐射出的红外、紫外、可见光的火灾探测器，主要有红外火焰型和紫外火焰型两种。光辐射探测器可以露天使用，但要避免阳光和强烈灯光直接照射，另外，紫外光敏管特别适用于探测快速火焰和监视易爆等场所。

（4）可燃气体探测器

可燃气体探测器是对单一或多种可燃气体浓度响应的探测器。日常使用最多的是催化型可燃气体探测器和半导体型可燃气体探测器两种类型。饭店、宾馆、家庭制作间等使用煤气、天然气、液化气的场所主要使用半导体型可燃气体探测器。散发可燃气体、可燃蒸汽的工业场所主要使用催化型可燃气体探测器。

催化型可燃气体探测器是利用难熔金属铂丝加热后的电阻变化来测定可燃气体浓度。当可燃气体进入探测器时，在铂丝表面引起氧化反应（无焰燃烧），其产生的热量使铂丝的温度升高，铂丝的阻率也随之发生变化，探测的数据也会发生变化。半导体型可燃气体探测器用灵敏度较高的气敏半导体元件，它在工作状态时，遇到可燃气体，半导体电阻下降，下降值与可燃气体浓度有对应关系。

2. 火灾报警器

火灾报警器的作用是接收探测器感知的火灾信号，用灯光和数码显示火灾发生的部位，记录火灾发生时间并发出声、光报警信号。

（1）火灾报警

当有火灾信号输入时，相应部位指示灯及红色总火警灯亮；时钟停走，记下首次火警时间，同时发出报警声。有的报警器还有继电器触点输出，以便与其他设备联动，完成相应功能。

（2）故障报警

当探测器和报警器之间的连线发生断线或其他故障时，可自动发出故障报警，即故障部位指示灯及黄色总故障灯亮，同时发出相应的报警声音。

（二）防盗报警系统

（1）系统组成

防盗报警系统主要是由防盗报警传感器和防盗报警控制器构成。前者设在保护现场，用来对被监视目标进行探测；后者是一台主机（像计算机的主机一样），放在值班室，除了接收传感器送来的盗情信息，进行声、光报警外，还有其他功能，如系统本身故障的检测，信号输入和输出等。

（2）系统工作原理

在需要防护的区域内，安装传感器，当盗贼进入传感器防护的范围后，传感器发出报警信号，由主机发出高音量告警音，自动告知值班人员。

（3）系统类型

系统的类型一般有 4 种，即单机报警系统、有线式报警系统、无线式报警系统和混合式报警系统。

① 单机报警系统。这是将传感器和控制器放在一起的报警机。它的结构简单，价格低

廉,将它置于需要监控场所的隐蔽处,一旦有人入侵,立即发出报警声响进行报警。

② 有线式报警系统。这是传感器和控制器通过有线方式连接起来的报警系统,适用于保护区域和控制器安装地点固定不变的情况。这种方式需要铺设导线,线材耗费较多,安装布线烦琐,成本比较高,但比较稳定可靠,抗干扰性能好。

③ 无线式报警系统。这是传感器和控制器通过无线方式连接起来的报警系统。无线式报警系统安装方便,省去布线,节省安装费用,特别是监控现场距离报警主机几百米甚至几千米时,采用无线式报警系统是目前最可行、最经济的方案。

④ 混合式报警系统。一般情况下,传感器和控制器距离较近时,可采用有线方式;控制总机和各控制分机之间的距离较远时,可考虑采用无线方式。因此在同一系统中,既有有线又有无线方式,所以称为混合式。

（4）常用防盗报警传感器

防盗报警传感器是防盗报警系统的关键,其性能好坏,以及选用是否恰当,在很大程度上决定了系统在投入使用后的效果好坏。常见的防盗报警传感器有以下几种类型。

① 断线式传感器。这种传感器把细导线布置在盗贼必经之路的隐蔽处,一旦细线被绊到,即报警。这种传感器已过时,现在很少采用。

② 人体感应式传感器。这种传感器又称为无触点接近传感器,当人体接近传感器的感应区域,开关就能发出电气指令,准确反应出运动机构的位置和行程。

③ 光电式传感器。光电式传感器是采用光电元件作为检测元件的传感器,它首先把被测量物的变化转换成光信号的变化,然后借助光电元件进一步将光信号转换成电信号。

④ 微波传感器。微波传感器应用的是多普勒效应原理。在微波段,当以一种频率发送时,发射出去的微波遇到固定物体时,反射回来的微波频率不变,传感器不会发出报警信号;当发射出去的微波遇到移动物体时,反射回来的微波频率就会发生变化,此时微波传感器将发出报警信号。

⑤ 开关传感器。它是最简单的一种防盗器材。它是一个开关,有常开/闭输出,当开关量变化时它就会输出报警信号给主机。

⑥ 闭路电视。它是安全技术防范体系中的一个重要组成部分,是一种先进的、防范能力极强的综合系统。它可以通过遥控摄像机及其辅助设备(镜头、云台等)直接观看被监视场所的一切情况,同时还可以与防盗报警系统等其他安全技术防范体系联动运行,使其防范能力更加强大。

本章小结

仓储安全管理要以消防工作为核心,贯彻预防为主的方针,确保仓库中人身、商品和设备设施3个方面的安全,围绕防火和防盗两个方面进行安全管理。

知识结构图

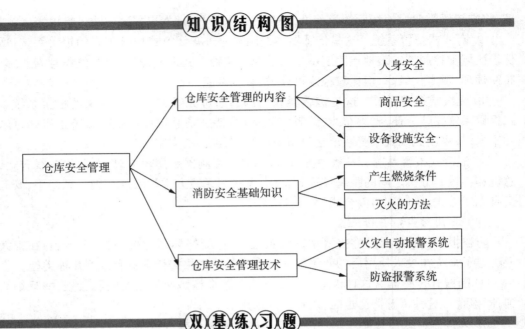

双基练习题

1. 仓库灭火的核心是(　　)。
   A. 可燃物　　　　　B. 助燃物　　　　　C. 火源　　　　　D. 隔离可燃物
2. (多选)仓库安全管理的内容包括(　　)。
   A. 设备设施　　　　B. 商品安全　　　　C. 财产安全　　　　D. 人身安全
3. 窒息法破坏的是引起燃烧的哪个条件?(　　)。
   A. 可燃物　　　　　B. 助燃物　　　　　C. 火源　　　　　D. 明火
4. (多选)仓库常规的灭火方法包括(　　)。
   A. 隔离法　　　　　B. 窒息法　　　　　C. 冷却法　　　　　D. 分散法
5. (多选)火灾自动报警系统由(　　)组成。
   A. 输出装置　　　　B. 报警装置　　　　C. 探测器　　　　　D. 控制器
6. (多选)防盗报警系统由(　　)组成。
   A. 输出装置　　　　B. 传感器　　　　　C. 探测器　　　　　D. 控制器
7. (多选)产生燃烧的条件是(　　)。
   A. 可燃物　　　　　B. 助燃物　　　　　C. 火源　　　　　D. 明火
8. 澡堂不适用于(　　)探测器。
   A. 感烟　　　　　　B. 感温　　　　　　C. 感光　　　　　D. 光辐射
9. (多选)感温探测器包括(　　)。
   A. 差温　　　　　　　　　　　　　B. 定温
   C. 差定温　　　　　　　　　　　　D. 高温
10. 男工人搬举货物每件不超过(　　)千克,距离不大于(　　)米。
    A. 80　　　　　　　　　　　　　　B. 60
    C. 25　　　　　　　　　　　　　　D. 40

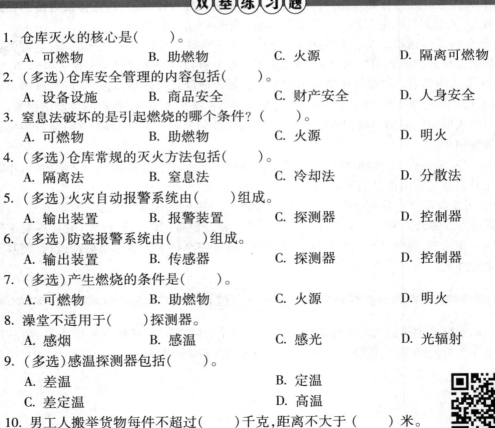
在线测试

1. 简述防火自动报警系统。
2. 简述防盗自动报警系统。
3. 燃烧是如何产生的？如何进行常规灭火？

案例分析

2015 年 8 月 12 日 23 时 30 分,天津滨海新区集装箱码头危险物品仓库发生连续大爆炸,方圆 2 千米内所有房子的玻璃全部被震碎,数千辆进口的大众汽车全部被烧为废铁。天津市 5 个中队的消防队员在救火现场,多名人员被炸牺牲。

爆炸发生后,对危化品的甄别与标识,对危化品存放点位进行勘察和定性,是事故现场勘察的第一步,也是最困难、最危险的阶段。但直到爆炸后的第 8 天,才首次明确现场核心区危化品有 7 大类 40 多个品种,约计 2 500 吨。这一步工作量巨大,主要因为事故的肇祸企业天津瑞海物流公司储存的危化品账本不清,既没有详细名目,也没有数量等清单。而且,因为事故的破坏性大,要精确鉴定危化品种类也变得十分困难。

数据显示,在 2001 年至 2013 年的 12 年间,中国危化品企业发生了 459 起较大以上事故,共造成 2 100 人死亡,442 人重伤,1 711 人轻伤,全国危化品企业事故处于频发状态。化工领域专家表示,在危化品事故中,经常会发现存在企业巡查自律与政府部门监管的双重缺失,而人为操作不当又极为常见。

天津的爆炸事件,惊动全国上下,惊动世界。在巨大灾难面前,如何反思生产安全? 危险物品大量地堆积在一个产区,为什么没有隔离措施? 危险物品仓库周围,为什么没有有效的防火、防爆设施? 这些物品,为什么不储存在远离建筑群的地方? 或者,为什么不储用地下库设备? 或者用安全、防火、防爆的隔离墙进行隔离防护?

有化工专家表示,这起事故已给中国的危化品管理敲响了警钟,必须在现实中严格执行企业人员的安全培训与考核,提高危险化学品企业的安全管理水平。

思考:如何做好仓库的安全管理工作? 对于特殊仓库,在仓储作业及保管的过程中需要注意哪些问题?

第三篇

配 送 管 理

第十章
配送管理概述

学习重点

1. 了解配送管理的发展历史和基本概念；
2. 掌握配送的特点、分类、功能要素和要求；
3. 理解配送管理的内容和形式。

知识重点

1. 掌握配送的类型和作用；
2. 掌握配送的基本形式和内容。

**案例
导入**　**华为：现代化企业、现代化仓储**

　　据国家邮政局预计,2015年双十一期间快件业务量将突破5亿件,比去年同期增长近5成。为了备战双十一,很多企业提前一个月就已开始储备车辆、人员,租用场地,制订方案。

　　在北京,与往年双十一不同,2015年的双十一与APEC会议时间略有重合,按照APEC会议交通运输服务保障要求,从11月3日至12日,北京市每天3点至24点将实行机动车单双号限行。

　　对此,物流公司1表示,双十一期间,北京市内配送和进出北京的快件配送都将遭遇压力,"其间公司36架货机将全部投入使用,并且会增加铁路运输比重,同时加大地面配送车的数量"。公司将投入更多的配送车辆和人员,并将加大夜间分拣配送的速度。

　　物流公司2也表示,为了保证快件的顺畅转运和派送,公司在全网络原有2万辆运输车的基础上,又通过各种渠道和社会资源储备了1 00C辆运输车,在全网络原有8万名派送人员的基础上,又新增1万余名储备人员。场地方面,租用了临时场地5万平方米,能够满足快件的转运和派送。

　　物流公司3有关负责人则表示,公司增加了江浙沪等发货量较大地区到北京的直跑车辆;此外,还根据双十一的发件量预估,对转运中心进行一定调整,确保发件量高地区的货物能及时分流到周边的转运中心。此外,进京的快件在安全检验力度上会加强。公司方面坦承,APEC会议期间,在北京末端派送上存在一定难度,针对快递三轮车禁止进入的地区,将会采取面包车替代的方式进行派送或与客户进行协商,预约代收点取件。

　　从上述案例中可以看出,各物流公司都在以往双十一物流配送实战中发现了问题和不足,总结出了经验和教训,并在2015年双十一来临之际提前做好各种可能情况的预案,保障货物的转运、分拣和派送的速度。这里,相信有一个关键词引起了我们的共同关注——是的,它就是"配送"。配送到底在物流体系中发挥着什么样的作用?如何进行科学有效的管理?我们将在接下来的学习中一一探寻答案。

第一节　配送的基本理论

一、配送的概念和特点

在现代物流活动中,配送是一种特殊的综合的活动形式,是商流和物流紧密结合的产物。它具有特殊的位置,几乎包含所有的物流功能要素,是物流的一个缩影或在小范围内的物流活动的综合体现。实现配送管理的目的,就是要在尽可能最低的总成本条件下实现既定的客户服务水平,即寻求服务优势和成本优势的一种平衡,并由此创造企业在竞争中的战略优势。

特殊的配送还需要按照需求信息对其货物进行加工整理,采取一定的组织形式将货物送达。它涉及的面更广并且包含的要素更多,如配送主体的多元化、不同配送形式的组合、不同货物的组合和不同信息流的组合等。

1. 配送的概念

《物流术语》(GB/T 18354—2006)对配送(distribution)的定义是:在经济合理区域范围内,根据客户要求,对物品进行拣选、加工、包装、分割、组配等作业,并按时送达指定地点的物流活动。配送即按照客户的订货要求,在配送中心或其他物流节点进行货物配备,并以最合理的方式送交客户。一般配送是物流体系的一个缩影,是物流的一项终端活动,它使物流服务更加贴近市场、贴近消费者。配送活动如图 10.1 所示。

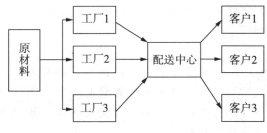

图 10.1　配送活动

2. 配送的特点

① 配送强调客户的需求。客户的需求拉动配送行为,配送以满足客户对商品数量、质量、时间和空间等相关信息的需求为出发点,实现商品从物流节点到客户的时空转移。因此,对于配送企业来讲,必须以客户需求为依据,从客户的利益出发,及时、准确、安全地为客户提供服务,但是不能盲目肯定或否定客户的需求,应该追求合理性,进而指导客户,实现共同受益。

这里所指的客户不仅仅是消费者,也可能是批发商或零售商,不能把配送理解为只是向最终消费者的送货活动,配送也包含向中间商的送货活动。

② 配送是"配"和"送"有机结合的形式。配送与一般送货的重要区别在于:配送利用有效的分拣、配货等理货工作,使送货达到一定的规模,以利用规模优势取得较低的送货成本。如果不进行分拣、配货,不讲运送成本和效率就会大大增加资源的耗费。因此,追求整个配送的优势,分拣、配货等工作是必不可少的。配送中"配"是核心,是指配客户、配时间、配货品、配车辆、配路线、配信息,"配"是配送的特色,是决定配送水平的关键;"送"是指送货运输,是配送的外在表现,最终通过"送"来与客户见面,完成整个配送活动。

③ 配送强调时效性。配送不仅仅是"配货"与"送货"的结合,它更强调按照双方的约定,在特定的时间和地点完成货物的交付活动,充分体现时效性。

④ 配送的地域范围以经济、合理为原则。这是从经济合理的角度出发考虑的。因为随着销售市场的扩大,就需要按一定的经济区域划分,建立起高效快捷的配送网络来满足客户的需求,同时尽可能地节约或降低配送成本。

二、配送的类型和作用

1. 配送的类型

根据不同的分类标准,配送可以划分为不同的类型。

(1) 按照配送主体不同分类

① 生产企业配送,即以生产企业的成品库或设在各地的配送中心为据点,由生产企业自己组织的配送活动。生产企业自己组织配送原因有三:第一,产品的产销量非常大;第二,产品的销售地较为集中,地产地销的消费资料企业(如一些地方性的啤酒企业)及客户相对集中的生产资料供应商就经常自己组织配送;第三,产品的保质期非常短,如许多酸奶生产企业就建立了自己的配送车队,直接向各大零售网点供货。

采用生产企业配送的方式,由于减少了货物中转环节,因此可以加快物流的时间,提高物流速度,物流费用也相应减少。但这种配送方式必须以一定的规模经济为前提,即生产企业应确保其所组织的配送具有较大的规模经济性。

② 分销商配送。许多产品的生产具有很强的集中生产、分散消费的特点,在实现生产的规模经济性的同时,将产品的市场拓展到全国,乃至全世界。为了不断扩充自己的市场,生产企业在各地发展了自己的地方产品代理作为自己的分销商,并且委托他们实施对零售网点的分销商配送。这有助于将商流与物流有机地结合在一起,提高对零售网点的服务水平,同时可以让生产企业集中精力搞好产品的生产与研发工作。其不足之处在于,一些地区由于市场规模的限制,分销商配送的经济性较差。

③ 连锁店集中配送。统一采购、集中配送、分散销售是连锁店的基本特点。建立自己的配送中心,强化集中配送的能力,是连锁店提高竞争力的重要途径。尤其是当连锁店在某一地区建立的门店较为密集时,集中配送具有很大的竞争优势,有助于集成采购批量,降低采购成本,节约配送费用,而且可以使各门店的商品存货降到很低的水平,乃至实现零库存。同时,也使配送服务质量具有很强的可控性。如果连锁店各门店很分散,则自己组织配送的经济性就会大打折扣,委托社会配送中心进行配送更为经济、合理。

④ 农业配送。农业配送是一种特殊的、综合的农业物流活动,是在农业生产资料、农产

品送货的基础上发展起来的。农业配送是指在与农业相关的经济合理区域范围内,根据客户要求,对农业生产资料、农产品进行分拣、加工、包装、分割、组配等作业,并按时送达指定地点的农业物流活动。

⑤ 物流企业配送。随着社会分工的发展,出现了专门从事商品配送服务的物流企业。物流企业的设施及工艺流程是根据配送需要专门设计的,因此配送能力强,配送距离远,配送品种多,配送数量大。由于为众多的企业、产品提供配送服务,因此社会配送中心的规模经济性较好。

(2) 按照配送时间和数量不同分类

① 定时配送。定时配送是指按照规定的时间进行货物配送。定时配送的时间间隔可长可短,可以是数天,也可以是几个小时。定时配送由于时间固定,因此便于制订配送计划,安排配送车辆及送货人员,也便于安排接货人员及设备。但如果配送订单下达较晚,当配送品种和数量变化较大时,配货时间很短,会给配送工作造成较大的困难。

日配(当日配送)是定时配送中较常见的方式。一般来说,如果是上午下达的订单,当天下午可送达;如果是下午下达的订单,第二天上午可送达。日配可以使客户维持较低的库存,甚至实现零库存。日配特别适合生鲜食品及周转快、缺乏仓储场地或特定设备(如冷冻设备)的小型零售商。

② 定量配送。定量配送是指在一定的时间范围内,按照规定的品种和数量进行货物配送。该配送方式由于每次配送品种和数量固定,因此,不但可以实现提前配货,而且可以按托盘、集装箱及车辆的装载能力有效地提高配送的效率,降低配送费用。同时,每次接货的品种和数量固定,有利于提前准备好接货所需的人力、设备。但定量配送的方式较容易与客户对货物的实际需求相脱节,既可能造成缺货,也可能由于货物库存过大而造成仓位紧张。

③ 定时定量配送。定时定量配送是以上两种配送方式的综合,即按照规定的时间、品种和数量进行货物配送。这种配送方式计划性很强,但适合的客户对象较窄,要求货物需求具有非常稳定的特点。

④ 定时定路线配送。定时定路线配送是指在规定的运行路线上,按照所要求的运行时间表进行货物配送。例如,邮政部门的普通邮件投递就是采用这种配送方式。在客户相对集中的地区,采用这种配送方式有利于配送中心安排配送车辆及人员,对客户而言,有利于安排接货力量,但一般配送的品种、数量不宜太多。

⑤ 即时配送。即时配送是指完全根据客户提出的配送要求,对货物的品种、数量随要随送的配送方式。由于这种配送方式要求的时限很短,因此对配送的组织者提出了较高的要求。对客户而言,它具有很高的灵活性,可以使客户实现安全存货的零库存。随着准时制(Just in Time,JIT)生产的发展而出现的准时制配送也属于即时配送。准时制配送真正实现了按照实际需要的品种和数量进行配送,具有很高的效率,使生产企业的原材料或零部件真正实现了零库存。

(3) 按照配送专业化程度不同分类

① 专业化配送。专业化配送是指专门针对某一类或几类货物的配送方式,如图书送、鲜奶配送等。专业化配送有利于发挥专业化分工的优势,按照配送货物的特殊要求优化配送设施、配送车辆,提高配送的效率,确保配送货物的品质。例如,鲜奶配送要求配备相应的冷藏设备和冷藏车辆。

② 综合化配送。综合化配送是指同时针对多种类型货物的配送方式。综合化配送可以使客户只要与少数配送组织者打交道就可以满足其对众多货物的需要,可以简化相应的手续。但当不同产品的性能、形状差别很大时,配送组织者的作业难度较大。

（4）按实施配送的节点不同分类

① 配送中心配送。组织者是专职配送的配送中心,规模较大,有的配送中心需要储存各种商品,储存量也比较大;有的配送中心专职配送,储存量较小,货源靠附近的仓库补充。

配送中心专业性较强,和客户有固定的配送关系,一般实行计划配送,需配送的商品有一定的库存量,一般情况下很少超出自己的经营范围。配送中心的设施及工艺流程是根据配送需要专门设计的,因此配送能力强,配送距离较远,配送品种多,配送数量大。它承担工业生产用主要物资的配送及向配送商店实行补充性配送等。配送中心配送是配送的重要形式。从实施配送较为普遍的国家来看,配送中心配送是配送的主体形式,不但数量多,而且是某些小配送单位的总据点,因而发展较快。

配送中心配送覆盖面广,配送规模大。因此,必须有配套的实施大规模配送的设施(如配送中心建筑、车辆、路线等),该设施一旦建成便很难改变,所以灵活机动性较差、投资较高,在实施配送时难以一下子大量建配送中心。因此,这种配送形式有一定的局限性。

② 仓库配送。仓库配送是以一般仓库为据点进行的配送形式。它可以是把仓库完全改造成配送中心,也可以是以仓库原功能为主,在保持原功能的前提下,增加一部分配送职能。由于不是专门按配送中心要求设计和建立的,所以,仓库配送规模较小,配送的专业化程度低,但它可以利用原仓库的储存设施及能力、收发货场地、交通运输路线等,开展中等规模的配送,并且可以充分利用现有条件而不需要大量投资。

③ 商店配送。组织者是商业或货物的门市网点,这些网点主要做商品零售,规模一般不大,但经营品种较齐全。除日常零售业务外,还可根据客户的要求将商店经营的品种配齐,或代客户订购一部分本商店平时不经营的商品,和商店经营的品种一起配齐送给客户。该种配送组织者实力有限,往往只是小量、零星商品的配送。它是配送中心配送的辅助及补充。商店配送有以下两种形式。

一是兼营配送形式。商店在进行一般销售的同时兼营配送的职能。商店的备货可用于日常销售及配送,因此,有较强的机动性,可以将日常销售与配送相结合,互为补充。该种形式在一定铺面条件下,可取得更多的销售额。

二是专营配送形式。商店不进行零售而专门进行配送。一般适用于商店位置条件不好,不适于门市销售而又有某方面经营优势及渠道优势的情况。

④ 生产企业配送。组织者是生产企业,尤其是进行多品种生产的生产企业,可以直接由本企业进行配送而无须再将产品发运到配送中心进行配送。生产企业配送由于避免了一次物流中转,所以具有一定优势,但是生产企业,尤其是现代生产企业,往往是进行大批量低成本生产,品种较单一,因而不能像配送中心那样依靠产品凑整运输取得优势,实际上生产企业配送不是配送的主要形式。

生产企业配送在地方性较强的产品生产企业中应用较多,如就地生产、就地消费的食品、饮料、百货等。在生产资料方面,某些不适合中转的化工产品及地方建材也可采取该种方式。

（5）按配送货物的特征不同分类

① 单（少）品种大批量配送。工业企业需要量较大的货物，单独一个品种或几个品种就可达到较大输送量，可实行整车运输。这种货物往往不需要再与其他货物搭配，可由专业性很强的配送中心实行配送。由于配送量大，可使车辆满载并使用大吨位车辆。配送中心内部设置、组织、计划等工作也较简单，因此配送成本较低。如果从生产企业将这种货物直接运抵客户，同时又不致使客户库存效益下降，则采用直送方式往往有更好的效果。

② 多品种、少批量配送。现代企业生产除了需要少数几种主要货物外，从种类数来看，处于 B、C 类的货物品种数远高于 A 类主要物资，B、C 类物资的品种数多，但单品种需要量不大，若采取直送或大批量配送方式，由于一次进货批量大，必然造成客户库存增大等问题。类似情况也存在于向零售品商店补充一般生活消费品的配送，所以这些情况适合采用多品种、少批量的配送方式。

多品种、少批量配送是按客户要求，将所需的各种货物（每种需要量不大）配备齐全，凑整装车后由配送据点送达客户。该种配送作业水平要求高，配送中心设备复杂，配货送货计划难度大，必须由高水平的组织工作来保证。这是一种高水平、高技术的配送方式。

多品种、少批量配送也正符合了现代消费多样化、需求多样化的新观念，因此，它是许多发达国家推崇的方式。

多品种、少批量配送往往伴随多客户、多批次的特点，配送频次往往较高。

③ 配套成套配送。按企业生产需要，尤其是装配型企业的生产需要，将生产每一台设备所需的全部零部件配齐，按生产节奏定时送达生产企业，生产企业随即可将此成套零部件送入生产线装配产品。该种配送方式，配送企业承担了生产企业的大部分供应工作，使生产企业专注于生产，与多品种、少批量配送效果相同。

2. 配送的作用

配送本质上是运输，创造空间效用自然是它的主要功能，但配送不同于运输，它是运输功能上的延伸。相对运输而言，配送除创造空间效用这一主要功能外，其延伸功能可归纳为以下几个方面。

（1）完善了输送及整个物流系统

现代载质量大的运输工具，固然可以提高效率，降低运输成本，但只适合干线运输，因为干线运输才可能是长距离、大批量的，高效率、低成本才是可能的；支线运输一般是小批量的，使用载质量大的运输工具反倒是一种浪费。支线小批量运输频次高、服务性强，要求比干线运输有更高的灵活性和适应性，配送通过其他物流环节的配合，能将支线运输与小搬运统一起来，可实现定制化服务，满足这种要求。因此，配送与运输结合，把干线运输与支线运输统一起来，能使运输系统得以优化和完善。

（2）消除交叉输送

在没有配送中心的情况下，由工厂直接运送货物到客户，即使采取直接配送方式，交叉输送也是普遍存在的。交叉输送导致输送路线长、规模效益差、运输成本高。如果在工厂与客户之间设置配送中心，则可消除交叉输送。

设置配送中心以后，将原来直接由各工厂送至各客户的零散货物通过配送中心进行整合再实施配送，缓解了交叉输送，输送距离缩短，成本降低。

（3）提高了末端物流的经济效益

采取配送方式，可以做到进货经济。它采取将各种商品配齐集中起来向客户发货和将多个客户小批量商品集中在一起进行发货等方式，能提高物流经济效益。

（4）可使企业实现低库存或零库存

配送通过集中库存，在同样的满足水平上，可使系统总库存水平降低，既降低了储存成本，也节约了运力和其他物流费用。尤其是采用准时制配送方式后，生产企业可以依靠配送中心准时送货而无须保持自己库存，或者只需要保持少量的保险储备，这就可以实现生产企的低库存或零库存，减少资金占用，解放出大量储备资金，改善财务状况，降低成本。

（5）简化手续，方便客户

由于配送可以提供全方位的物流服务，采用配送方式后，客户只需要向配送中心进行一次委托，就可以得到全过程、多功能的物流服务，从而简化了委托手续和工作量，也节约了开支。

（6）提高了供应保证程度

采用配送方式，配送中心比任何单独供货企业有更强的物流能力，可使客户减少缺货风险。例如，巴塞罗那大众物流中心承担着为大众、奥迪、斯柯达、菲亚特等大众系统 4 个品牌的汽车配送零部件的任务。其在整车下线前 2 个星期，有关这些车辆的 88 000 种零部件在这里全部可以找到。假如用户新买的车坏了，只要在欧洲范围内，24 小时内就会有专门的配送公司把用户所需要的零部件送到手中。

三、配送的功能要素和要求

1. 配送的功能要素

一般情况下，配送主要包括以下功能要素。

（1）备货

备货是配送的准备工作或基础工作，备货工作包括筹集货源、订货或购货、集货、进货及有关的质量检查、结算、交接等。它的主要优势是可以统一集中客户的需求信息进行一定规模的备货。备货是决定配送效益的初期工作，如果备货成本太高，则会降低配送的效益，从而影响企业的收益。

（2）储存

储存是配送的物资需求的保障。配送中的储存有储备和暂存两种形态。储备是按一定时期的配送经营要求形成的对配送的资源保证。这种类型的储备数量较大，储备结构也较完善，视货源及到货情况，可以有计划地确定周转储备及保险储备结构及数量。暂存是具体执行日配时，按分拣配货要求，在理货场地所做的少量储存准备。由于总体储存效益取决于储存总量，所以，这部分暂存数量只会对工作的方便性造成影响，而不会影响储存的总效益，因此它强调的是时间性，而在数量上控制并不严格。

（3）分拣及配货

分拣及配货是配送不同于其他物流形式的功能要素，也是决定配送效益的一项重要工作。分拣及配货是完善送货、支持送货的准备性工作，是不同配送企业在送货时进行竞争和提高自身经济效益的必然延伸，是送货向高级形式发展的必然要求。有了分拣及配货就会大大提高送货服务水平。因此，分拣及配货是决定整个配送系统水平的关键要素。

（4）配装

在单个客户配送数量不能达到车辆的有效载运负荷时，就存在如何集中不同客户的配送货物，进行搭配装载以充分利用运能、运力的问题，这就需要配装。与一般送货不同之处在于，配装送货可以大大提高送货效率及降低送货成本，所以，配装是配送系统中具有现代特点的功能要素，也是现代配送不同于以往送货的重要区别之处。

（5）配送运输

配送运输属于运输中的末端运输、支线运输。它与一般运输形态的主要区别在于：配送运输是较短距离、较小规模、较高频率的运输形式，一般使用汽车作为主要运输工具。与干线运输的另一个区别是，配送运输的路线选择问题是一般干线运输所没有的，干线运输的干线是唯一的运输线，而配送运输由于配送客户多，一般城市交通路线又较复杂，如何组合成最佳路线，如何使配装和路线有效搭配等，是配送运输中难度较大的工作，也是对配送运输合理性的评价指标。

（6）送达服务

配送的目标是要送达。配好的货物运送到目的地还不算配送工作的完结，这是因为送货和客户接货往往还会出现不同步，使配送不能圆满完成。因此，要圆满地完成货物的移交并有效、便捷地办理相关手续并完成结算，还应讲究卸货地点和卸货方式等。

（7）配送加工

在配送中，配送加工这一功能要素不具有普遍性，但是往往有重要作用。主要原因是通过配送加工，可以大大提高客户的满意程度。配送加工是流通加工的一种，但配送加工有它不同于一般流通加工的特点，即配送加工一般只取决于客户要求，其加工的目的较为单一。

综上所述，不难看出配送是在整个物流活动过程中的一种既包含集货、储存、拣货、配货、装货等一系列狭义的物流活动，也包括输送、送达、验货等以送货上门为目的的商业活动，它是商流和物流紧密结合的一种特殊的综合性供应链环节，也是物流过程的关键环节。它的功能要素在有些配送中完全具备，在另一些配送中也可以不完全具备。由于配送直接面对客户，最直观地反映了供应链的服务水平，所以，配送在恰当的时间、恰当的地点，将恰当数量的商品提供给恰当的客户的同时，也将优质的服务传递给客户。配送作为供应链的末端环节和市场营销的辅助手段，日益受到人们的重视。

2. 配送的基本要求

作为物流配送企业，应该充分明确配送要实现的目标，知道如何组织有效的配送服务，以便于更好地开展工作。配送主要包括以下基本要求。

（1）及时

及时即在指定的时间内把货物送到客户手中。这就要求配送企业能够对客户要求反应敏锐，快速作出响应，同时还要求配送各个环节作业要及时、衔接要紧密，各种登记、统计工作要及时。

（2）准确

准确是完成配送任务的质量要求，包括配送货物的质量和配送工作的质量等内容。其具体包括以下内容。

① 从客户得到的信息要准确完整，错误的信息可能导致亏损。

② 提供符合品名、规格、型号等品质要求的商品，做到质量准确。

③ 提供指定数量的商品,做到数量准确。

④ 商品送到指定的场所,做到地点准确。

⑤ 业务手续做到:账、卡、证、物准确;单据、报表数字准确;反映情况准确。

⑥ 财务结算做到:单据、金额准确;核收杂费准确;结算银行、户头、账号准确。

（3）安全

安全是配送的保证。保证配送货物不受损失,保证人员不发生伤亡事故,是配送管理工作中极其重要的内容,也是配送各个环节都不可忽视的问题。其具体包括以下要求。

① 做好防潮、防冻、防火、防盗、防撞击等工作,达到无失火爆炸、无霉烂变质、无虫蛀鼠咬、无过期失效、无被盗丢失和无碰撞损坏。

② 配送人员严格遵守操作规程和各项安全制度,防止在配送作业中发生事故。

③ 在送货过程中避免交通事故。

（4）经济

概括起来,经济方面主要包括以下几点要求。

① 库存物资保持数量准确、质量完好,经常清点物资储存情况,避免积压,合理堆放储存物品,提高库房的利用率,降低储存保管费用。

② 合理组织装卸搬运,防止和消除无效作业,提高效率,降低成本。

③ 合理组织车辆调度、装车和货物配载。

④ 合理选择配送路线和配送方式,提高配送效率。

⑤ 有一个相对固定的客户群,规范服务。

四、配送的基本业务流程

在配送活动中,无论配送企业的规模大小,配送物品的形状、表现形态如何,整个活动都在按照一定顺序运作。这种运作顺序被称为配送业务流程。

由于货物特性不同,配送服务形态多种多样,配送作业流程也不尽相同。一般来说,随着商品日益丰富,消费需求日趋个性化、多样化,多品种、少批量、多批次、多用户的配送服务方式最能有效地通过配送服务实现流通终端的资源配置。配送活动服务对象繁多,配送作业流程复杂,将这种配送活动作业流程确定为通用流程更具有代表性,即把工艺流程较为复杂、具有典型性的多品种、少批量、多批次、多用户的货物配送流程确定为一般的、通用的配送业务流程。配送业务基本流程如图10.2所示。

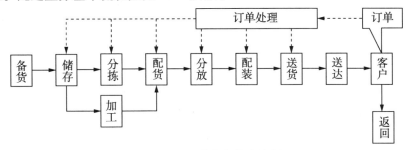

图 10.2　配送业务基本流程

由于不同产品的性质、形态、包装不同,采用的配送方法、配送作业流程也就不一样。例如,有些产品的配送不存在配货、配装问题,如燃油料;有些产品则需要进行分割、捆扎等流通加工,如木材、钢材等。因此,不同的产品有不同的配送作业流程,配送活动作业环节不可能千篇一律,都有其各自比较特殊的流程、装备、工作方法等。

五、配送与运输的关系

物流活动根据物品是否产生位置移动可分为两大类:线路活动和节点活动。产生位置移动的物流活动称为线路活动;节点活动是在一个组织内部的场所中进行的,其目的不是创造空间效用,而是创造时间效用。例如,在工厂内、仓库内、物流中心或配送中心内进行的装卸、搬运、包装、储存、流通加工等都是节点活动。

配送和运输有时难以准确区分,配送处于二次运输、末端运输的地位,与运输相比,更直接面向终端客户。

1. 运输与配送都是线路活动

运输活动必须通过运输工具在运输路线上移动才能实现物品的位置移动,它是一种线路活动。而配送以送为主,包括部分线路活动。

2. 运输与配送的区别

配送是相对于长距离的干线运输而言的,从狭义上讲,货物运输分为干线部分的运输和支线部分的配送。与长距离运输相比,配送承担的支线的、末端的运输,是面对客户的一种短距离的送达服务。从工厂仓库到配送中心之间的批量货物的空间位移称为运输;从配送中心到客户之间的多品种、小批量货物的空间位移称为配送。配送不是单纯的运输或输送,而是运输与其他活动共同构成的组合体。配送所包含的那一部分运输,在整个运送过程中处于末端运输的位置。运输与配送的区别如表 10.1 所示。

表 10.1　运输与配送的区别

内　容	运　输	配　送
运输性质	长距离、干线	短距离、支线、区域内、末端
货物性质	少品种、大批量	多品种、小批量
运输工具	大型货车或火车、轮船、飞机	小型货车、工具车
管理重点	效率优先	服务优先
附属功能	装卸、捆包	装卸、保管、包装、分拣、流通加工、订单处理等

3. 运输与配送的互补关系

运输与配送虽同属于线路活动,但功能上的差异使它们并不能互相替代。物流系统创造物品空间效用的功能是要使生产企业制造出来的产品到达消费者手中进入消费,否则,产品生产的目的就无法实现。从运输与配送的区别可以看出,仅有配货或仅有运输是不可能达到上述要求的,因为根据运输的规模和距离得知,大批量、远距离的运输才是合理的,但它不能满足分散消费的需求;配送虽具有小批量、多批次的特点,但不适合远距离运输。因此,两者必须互相配合,取长补短,方能实现理想的目标。一般来说,在运输和配送同时存在的物流系统中,运输处在配送的前面,先通过运输实现物品长距离的位置移动,然后交由配送来完成短距离的输送。

 小·知识

配送与运输的区别

运输与配送虽同属线路活动,但是二者也有区别,主要表现在以下几点。

一是活动范围与空间不同。运输的活动空间比较大,它可以在不同地区、不同城市,甚至不同国家之间进行,既有短距离运输又有长距离运输;配送通常在同一地区或同一城市间进行,运送的距离比较短。

二是运送对象与功能不同。运输多为运送大批量、远距离的物品,并且途中兼有储存的功能;配送包括拣选、加工、包装、组配、运输等多个环节,通常是小批量、多种类的产品运送,通过物品地理位置的移动,满足不同客户的多种要求。

三是承载主体的责任与主动程度不同。运输仅仅按照客户的要求被动提供服务,只要把货物保质、保量、按时送到客户手中即可;配送要为客户提供积极、主动的服务,涉及多个服务环节,是"配"与"送"的有机结合。

四是运输工具与运输方式不同。运输根据运送货物的性状特点、到货时间、到货地点的不同要求,采用多种运输工具,选择不同的运送路线;相对而言,配送在运输工具和运输方式上则受到限制,因为配送的产品一般花色品种比较丰富,且多为小批量、多频率的运送,所以一般采用装载量不大的短途运输工具。

五是对承载主体技术要求不同。在配送过程中,客户对配送中心的作业技术和作业水平往往会提出更高的要求,这就要求配送中心最大限度地利用信息技术、网络技术,通过网络的作用把分销、运输、仓储、包装、运送等环节紧密地连接在一起,实现物流、资金流、信息流的统一。

六是管理重点不同。配送始终以服务优先,而运输则更注重效率,以效率优先。

第二节 配送管理概述

一、配送管理的概念

所谓配送管理,是指为了以最低的配送成本达到客户所满意的服务水平,对配送活动进行的计划、组织、协调与控制。具体来说,配送管理是按照用户的要求,运用合理的拣货策略,编制最佳的配送计划,选择最优化的配送路线,以合理的方式送交客户,实现商品最终配置的经济活动。

根据这个定义,可以从制订配送管理的计划、对配送活动的组织和指挥、对配送活动的监督和检查、对配送活动的调节、对配送活动的评价等几个方面对配送管理进行理解。

二、配送管理的基本形式

1. 按配送商品的种类和数量分类

（1）少品种或单品种、大批量配送

（2）多品种、少批量、多批次配送

（3）设备成套、配套配送

2. 按配送时间和数量分类

（1）定量配送

定量配送是指每次按固定的数量（包括商品的品种）在指定的时间范围内进行配送。

（2）定时配送

定时配送是指按规定的间隔时间进行配送。定时配送有两种具体形式：当日配送、准时方式。

（3）定时定量配送

定时定量配送是指按规定时间和规定的商品品种及数量进行配送。

（4）定时定量定点配送

定时定量定点配送是指按照确定的周期、确定的商品品种和数量、确定的客户进行配送。

（5）定时定线配送

定时定线配送是指在规定的运行路线上制定到达时间表，按运行时间表进行配送，客户可按规定路线及规定时间接货。

（6）即时配送

即时配送是指即随要随送，按照客户提出的时间和商品品种、数量的要求，随时进行配送。

3. 按配送组织者分类

（1）商店配送

商店配送是指配送组织者是商业零售网点的配送。商店配送有两种形式：兼营配送形式、专营配送形式。

（2）配送中心配送

配送中心配送是指配送组织者是专职从事配送的配送中心的配送。

（3）仓库配送

仓库配送是指以一般仓库为节点进行配送。

（4）生产企业配送

这种配送的组织者是生产企业，尤其是进行多品种生产的生产企业。这种配送直接由本企业开始进行配送而无须将产品发运到配送中心再进行配送。

4. 按经营形式分类

（1）销售配送

销售配送是指配送企业是销售性企业，或销售企业进行的促销型配送。

（2）供应配送

供应配送是指企业为了自己的供应需要所采取的配送形式,往往由企业或企业集团组建配送节点,集中组织大批量进货,然后向本企业配送或向本企业集团若干企业配送。

（3）销售–供应一体化配送

销售–供应一体化配送中,销售企业对于基本固定的客户和基本确定的配送产品在自己销售的同时承担对客户执行有计划供应的职能,它既是销售者又是客户的供应代理人。

（4）代存代供配送

代存代供配送是指客户将属于自己的货物委托配送企业代存、代供,有时还委托代订,然后组织对其的配送。

5. 按配送专业化程度分类

（1）综合配送

综合配送是指配送商品种类较多,不同专业领域的产品在一个配送节点中组织对客户的配送。

（2）专业配送

专业配送是指按产品性状不同适当划分专业领域的配送方式。

（3）共同配送

共同配送是指由多个企业联合组织实施的配送活动。共同配送可以分为以货主为主体的共同配送和以物流业者为主体的共同配送两种。以货主为主体的共同配送又包括与客户的共同配送、不同行业货主的共同配送、集团系统内部的共同配送和同行业货主的共同配送。

三、配送管理的内容

从不同的角度理解,配送管理包含的内容不同。具体来说,可以从以下 5 个角度进行分析。

1. 配送模式管理

配送模式是指企业对配送所采取的基本战略和方法。企业选择何种配送模式,主要取决于配送对企业的重要性,企业的配送能力、市场规模与地理位置、保证的服务及配送成本等几个方面的因素。根据国内外的发展经验及我国的配送理论与实践,目前主要形成了自营配送、共同配送和第三方配送这 3 种配送模式。

2. 配送业务管理

在配送过程中,配送的对象、品种、数量等较为复杂。为了做到有条不紊地组织配送活动,管理者需要遵照一定的工作程序对配送业务进行安排与管理。一般情况下,配送组织工作的基本程序和内容主要有以下两个方面。

（1）配送路线的选择

有效的配送路线实际上就是在保证商品准时到达客户指定点的前提下尽可能地减少运输的车次和运输的总路程。

（2）拟订配送计划

配送需求计划（Distribution Requirements Planning,DRP）是制造需求计划（Manufacturing

Requirements Planning,MRP)的编制原理和方法在流通领域中的应用。

3. 配送作业管理

不同产品的配送可能有各自的独特之处,但配送的一般流程如图10.3所示。

图10.3　配送的一般流程

配送作业管理就是对配送流程中的各项活动进行计划和组织。

4. 对配送系统各要素的管理

从系统的角度看,对配送系统各要素的管理主要包括人员管理、物资管理、财务管理、技术管理和信息管理等内容。

5. 对配送活动中具体职能的管理

从职能上看,配送活动主要包括配送计划管理、配送质量管理、配送技术管理、配送经济管理等。

本章小结

配送是商流和物流紧密结合的产物,它具有特殊的地位,几乎包含所有的物流功能要素,是物流的一个缩影或在小范围内的物流活动的综合体现。配送管理是按照用户的要求,运用合理的拣货策略,编制最佳的配送计划,选择最优化的配送路线,以合理的方式送交客户,实现商品最终配置的经济活动。本章分别从配送、配送管理的概念、类型和内容等几个主要方面进行阐述和介绍。

知识结构图

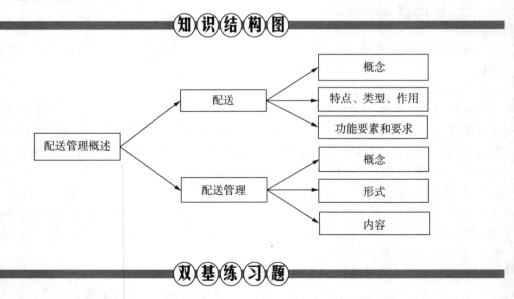

双基练习题

1.（　　）即按照客户的订货要求,在配送中心或其他物流节点进行货物配备,并以最合理的方式送交客户。

　　A. 物流　　　　　　B. 配送　　　　　　C. 仓储　　　　　　D. 物流管理

2. （多选）以下哪些属于配送的特点？（　　　）。
　　A. 强调客户的需求　　　　　　　　　　B. "配"和"送"有机结合
　　C. 强调时效性　　　　　　　　　　　　D. 以经济、合理为原则

3. 以下哪个选项不是配送的功能要素？（　　　）。
　　A. 分拣及配货　　　　B. 配送运输　　　　C. 销售　　　　D. 储存

4. 配送的一般流程不包括下面哪个选项？（　　　）。
　　A. 分拣　　　　　　　B. 分发　　　　　　C. 分销　　　　D. 配货

5. 配送管理,是指为了以（　　　）的配送成本达到客户所满意的服务水平,对配送活动所进行的计划、组织、协调与控制。
　　A. 最高　　　　　　　B. 最合理　　　　　C. 最低　　　　D. 最科学

6. 配送需求计划的英文简写是（　　　）。
　　A. ERP　　　　　　　B. GRP　　　　　　C. DRP　　　　D. DNP

7. 按配送专业化程度分类,下面哪一类不属于配送管理？（　　　）。
　　A. 综合配送　　　　　B. 汽车配送　　　　C. 共同配送　　　　D. 专业配送

8. 运输与配送是（　　　）关系。
　　A. 对应　　　　　　　B. 替代　　　　　　C. 互补　　　　D. 没有

9. （多选）配送按照配送主体不同可分为（　　　）。
　　A. 生产企业配送　　　　　　　　　　　B. 分销商配送
　　C. 连锁店集中配送　　　　　　　　　　D. 农业配送

10. （多选）下面哪些配送类型属于商店配送形式？（　　　）。
　　A. 兼营配送　　　　　　　　　　　　　B. 自动化配送
　　C. 专营配送　　　　　　　　　　　　　D. 航空配送

在线测试

簡 答 题

1. 简要概述配送的概念及特点。
2. 简要概述配送管理的基本形式和内容。
3. 简要概述配送的几种类型和主要作用。

案例分析

　　海福发展（深圳）有限公司坐落在深圳福田保税区,是一家为高科技电子产品生产企业提供物流配送服务的第三方物流企业。该公司承接了IBM公司在我国境内生产厂的电子料件的配送业务,它将IBM分布在全球各地共140余家供应商的料件通过海、陆、空物流网络有机地联系在一起。料件集装箱运达香港机场或码头后,由公司配送中心进行报关、接运、质检、分拆、选货、配套、集成、结算、制单、信息传递、运输、装卸等作业,将上千种电子料件在24小时内安全、准确地完成从香港—保税区—IBM工厂生产线的物流过程,保证IBM生产厂在料件零库存状态下生产。另外,还要把不合格的料件在规定时间内,准确无误地退还给IBM的各地供应商,与此同时,还要完成IBM、海福、供应商三者之间的费用结算。

思考：

1. 海福发展有限公司的配送体系属于哪一种配送模式？
2. 该种配送模式有何特点？
3. 配送在物流管理中有何作用？

第十一章

配送中心概述

学习重点

1. 了解配送中心的基本概念;
2. 掌握配送中心的分类、地位、功能和作用;
3. 理解配送中心的作业流程。

知识重点

1. 掌握配送的功能和作用;
2. 理解配送中心的作业流程。

案例
导入

2005年初,上海新华传媒股份有限公司(简称新华传媒)决定建设新的图书物流配送中心,以满足不断增长的业务需求。经过一番深入细致的调研,最终选择了北京伍强科技有限公司为该项目的系统集成商。新华传媒物流中心自2006年8月正式开始动工,到2007年10月22日建成并成功上线运行,仅用了14个月,成为国内建设周期最短的图书配送中心项目。该中心建筑面积30 000平方米,可以达到年配送40亿码洋的目标。物流系统采用高度信息化和适度自动化相结合的方式:一方面,集成化的图书供应链一体化管理系统和物流管理系统有机结合,实现了商流、物流、资金流的高度集成;另一方面,现代化的拣选、输送和分拣系统,使物流中心的各个作业环节和作业过程井然有序,高效流畅。

新华传媒物流中心位于上海市闸北区沪太路和汶水路交会处,紧邻中环线,地理位置十分优越。该项目总占地面积25 333平方米(38亩),建筑面积36 000平方米,其中物流中心30 000平方米;总投资1.3亿元,其中物流系统及设备投资4 000万元。系统设计能力年配送40亿码洋,其中,一般图书26亿码洋,一般图书退货4亿码洋,教材4亿码洋,音像制品3亿码洋,文教用品3亿码洋。

物流系统共由5个子系统构成,分别是:教材处理系统;一般图书处理系统;一般图书销退处理系统;音像处理系统;文教用品处理系统。

新华传媒物流中心通过广泛应用电子标签和无线射频技术,结合自动分拣与自动输送系统,实现了无纸化与部分自动化作业,大大提高了作业效率与准确率。同时,物流中心特别强调了信息化建设,采用了世界著名的仓储管理系统INFOR SSA 4000实现统一的库存管理,该系统与企业ERP系统共同构成了新华传媒的信息系统。值得一提的是,在物流中心信息系统建设的同时,新华传媒还进行了商流系统的建设。尽管难度很大,但实际运行结果表明,新华传媒信息化建设获得了巨大成功。位于物流中心的主机房主要由 4 台高端小型机服务器和大容量磁盘柜组成双机热备份系统,负责商流和物流业务,目前这在国内还是不多见的。

由于采用了多项先进的信息技术与物流技术,因此集成一体化成为该中心物流系统的突出特点,其中包括:物流、信息流、资金流一体化,图书、教材、音像、文教用品、退货一体化,图书到货、翻理、编目、入库一体化,图书添配、直配拣选和打包复核一体化,以及图书入库、直配、拣选、称重、分拣自动化。

第一节　配送中心的概念与分类

一、配送中心的概念

目前,"配送中心"一词不断出现在各个领域,有些领域已经用标准化方式为"配送中心"赋予了明确的定义,但多数领域还是根据各自的理解使用"配送中心"一词。因此,理解配送中心的定义并掌握其功能,对于配送中心的规划建设,以及配送业务的开展具有重要意义。配送中心主要是为了实现物流中的配送作业而设立的一个专门从事配送作业操作的场所。配送活动是在物流发展的客观过程中产生并不断发展的,这一活动过程伴随着物流活动的深入和物流服务社会化程度的提高,在实践中不断演绎和完善其经济功能。配送中心具有集货、分货、送货等基本职能,配送中心是物流中心的一种主要形式,是在实践中产生并发展的。其功能基本涵盖了所有物流的功能要素。它是以组织配送进行销售或供应,实行实物配送为主要职能的流通型物流节点。在配送中心,为了能做好送货的编组准备,需要进行零星售货、批量进货等种种资源搜集和备货等工作,因此配送中心也有销售中心、分货中心的职能。为了更有效、更高水平的送货,配送中心还有较强的流通加工能力。此外,配送中心还必须执行备好货后送达客户的工作,这是与分货中心只管分货的重要区别。由此可见,配送中心的功能是比较全面和完整的,或者说配送中心是销售中心、分货中心、加工中心功能的总和,兼有"配"与"送"的功能。它的发展有助于解决用户需求的多样化与企业生产批量化之间的矛盾,因此逐渐成为现代化物流的标志。

日本《物流手册》将配送中心定义为:"从供应者手中接收多种大量的货物进行倒装、分类、保管、流通加工和信息处理等作业,然后按照众多需求者的要求备齐货物,以令人满意的服务水平进行配送的设施。"

《中华人民共和国国家标准物流术语》中规定,配送中心即从事配送业务的物流场所和组织,应符合以下条件:一是主要为特定的用户服务;二是配送功能健全;三是完善的信息网络;四是辐射范围小;五是多品种,小批量;六是以配送为主,储存为辅。

二、配送中心的分类

配送中心按其分类标准不同,有不同的划分方法。一般按配送对象、经济功能、辐射半径等进行划分,如图 11.1 所示。

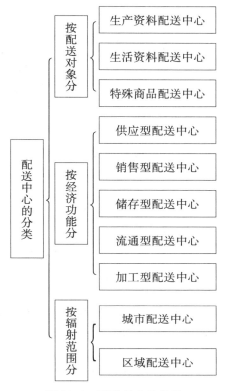

图 11.1　配送中心的分类

1. 按配送中心的配送对象分类

配送中心按配送对象可分为生产资料、生活资料、特殊商品配送中心。

（1）生产资料配送中心

这种配送中心主要负责向生产企业配送能源、原材料、零部件等物品，是专门为生产企业组织供应的配送中心。该种类型的配送中心多设在交通比较便利的地区，如重要的交通枢纽或铁路沿线，或者距离原材料产地或生产企业较近的地区。例如，我国的煤炭配送就属于上述类型。

（2）生活资料配送中心

这种配送中心所采用的配送模式属于配销模式，即其配送功能是作为促进产品销售的主要手段而存在的。例如，生产企业为本身产品的直接销售而建立的配送中心，商业批发企业为促进商品的分销而建立的配送中心，其目的都是扩大市场的销售能力。

（3）特殊商品销售中心

这种配送中心的主要功能是配送特殊商品，如易燃、易爆、有毒、生鲜易腐、贵重物品等。这种配送中心在设施与设备的设计上，为了保护特殊商品通常采用较特殊的设计，因此其初期建设费用较高。在商品的储存及进出库作业上，也要采用特殊商品所要求的作业方法，因此其配送成本较高。另外，对于从事剧毒、易燃易爆等危险品配送服务的配送中心在选址时，应该将其选在远离人群的地区。

2. 按配送中心的经济功能分类

配送中心按经济功能可分为供应型、销售型、储存型、流通型、加工型配送中心等。

(1) 供应型配送中心

供应型配送中心是以向客户供应商品、提供后勤保障为主要特点的配送中心。这种配送中心大多是为大型生产企业或大型连锁制零售企业供应原材料、零配件或其他商品，并与这些生产企业或零售企业建立紧密稳定的合作关系。由于供应性的配送中心需要向多个用户供应商品，为保证生产和经营的正常运行，这类配送中心一般都建有大型现代化仓库并储备一定数量的商品，占地面积一般也较大。

(2) 销售型配送中心

这种配送中心多是商品生产者或销售者为促进商品销售、降低物流成本而以高效甚至免费的物流配送服务吸引客户，因此采用各种物流技术，装备各种物流设施，运用现代配送理念来组织配送活动而形成的。

这种配送中心是典型的配销经营模式，是今后的发展方向。在实践中销售型配送中心具体分为3类：生产企业为了直接销售自己的产品及扩大自己的市场份额而设立的销售型配送中心；专门从事商品销售活动的流通企业为了扩大销售而自己或合作建立的销售型配送中心；流通企业和生产企业联合建立的销售型配送中心。

(3) 储存型配送中心

储存型配送中心是充分强化商品的储备和储存功能，在充分发挥储存作用的基础上开展配送活动的配送中心。在买方市场下，生产企业的配送中心通常需要有较强的储存功能，以支持企业的产成品销售的供应；在卖方市场下，企业的原材料和零部件供应需要有较大的库存支持。配送服务范围较大的区域性配送中心，为了保证库存物资的及时供应也需要具备较强的储存功能。这种配送中心通常需要有较大规模的仓库和储存场地，在资源紧缺条件下，能形成储备丰富的资源优势。我国目前建设的配送中心，多为储存型配送中心，库存量较大。

(4) 流通型配送中心

流通型配送中心包括通过型或转运型配送中心。这种配送中心基本上没有长期储存的功能，仅以暂存或随进随出方式进行配货、送货，通常用来向客户提供库存补充。其典型方式为：大量货物整批进入，按一定批量零出，一般采用大型分货机，其进货直接进入分货机传送带，分送到各用户货位或直接分送到配送车辆上，货物在配送中心仅作短暂停滞。因此，流通型配送中心应充分考虑市场因素，在地理上接近主要的客户地点；从制造企业到物流中心货物集中运输的距离最长，而向客户的第二段零货运输则相对较短，从而方便以低成本的方法迅速补充库存；其规模大小取决于被要求的送货速度、平均订货的多少及单位用地成本。例如，阪神配送中心只有暂存库，大量储存则依靠一个大型补给仓库。

(5) 加工型配送中心

加工型配送中心是一种根据用户需要对配送物品进行加工，而后实施配送的配送中心。这种配送中心行使加工职能，其加工活动主要有分装、改包装、集中下料、套裁、初级加工、组装、剪切、表层处理等。麦当劳、肯德基的配送中心就是提供加工服务后向其连锁店配送的典型。在工业、建筑、水泥制品等领域的配送中心同样属于这种类型。例如，石家庄水泥配送中心既提供成品混凝土，又提供各种类型的水泥预制件，直接配送至用户。

加工型配送中心定位于制造，通常临近生产工厂。作为装配加工与集中运输生产材料的基地，这种配送中心存在的基本原因是支持制造厂，可以集中运输的费率将产品混合运往客户，促进大宗货品交易。加工型配送中心的实例，目前不多见。上海市的配煤配送点、上海6家船厂联建的船板处理配送中心、原物资部北京剪板厂都属于这一类型的配送中心。

3. 按配送中心的辐射范围分类

配送中心按其所辐射的范围可分为城市配送中心和区域配送中心。

（1）城市配送中心

城市配送中心是只向城市范围内众多用户提供配送服务的物流组织。城市范围内货物的配送距离较短，运输距离一般都处在汽车的经济里程内，因此城市配送中心一般采用汽车送货，可以充分发挥汽车机动性强、供应快、门到门运输等特点。这种配送中心往往和零售经营相结合，由于运送距离短、反应能力强，因而从事多品种、少批量、多用户的配送较有优势，也可以开展门到门的送货业务。其服务对象多为城市范围内的零售商、连锁店或生产企业，所以一般辐射能力不是很强，在实践中多与区域配送中心相连。目前我国一些城市所建立或正在建立的配送中心绝大多数属于城市配送中心。

（2）区域配送中心

这是一种辐射能力强，活动范围大，可以跨省市、在全国乃至在国际范围内给用户提供配送服务的配送中心，其经营规模较大，配送批量也较大，其服务对象往往是下一级的城市配送中心、零售商或生产企业用户。虽然它也进行零星配送，但不是主体形式。这种配送中心的形式在国外已经非常普遍，一般大型连锁集团建设区域配送中心，负责某一区域范围内部分商品的集中采购，再配送给下一级配送中心。例如，美国沃尔玛的配送中心建筑面积12万平方米，投资7 000万美元，每天可为分布在6个州的100多家连锁店配货，经营的商品有4万多种。

 小·知识

物流园区、物流中心和配送中心的区别

物流园区（logistics park）是指在物流作业集中的地区，在几种运输方式衔接地，将多种物流设施和不同类型的物流企业在空间上集中布局的场所，也是一个有一定规模的具有多种服务功能的物流企业的集结点。在国内，第一个物流园区是深圳平湖物流基地，始建于1998年12月1日，第一次提出物流基地这个概念，叫作"建设物流事业基础的一个特定区域"。它的特征有3个：一是综合集约性；二是独立专业性；三是公共公益性。物流基地即从事专业物流产业、具有公共公益特性的相对集中的独立区域。

根据国家标准《物流术语》，物流中心的定义为："从事物流活动的场所或组织，应基本符合以下要求：主要面向社会服务；物流功能健全；完善的信息网络；辐射范围大；少品种、大批量；储存吞吐能力强；物流业务统一经营管理。"

配送中心是指接受并处理末端用户的订货信息，对上游运来的多品种货物进行分拣，根据用户订货要求进行拣选、加工、组配等作业，并进行送货的设施和机构。

物流园区、物流中心、配送中心是3种不同规模层次的物流节点。其主要区别体现在3个方面。首先，从规模来看，物流园区是巨型物流设施，其规模最大，物流中心次之，配送中心最小。其次，从流通货物来看，物流园区的综合性较强，专业性较弱；物流中心在某个领域综合性、专业性较强，具有这个领域的专业性；配送中心则主要面向城市生活或某一类型生产企业，其专业性很强。第三，从节点功能来看，物流园区的功能十分全面，储存能力强，调

节功能强;物流中心的功能健全,具有一定的储存能力和调节功能;配送中心的功能较为单一,以配送功能为主,储存功能为辅。

第二节 配送中心的地位、功能和作用

一、配送中心的地位

配送中心通过有效地组织配货和送货,使资源的最终配置得以完成。其在流通领域中的地位十分重要,在现代物流活动中的作用不容忽视。在商品流通领域,配送中心的衔接地位和指导地位是非常重要的。

1. 配送中心的衔接地位

在经济生活中,生产企业和零售企业存在许多差异,如表 11.1 所示。

表 11.1　生产企业和零售企业的差异

差　异	生产企业	零售企业
产品品种	品种单一或较少	品种丰富
产品批量	单一品种的批量较大	单一品种的批量较小
网点分布	生产基地集中,远离市区	销售网点分散,多设于人口密集区
经营特点	根据原料特点,季节性或连续生产	根据消费者需求,季节性或连续销售

由表 11.1 可知,生产企业的产品供给与零售企业的产品需要存在矛盾,而配送中心利用其专门的设施设备,以及集物流、商流、信息流为一体的完善功能,通过开展货物配送活动把各种农产品和工业品直接运送到客户手中,客观上衔接了生产和消费。

同时,配送中心还可以进行大量的采购、大量的配送、合理储存和合理运输,使供需企业的销货成本和购货成本大幅度降低。另外,通过集货和储存业务,配送中心有效地解决了季节性产品的产需衔接问题。

2. 配送中心的指导地位

配送中心在物流系统中直接面对客户,不仅需要直接为客户提供服务,还需要根据客户的需求,指导物流全过程。

现代流通领域中的企业一般按需生产和销售,以满足消费者的需要为企业宗旨。但由于社会分工的不同,供应商、生产商和零售商经营的侧重点不尽相同,如表 11.2 所示。

表 11.2　供应商、生产商和零售商的经营侧重点

商家类别	经营侧重点	薄弱点
供应商	原材料供应	不了解下游最终消费者的市场情况
生产商	提供质量上乘、批量较大的商品	不了解最终商品的适销对路情况
零售商	满足最终消费者的市场需求	不了解原料与生产情况

由表 11.2 可知,供应商、生产商和零售商都没有能力承担指导生产的责任,而配送中心可利用其规模优势及衔接供需的特殊地位,为上游企业提供相关市场信息,帮助其及时掌握

市场需求的最新动态,指导其及时调整市场策略,做到按需供应、按需生产、按需经营。

二、配送中心的功能

配送中心是专业从事货物配送活动的物流场所或经济组织,是集加工、理货、送货等多种职能于一体的物流节点。也可以说,配送中心是集货中心、分货中心、加工中心功能的总和。因此,配送中心具有以下功能。

1. 储存功能

配送中心的服务对象是生产企业和商业网点,如连锁店和超市,其主要职能就是按照客户的要求及时将各种配好的货物交送到客户手中,满足生产需要和消费需要。

为了顺利有序地完成向客户配送商品(或货物)的任务,更好地发挥保障生产和消费需要的作用,通常,配送中心都建有现代化的仓储设施,如仓库、堆场等,储存一定量的商品,形成对配送的资源保证。某些区域性大型配送中心和开展代理交货配送业务的配送中心,不但要在配送业务的过程中储存货物,而且它所储存的货物数量更大、品种更多。

2. 分拣功能

作为物流节点的配送中心,其客户是为数众多的企业或零售商,在这些众多的客户中,彼此之间存在着很大差别,它们不仅各自经营性质、产品性质不同,而且经营规模和经营管理水平也不一样。面对这样一个复杂的客户群,为满足不同客户的不同需求,有效地组织配送活动,配送中心必须采取适当的方式对组织来的货物进行分拣,然后按配送计划组织配送和分装。强大的分拣能力是配送中心实现按客户要求组织送货的基础,也是配送中心发挥其分拣中心作用的保证。分拣功能是配送中心的重要功能之一。

3. 集散功能

在一个大的物流系统中,配送中心凭借其特殊的地位和拥有的各种先进设备构成完善的物流管理系统,从而能够将分散于各个生产企业的产品集中在一起,通过分拣、配货、装配等环节向多家客户进行发送。同时,配送中心也可以把各个客户所需要的多种货物有效地组合或装配在一起,形成经济、合理的批量,来实现高效率、低成本的商品流通。另外,配送中心在建设选址时也充分考虑了其集散功能,一般选择商品流通发达、交通较为便利的中心城市或地区,以便充分发挥配送中心作为货物或商品集散地的功能。

4. 衔接功能

通过开展货物配送活动,配送中心能把各种生产资料和生活资料直接送到客户手中,可以起到连接生产的作用。这是配送中心衔接供需两个市场的一种表现。另外,通过发货和储存,配送中心又起到了调节市场需求、平衡供求关系的作用。现代化的配送中心如同一个"蓄水池",不断地进货、送货及快速的周转有效解决了产销不平衡,缓解了供需矛盾,在产、销之间建立了一个缓冲平台。这是配送中心衔接供需两个市场的另一种表现。可以说,现代化的配送中心通过储存和发散货物功能的发挥,体现出了其衔接生产与消费、供应与需求的功能,使供需双方实现无缝连接。

5. 流通加工功能

配送加工虽不是普遍的,但却往往是有着重要作用的功能要素。这主要是因为通过配送加工可以大大提高客户的满意度。国内外许多配送中心都很重视提升自己的配送加工能力,通过按客户的要求开展配送加工可以提高配送的效率和客户满意度。配送加工有别于一般的流通加工,它一般取决于客户的要求。销售型配送中心有时也根据市场需求来进行简单的配送加工。

6. 信息处理功能

配送中心连接着物流干线和配送,直接面对产品的供需双方,因而不仅是实物的连接,更重要的是信息的传递和处理,包括在配送中心的信息生成和交换。

三、配送中心的作用

结合上述对配送中心基本功能的叙述,配送中心相应的作用可以归纳为以下几个方面。

1. 使供货适应市场需求变化

各种商品的市场需求,在不同的时间、季节的需求量都存在大量随机性,而现代化生产中,加工无法完全在工厂、车间来满足和适应这种情况,必须依靠配送中心来调节、适应生产与消费之间的矛盾与变化。

2. 经济高效地组织储运

从工厂企业到销售市场之间需要复杂的储运环节,要依靠多种交通、运输、库存手段才能解决。传统的以产品或部门为单位的储运体系明显存在不经济和低效率的问题。因此,建立区域、城市配送中心,能批量进发货物,能组织成组、成批、成列直达运输和集中储运,有利于降低物流系统成本,提高物流系统效率。

3. 提供优质的保管、包装、加工、配送、信息服务

现代物流活动中物资物理、化学性质的复杂多样化,交通运输的多方式、长距离、长时间、多起终点,地理与气候的多样性,对保管、包装、加工、配送、信息提出了很高的要求,只有集中建立配送中心,才能提供更加专业、更加优质的服务。

4. 促进地区经济的快速增长

配送中心与交通运输设施一样,是经济发展的保障,是吸引投资的环境条件之一,也是拉动经济增长的内部因素。配送中心的建设可从多方面带动经济的健康发展。

5. 是连锁店的经营活动所必需的

它可以帮助连锁店实现配送作业的经济规模,使流通费用降低;减少分店库存,加快商品周转,促进业务的发展和扩散。批发仓库通常需要零售商亲自上门采购,而配送中心解除了分店的后顾之忧,使其专心于店铺销售额和利润的增长,不断开发外部市场,拓展业务。此外,配送中心还加强了连锁店和供方的联系。

第三节 配送中心作业流程

一、配送中心作业流程内容

1. 概念

配送作业是按照客户需求,将货物进行分拣、重新包装、贴标签、配货、配装等物流活动,

按时按量发送到指定地点的过程。配送作业是配送中心运作的核心内容,其作业流程的合理性、作业效率都会直接影响整个物流系统的正常运行。

　　2. 配送作业具体内容

　　配送作业的具体内容包括:订单处理、进货、搬运装卸、储存、加工、拣选、包装、配装、送货、送达服务等项目。它们之间衔接紧密,环环相扣,整个过程既包括实体物流,又包括信息流,同时还包括资金流。

　　3. 配送作业流程

　　配送中心的主要活动是订货、进货、发货、仓储、订单拣货和配送作业。只有确定配送中心的主要活动及其程序之后,才能进行规划设计。有的配送中心还要进行流通加工、贴标签和包装等作业。当有退货作业时,还要进行退货品的分类、保管和退回等作业。配送作业流程如图 11.2 所示。

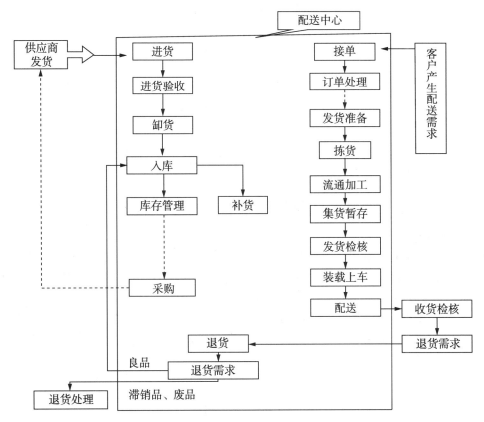

图 11.2　配送作业流程

虚线箭头:表示上一环节到下一环节受到相关因素影响,不是固定流程关系。

二、配送中心业务流程内容

1. 进货

进货就是配送中心根据客户的需要,为配送业务的顺利实施,而从事的组织商品货源和进行商品储存的一系列活动。进货是配送的准备工作或基础工作,是决定配送结果与规模的最基础环节。同时,它也是决定配送效益的关键环节。具体进货作业流程如图 11.3 所示。

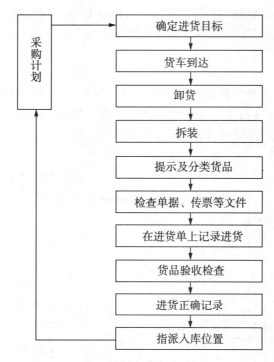

图 11.3 进货作业流程

2. 订单处理

从接到客户订单开始到着手准备拣货之间的作业阶段,称为订单处理。订单处理是与客户直接沟通的作业阶段,对后续的拣选作业、调度和配送产生直接的影响,是其他各项作业的基础。订单是配送中心开展配送业务的依据,配送中心接到客户订单以后需要对订单加以处理,据以安排分拣、补货、配货、送货等作业环节。订单处理有人工处理和计算机处理两种方式。目前主要采用计算机处理方式。订单处理的基本内容及步骤如图 11.4 所示。

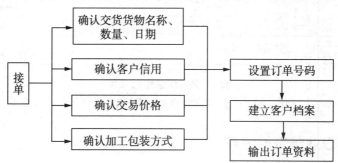

图 11.4 订单处理的基本内容及步骤

3. 拣货

拣货作业是依据顾客的订货要求或配送中心的送货计划,迅速、准确地将商品向从其储位或其他区域拣取出来,并按一定的方式进行分类、集中,等待配装送货的作业过程。拣货过程是配送不同于一般形式的送货及其他物流形式的重要的功能要素,是整个配送中心作业系统的核心工序。拣货作业的种类,按分拣的手段不同,可分为人工分拣、机械分拣和自动分拣三大类。拣货作业流程如图 11.5 所示。

4. 补货

补货是库存管理中的一项重要内容,它根据以往的经验,或者相关的统计技术方法,或者计算机系统确定最优库存水平和最优订购量,并根据所确定的最优库存水平和最优订购量,在库存低于最优库存水平时发出存货再订购指令,以确保存货中的每一种产品都在目标服务水平下达到最优库存水平。补货作业的目的是保证拣货区有货可拣,它是保证货源充足的基础。补货通常是指以托盘为单位,从货物保管区将货品移到拣货区的作业过程。

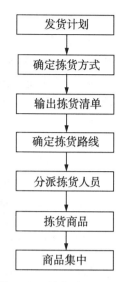

图 11.5 拣货作业流程

5. 配货

配货是指配送中心为了顺利、有序、方便地向客户发送商品,对组织来的各种货物进行整理,并依据订单要求进行组合的过程,具体是指使用各种拣选设备和传输装置,将存放的货物按客户的要求分拣出来,配备齐全,送入指定发货区。配货作业与拣货作业不可分割,二者一起构成了一项完整的作业。通过拣货配货可达到按客户要求进行高水平送货的目的。

6. 送货

配送业务中的送货作业包含将货物装车并实际配送的过程,而完成这些作业则需要事先进行配送区域的划分或配送路线的安排,由配送路线选用的先后次序来决定商品装车顺序,并在商品配送途中进行商品跟踪、控制,制定配送途中意外状况及送货后文件的处理办法。送货通常是一种短距离、小批量、高频率的运输形式。它以服务为目标,以尽可能满足客户需求为宗旨。送货作业流程如图 11.6 所示。

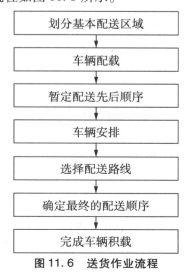

图 11.6 送货作业流程

7. 流通加工

流通加工是配送的前沿，是衔接储存与末端运输的关键环节。流通加工是指物品在从生产领域向消费领域流动的过程中，流通主体（流通当事人）为了完善流通服务功能，促进销售、维护产品质量和提高物流效率而开展的一项活动。流通加工的目的：适应多样化客户的需求；提高商品的附加值；规避风险，推进物流系统化。不同的货物，流通加工的内容是不一样的。

8. 退货

退货或换货在经营物流业中不可避免，但应尽量减少，因为退货或换货的处理只会大幅增加物流成本，减少利润。发生退货或换货的主要原因包括瑕疵品回收、搬运中的损坏、商品送错退回、商品过期退回等。

本章小结

配送中心通过有效地组织配货和送货，使资源的最终配置得以完成，其在流通领域中的地位十分重要，在现代物流活动中的作用不容忽视。在商品流通领域，配送中心的衔接地位和指导地位是非常重要的。本章先介绍配送中心的概念、分类，在此基础上进一步全面、深入地介绍了有关解配送中心的基本知识，以及其在物流体系中的重要地位、功能和作用。

知识结构图

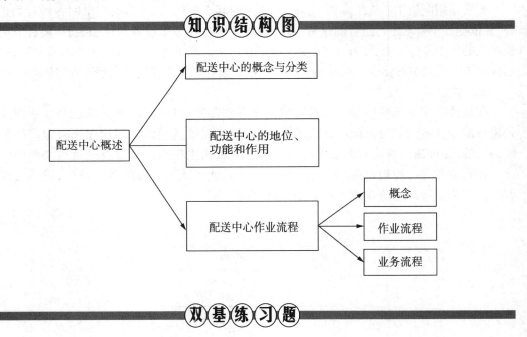

双基练习题

1. 配送中心的业务流程不包括以下哪个方面？（　　）。

    A. 流通加工　　　　B. 订单处理　　　　C. 进货　　　　D. 销售

2. 常见的补货方式有哪些？（　　）。

    A. 整箱补货　　　　B. 托盘补货　　　　C. 货架上层　　　　D. 定时补货

3. （　　）是配送中心依据客户的订单要求或配送计划，迅速、准确地将商品从其储位或其他区位拣取出来，并按一定的方式进行分类、集中的作业过程。

A. 拣货作业　　　　B. 送货作业　　　　C. 发货计划　　　　D. 输出检货方式

4. 流通加工的作用主要有（　　）。

A. 提高原材料利用率　　　　　　　　B. 方便用户

C. 提高加工效率及设备利用率　　　　D. 加工与配送相结合

5. （　　）主要是为了实现物流中的配送作业，而设立的一个专门从事配送作业的场所。

A. 配送中心　　　B. 加工车间　　　C. 生产车间　　　D. 储存仓库

6. 配送中心有不同的分类标准，一般按（　　）等进行划分。

A. 地理位置　　　B. 经济功能　　　C. 配送对象　　　D. 辐射半径

7. 以下配送中心类型中，哪一项与其他选项不属于同一类？（　　）。

A. 供应型　　　B. 销售型　　　C. 流通型　　　D. 生产型

8. 加工配送中心定位于制造，通常临近（　　）。

A. 货运码头　　　B. 原材料产地　　　C. 生产工厂　　　D. 人口集聚地

9. 在商品流通领域，配送中心的（　　）地位和指导地位是非常重要的。

A. 衔接　　　　　　　　　　　　　　B. 平等

C. 依附　　　　　　　　　　　　　　D. 中心

在线测试

10. 配送中心是集货中心、分货中心、（　　）功能的总和。

A. 仓储中心　　　　　　　　　　　　B. 加工中心

C. 分销中心　　　　　　　　　　　　D. 生产中心

简 答 题

1. 简要说明配送中心的基本概念。

2. 简要说明配送中心的地位、功能和作用。

3. 简要说明配送中心作业流程内容。

案例分析

21 世纪初，北京物流公司建造了一座高层货架仓库（自动化立体仓库），作为中间仓库，存放装配汽车的各种零件。该公司所配送的汽车零配件大多数由其协作单位生产，然后运至配送中心自动化立体仓库。该公司是我国第一批发展自动化立体仓库的企业之一。该配送中心仓库的结构分高库和整理室两部分，高库采用固定式高层货架与巷道堆垛机结构，从整理室到高库之间设有辊式输送机。当入库的货物包装规格不符合托盘或标准货箱时，则需要对货物的包装进行重新整理，这项工作在整理室进行。由于当时各种备品的包装没有规格化，因此整理工作的工作量非常大。配送货物的出入库运用计算机控制和人工操作相结合的人机系统。这套设备在当时是相当先进的。该库建在配送中心的东南角，距离分拣中心较远。因此，在仓库与分拣中心之间需要进行二次运输，即将所需的零配件先整单位出库，装车运输到分拣中心，然后才能进行分拣配送。自动化立体仓库建成后，这个先进设施在企业的配送效率中所起的作用并不理想。因此其利用率也逐年下降，最后不得不拆除。

思考：

1. 该自动化立体仓库为什么没有发挥其应有的作用？

2. 从该案例中能得到哪些提高配送效率的启示？

第十二章
配送路线优化方法

学习重点

1. 了解配送运输的概念及方法；
2. 掌握配送路线的优化方法。

知识重点

1. 了解配送运输的方法；
2. 掌握位势法、节约法。

案例
导入

上汽集团是国内领先的汽车制造企业、最大的乘用车制造商和销量最高的汽车生产商。2011年,上汽集团整车销量突破400万辆,同比增长12%,市场占有率更是达到21%,蝉联国内汽车集团首位。上海汽车作为上汽集团的下属自主品牌,目前拥有两大生产基地,分别是上海南汇临港基地和南京浦口基地。其中,上海基地生产车型为荣威A,南京基地生产的车型为荣威B。上海工厂生产出来的汽车储存在临港库,库容为12 000台。南京工厂生产出来的汽车储存在南京库,库容为6 000台。

作为上汽集团全资子公司,安吉物流承担着上海汽车两大基地商品车的运输业务,负责为客户提供点对点的运输服务。公司根据订单的具体要求,选择合适的运输方式和路线,从上海或南京的仓库发货。安吉物流针对不同运输路线,采取了不同的运输方式。例如,对于广州、天津等沿海地区的整车运输,安吉物流倾向于采用海运;对于武汉、重庆等沿江地区的整车运输,安吉物流倾向于采用河运;对于其他城市,安吉物流倾向于采用公路运输。在一些特殊情况下,如加急订单等,则要把水路运输调整为公路运输。

水路运输的特点是运量大,成本低,非常适合于大宗商品车的运输,并且通航能力几乎不受限制。但是采用水路运输,不可避免地会涉及短驳问题。当船舶到达码头后,需要短驳车将这些商品车运往目的地。对于沿海沿江的运输,船舶到达码头后,商品车可免费停泊两天,这样码头也就相当于整车运输的临时仓库。此外,对于水路运输,船舶的起航日期是有限制的,一般仅每周二和每周六各开航一次。并且对于仓位也有严格的限制,沿海船舶每仓300辆车,沿江船舶每仓200辆车。如果当天商品车数量不能满载,则需要等到下一班次发运。

与水路运输相比,公路运输的特点是快速、机动、灵活,即车辆可随时调度、装运,各环节之间的衔接时间较短,可实现门对门的服务,因此,安吉物流的整车运输方案中普遍采用公路运输。但是公路运输也有缺点,如运量少、成本高等,这与水路运输刚好相反。考虑到这一点,安吉物流在其运输方案中,也经常采用公路运输与水路运输相结合的方式。到达码头的整车,既可以采用短驳车运输到达目的地,也可以采用长途运输方式到达目的地。

　　成本控制是关系企业长远发展的战略性问题,是企业长期关注的问题,安吉物流也不例外。当客户下达订单后,安吉物流首先考虑的就是运输成本问题。对于订单的目的地,选择哪种运输方式、哪种路线,都会直接影响物流运输的经济成本和时间成本。选择公路运输,时间相对较短,但是经济成本略高;选择水路运输,经济成本相对较低,但是时间成本较高。因此,安吉物流在选择运输路线方式时都会充分考虑目的地的地理环境、客户的要求和自身运力等具体情况。

第一节　配送运输的概念和方法

一、配送运输的概念

　　配送运输通常是一种短距离、小批量、高频率的运输形式,它以尽可能满足客户要求为目标。如果单从运输的角度看,它是对干线运输的一种补充和完善,属于末端运输、支线运输,主要由汽车运输进行,具有城市轨道货运条件的可以采用轨道运输,对于跨城市的地区配送可以采用铁路运输进行,或者在河道水域通过船舶进行。在配送运输过程中,货物可能是从工厂等生产地仓库直接送至客户,也可能通过批发商、经销商或由配送中心、物流中心转送至客户。

　　影响配送运输效果的因素很多:动态因素,如车流量变化、道路施工、配送客户的变动、可供调动的车辆变动等;静态因素,如配送客户的分布区域、道路交通网络、车辆运行限制等。各种因素互相影响,很容易造成送货不及时、配送路径选择不当、贻误交货时间等问题。因此,对配送运输的有效管理极为重要,否则影响配送效率,导致配送成本上升。

二、配送运输的方法

　　影响配送运输的因素较多,为了既有利于客户的便捷性、经济性,又有利于货物的安全性,应尽量避免不合理运输。配送运输方法主要有汽车整车运输、多点分运及快运。

(一)汽车整车运输

　　汽车整车运输是指同一收货人一次性需要到达同一站点,且适合配送装运3吨以上的货物运输,或者货物质量在3吨以下,但其性质、体积、形状需要一辆3吨以上车辆一次或一批运输到目的地的运输。

　　1. 特点

　　汽车整车运输一般中间环节较少,送达速度快,运输成本较低。通常以整车为基本单位订立运输合同,以便充分体现整车配送运输的可靠、快速、方便、经济等特性。

2. 基本程序

按客户需求订单备货→验货→配车→配装→装车→发车→运送→卸车交付→运杂费结算→货运事故处理。

3. 作业过程

汽车整车运输作业过程是一个多工种的联合作业系统,是社会物流中必不可少的重要过程。这一过程是货物运输的劳动者选择合理的运输路线,借助于运输车辆、装卸设备、站场等设施,通过各个作业环节,将货物从配送地点运送到客户地点的全过程。它由4个相互关联又相互区别的环节构成,即运输准备过程、基本运输过程、辅助运输过程和运输服务过程。

(二)多点分运

多点分运在保证满足客户要求的前提下,集多个客户的配送货物进行搭配装载,以充分利用运能、运力,降低配送成本,提高配送效率。

1. 往复式行驶路线

往复式行驶路线一般是指由一个供应点对一个客户专门送货所形成的行驶路线。从物流优化的角度看,其基本条件是客户的需求量接近或大于可用车辆的核定载质量,需专门派一辆或多辆车一次或多次送货。可以说往复式行驶路线是配送车辆在两个物流节点间往复行驶的路线类型。根据运载情况,具体可分为3种形式:单程有载往复式路线;回程部分有载往复式路线;双程有载往复式路线。

2. 环形行驶路线

环行行驶路线是指配送车辆在由若干物流节点间组成的封闭回路上,所做的连续单向运行的行驶路线。车辆在环形行驶路线上行驶一周时,至少应完成两个运次的货物运送任务。由于不同运送任务,其装卸作业点的位置分布不同,环形行驶路线可分为4种形式,即简单环形式、交叉环形式、三角环形式和复合环形式。

3. 汇集式行驶路线

汇集式行驶路线是指配送车辆沿分布于运行路线上各物流节点间,依次完成相应的装卸任务,而且每一运次的货物装卸量均小于该车核定载质量,沿路装或卸,直到整辆车装满或卸空,然后再返回出发点的行驶路线。汇集式行驶路线可分为直线形和环形两类,其中汇集式直线形路线实质是往复式行驶路线的变形。这两种类型的路线分别可分为分送式、聚集式、分送 – 聚集式。

4. 星形行驶路线

星形行驶路线是指车辆以一个物流节点为中心,向其周围多个方向上的一个或多个节点行驶而形成的辐射状行驶路线。

(三)快运

根据《道路货物运输管理办法》的有关规定,快货应做到从接受委托的当天15时起算,300千米运距内,24小时内送达;1 000千米运距内,48小时内送达;2 000千米运距内,72小时内送达。

1. 快运的特点

① 送达速度快。

② 配装手续简捷。

③ 实行承诺制服务。

④ 可随时进行信息查询。

2. 快运业务操作流程

通过电话、传真、电子邮件接受客户的委托→快速通道备货→分拣→包装→发货→装车→快速运送→货到分发→送货上门→信息查询→费用结算。

3. 快运的基本形式

① 定点运输。

② 定时运输。

③ 特快运输。

④ 联合快运。

 小·知识

技术领先的物流运输管理系统——中国路线

科迈公司在中国致力为各行业提供高端的物流管理、生产优化、运筹调度、智能决策系统及解决方案。公司的核心人员和顾问团队有着多年在物流领域、生产领域内的工作经验,公司服务的客户早已遍及海内外。公司采用尖端的人工智能技术,结合地理信息系统(GIS)、卫星定位追踪(GPS)、无线数据分组传输(GPRS),并自主创造新的系统架构和算法,开发由云计算支持、Web 三层结构下的物流指挥系统,包括路线规划、货物监控跟踪、多模式运输方案设计、多场景仓库选址等。

公司开发的核心技术,旨在为企业提供符合企业行业特征和运作模式的综合解决方案及顾问服务,而不只是单纯的销售产品或系统。10 年来为中国企业的服务经验,使公司明白客户需要什么,怎样的系统能在企业中得以顺利实施并获得良好的收益。

从公司成立之日起,就为之种下不断创新的种子,为此公司总有一股驱动向前的力量,生生不息;从有第一个用户开始,公司就建立以用户需求为导向、以一流服务为宗旨的经营理念,因此公司和用户结下友谊,并肩前行。科迈公司在中国使用的物流运输管理系统名称为中国路线。

中国路线(http://www.cnroute.com)的特色如下:

- 支持多种物流配送的业务规划模式;
- 支持配送途中,同时进行送货与取货;
- 支持由远到近的配送顺序规划需求;
- 支持多种限制条件与配送条件;
- 支持多日的预定配送计划建立;
- 直觉式的操作界面;
- 超高速的全自动运算核心引擎;
- 智能型的城市道路网络分析技术;
- 支持 Google Map 与 Earth 的可视化配送排程计划;

● B/S 结构,Web 操作,让多名调度人员可同时建立不同的配送计划。

第二节 配送路线的优化方法

一、路线优化设计的意义

配送运输由于配送方法的不同,其运输过程也不尽相同。影响配送运输的因素很多,如车流量的变化、道路状况、客户的分布状况和配送中心的选址、道路交通网、车辆定额载质量及车辆运行限制等。配送路线设计就是整合影响配送运输的各种因素,科学利用现有的运输工具和道路状况,及时、安全、方便、经济地将客户所需的商品准确地送达客户手中。在配送运输路线设计中,需根据不同客户群的特点和要求,选择不同的路线设计方法,最终达到节省时间、缩短运距和降低配送运输成本的目的。

二、直送式配送运输

直送式配送运输,是指由一个供应点对一个客户专门送货。从物流优化的角度看,直送式客户的基本条件是其需求量接近于或大于可用车辆的额定质量,需专门派一辆或多辆车一次或多次送货。因此,直送情况下,货物的配送追求的是多装快跑,选择最短配送路线,以节约时间、费用,提高配送效率。也就是说,直送式配送的物流优化,主要问题是寻找物流网络中的最短路线。

目前解决最短路线问题的方法有很多,现以位势法为例,介绍如何解决物流网络中的最短线路问题。已知物流网络如图 12.1 所示,各节点分别表示为 A、B、C、D、E、F、G、H、I、J、K,各节点之间的距离见图 12.1 所示,试确定各节点间的最短路线。

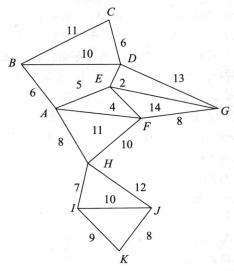

图 12.1 物流网络示意

寻找最短路线的步骤如下。

第一步:选择货物供应点为初始节点,并取其位势值为0,即 $V_i = 0$。

第二步:考虑与 i 点直接相连的所有路线节点。设其初始节点的位势值为 V_i,则其终止节点 j 的位势值可按下式确定:

$$V_j = V_i + L_{ij}$$

式中,L_{ij}——i 点与 j 点之间的距离。

第三步:从所得到的所有位势值中选出最小者,此值即为从初始节点到该点的最短距离,将其标在该节点旁的方框内,并用箭头标出该连线 IJ,以此表示从 I 点到 J 点的最短路线。

第四步:重复以上步骤,直到物流网络中所有节点的位势值均达到最小为止。

最终,各节点的位势值表示从初始节点到该点的最短距离。带箭头的各条连线则组成了从初始节点到其余节点的最短路线。分别以各点为初始节点,重复上述步骤,即可得各节点之间的最短距离。

 例 *12-1* 在图 12.1 中,试寻找从供应点 A 到客户所在地 K 的最短线路。

解:根据寻找最短路线的步骤,计算如下。

1)取 $V_A = 0$。

2)确定与 A 点直接相连的所有节点的位势值:

$$V_B = V_A + L_{AB} = 0 + 6 = 6$$
$$V_E = V_A + L_{AE} = 0 + 5 = 5$$
$$V_F = V_A + L_{AF} = 0 + 11 = 11$$
$$V_H = V_A + L_{AH} = 0 + 8 = 8$$

3)从所得的所有位势值中选择最小值 $V_E = 5$,并标注在对应节点 E 旁边的方框内,并用箭头标出连线 AE,即

$$\min\{V_B, V_E, V_F, V_H\} = \min\{6, 5, 11, 8\} = V_E = 5$$

4)以 E 为初始节点,计算与之直接相连的 D、G、F 点的位势值(如果同一节点有多个位势值,则只保留最小者):

$$V_D = V_E + L_{ED} = 5 + 2 = 7$$
$$V_G = V_E + L_{EG} = 5 + 14 = 19$$
$$V_F = V_E + L_{EF} = 5 + 4 = 9$$

5)从所得的所有剩余位势值中选出最小者 6,并标注在对应的节点 B 旁,同时用箭头标出连线 AB,即

$$\min\{V_B, V_H, V_D, V_G, V_F\} = \min\{6, 8, 7, 19, 9\} = V_B = 6$$

6)以 B 点为初始节点,与之直接相连的节点有 D、C,它们的位势值分别为 16 和 17。从所得的所有剩余位势值中取最小者,即

$$\min\{8, 7, 19, 9, 17\} = V_D = 7$$

将最小位势值 7 标注在与之相应的 D 旁边的方框内,并用箭头标出其连线 ED。

如此继续计算,可得最优路线如图 12.2 所示,由供应点 A 到客户 K 的最短距离为 24。

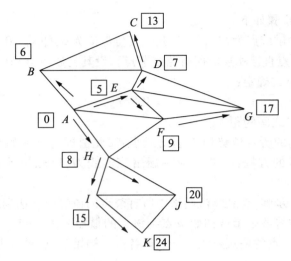

图 12.2　最优路线

　　依照上述方法,将物流网络中的每一节点当作初始节点,并设其位势值等于 0,然后进行计算,可得所有节点之间的最短距离,如表 12.1 所示。

表 12.1　节点之间的最短距离

物流网络节点	A	B	C	D	E	F	G	H	I	J	K
A	0	6	13	7	5	9	17	8	15	20	24
B	6	0	11	10	11	15	23	14	21	26	30
C	13	11	0	6	8	12	19	21	28	33	37
D	7	10	6	0	2	6	13	15	22	27	31
E	5	11	8	2	0	4	12	13	20	25	29
F	9	15	12	6	4	0	8	10	17	22	26
G	17	23	19	13	12	8	0	15	22	27	31
H	8	14	21	15	13	10	15	0	7	12	16
I	15	21	28	22	20	17	22	7	0	10	9
J	20	26	33	27	25	22	27	12	10	0	8
K	24	30	37	31	29	26	31	16	9	8	0

三、分送式配送运输

　　分送式配送是指由一个供应点对多个客户的共同送货。其基本条件是同一条路线上所有客户的需求量总和不大于一辆车的额定载质量,送货时,由这一辆车装着所有客户的货物,沿着一条精心挑选的最佳路线依次将货物送到各个客户手中,这样既保证按时按量将用户需要的货物及时送到,又节约了车辆,节省了费用,缓解了交通紧张的压力,并减少了运输对环境造成的污染。解决这种模式的优化设计问题可以采用里程节约法。

（一）里程节约法的基本规定

利用里程节约法确定配送路线的主要思路是：根据配送方的运输能力及其到客户之间的距离和各客户之间的相对距离来制定使配送车辆总的周转量达到或接近最小的配送方案。

假设条件：

① 配送的是同一种或相类似的货物；

② 各用户的位置及需求量已知；

③ 配送方有足够的运输能力；

④ 设状态参数为 T_{ij}。T_{ij} 是这样定义的：

$T_{ij} = \{1,$ 表示客户 i、j 在同一送货路线上 $;0,$ 表示客户 i、j 不在同一送货路线上。$\}$

$T_{0j} = 2$，表示由送货点 P_0 向客户 j 单独派车送货。

且所有状态参数应满足下式：

$$\sum_{i=1}^{j=1} T_{ij} + \sum_{i=j+1}^{n} T_{ij} = 2(j = 1,2,\cdots,n) \qquad (12-1)$$

式中，n——客户数。

利用里程节约法制定出的配送方案除了应使总的周转量最小外，还应满足如下要求。

① 方案能满足所有客户的到货时间要求。

② 不使车辆超载。

③ 每辆车每天的总运行时间及里程满足规定的要求。

（二）里程节约法的基本思想

如图 12.3 所示，设 P_0 为配送中心，分别向客户 P_i 和 P_j 送货。P_0 到 P_i 和 P_j 的距离分别为 D_{0i} 和 D_{0j}，两个客户 P_i 和 P_j 之间的距离为 D_{ij}，送货方案只有两种——配送中心 P_0 向客户 P_i、P_j 分别送货和配送中心 P_0 向客户 P_i、P_j 同时送货，如图 12.3a)、b)所示。比较以下两种配送方案。

方案 a)的配送路线 $P_0{\rightarrow}P_i{\rightarrow}P_0{\rightarrow}P_j{\rightarrow}P_0$，配送距离 $D_a = 2D_{0i} + 2D_{0j}$。

方案 b)的配送路线 $P_0{\rightarrow}P_i{\rightarrow}P_j{\rightarrow}P_0$，配送距离 $D_b = D_{0i} + D_{0j} + D_{ij}$。

显然，D_a 不等于 D_b，我们用 S_{ij} 表示里程节约量，即方案 b)比方案 a)节约的配送里程为：

$$S_{ij} = D_{0j} + D_{0j} - D_{ij} \qquad (12-2)$$

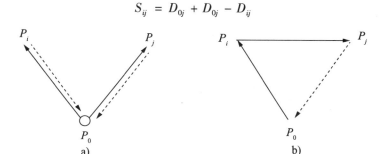

图 12.3　里程节约法基本思想

根据里程节约法的基本思想，如果一个配送中心 P_0 分别向 n 个客户 $P_j(j = 1,2,\cdots,n)$

配送货物,在汽车载重能力允许的前提下,每辆汽车的配送路线上经过的客户个数越多,里程节约量越大,配送路线越合理。

下面举例说明里程节约法的求解过程。

例 12-2 设配送中心 P_0 向 12 个客户 $P_j(j=1,2,\cdots,12)$ 配送货物。各个客户的需求量为 Q_j,从配送中心到客户的距离为 $D_{0j}(j=1,2,\cdots,12)$,各客户之间的距离为 $D_{ij}(i=1,2,\cdots,12,j=1,2,\cdots,12)$,具体数值见表 12.2 和表 12.3。配送中心有载质量为 4 吨、5 吨和 6 吨的 3 种车辆可供调配。试制定最优的配送方案。

表 12.2　相关参数

P_j	1	2	3	4	5	6	7	8	9	10	11	12
Q_j/吨	1.2	1.7	1.5	1.4	1.7	1.4	1.2	1.9	1.8	1.6	1.7	1.1
D_{0j}	9	14	21	23	22	25	32	36	38	42	50	52

表 12.3　各客户之间的距离

P_1											
5	P_2										
12	7	P_3									
22	17	10	P_4								
21	16	21	19	P_5							
24	23	30	28	9	P_6						
31	26	27	25	10	7	P_7					
35	30	37	33	16	11	10	P_8				
37	36	43	41	22	13	16	6	P_9			
41	36	31	29	20	17	10	6	12	P_{10}		
49	44	37	31	28	25	18	14	12	8	P_{11}	
51	46	39	29	30	27	20	16	20	10	10	P_{12}

解:

第一步,选择初始配送方案。

1) 初始配送方案是由配送中心分别派专车向 12 个客户送货,如图 12.4 所示。由于 12 个客户的需求量 Q_j 均小于 4 吨,因此所需车辆改为 12 台 4 吨车,详见表 12.4。

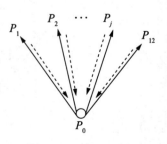

图 12.4　初始配送方案

表 12.4　车辆需求情况

方案 ＼ 车型 车辆数	4 吨	5 吨	6 吨
初始方案	12	0	0
修正方案 1	11	0	0
修正方案 2	9	1	0
…	…	…	…
最终方案	1	0	3

2）初始方案确定后，计算所有的里程节约量 S_{ij}，结果见表 12.5 中每个数字格中上方的数字。例如：

$$S_{11,12} = D_{0,11} + D_{0,12} - D_{11,12} = 50 + 52 - 10 = 92（千米）$$

表 12.5　里程节约量

Q_i/吨	P_0	P_1	P_2	P_3	P_4	P_5	P_6	P_7	P_8	P_9	P_{10}	P_{11}	P_{12}
1.2	(2) 9	P_1											
1.7	(2) 14	18 5	P_2										
1.5	(2) 21	18 12	28 7	P_3									
1.4	(2) 23	10 22	20 17	34 10	P_4								
1.7	(2) 22	10 21	20 16	22 21	26 19	P_5							
1.4	(2) 25	10 24	16 23	16 30	20 28	38 9	P_6						
1.2	(2) 32 9	10 31	20 26	26 27	30 25	44 1	50 7	P_7					
1.9	(2) 36	10 35	20 30	20 37	24 35	42 19	50 11	58 10	P_8				
1.8	(2) 38	10 37	16 36	16 43	20 41	38 22	50 13	54 16	68 6	P_9			
1.6	(2) 42	10 41	20 36	32 31	36 29	44 20	50 17	64 10	72 6	68 12	P_{10}		
1.7	(2) 50	10 49	20 44	34 37	42 31	44 28	50 25	64 18	72 14	70 12	84 8	P_{11}	
1.1	(2) 52	10 51	20 46	34 39	46 24	44 30	50 27	64 20	72 16	70 20	84 10	92 10	P_{12}

第二步,修正初始方案。

1）在表12.5中选择满足下列条件的 S_{ij} 的最大值,该最大值表明由 P_0 向 P_i 和 P_j 单独送货改为向 P_i 和 P_j 同时送货可最大限度节约的配送距离。具体如下:

a. 该最大值对应的两个客户 P_i、P_j 的状态参数均大于0;

b. 状态参数 T_{ij} 必须等于0;

c. 两个客户 P_i 和 P_j 的需求量之和应小于可用车辆的额定载质量。

在表12.9中符合上述条件的 $\max S_{ij} = S_{11,12} = 92$（千米）。

2）修正方案1:将原始方案中用2辆4吨车分别向 P_{11}、P_{12} 单独送货改为仅用1辆4吨车向 P_{11} 和 P_{12} 同时送货,这样配送路线由原有的12条减少到11条,所需车辆数见表12.4。

3）计算相关系数值:对于修正方案1,由于 P_{11}、P_{12} 在同一配送路线上,因此 $t_{11,12} = 1$,相应地该路线由式(12-1)可知,相关的状态参数发生了变化:$t_{0,11} = 1$,$t_{0,12} = 1$。

修正后,将修正方案1的有关数值填入表12.6,即将初始方案对应的表12.5加以调整,得表12.6,配送距离 $S_1 = S_0 - 92 = 636$（千米）。

表12.6　里程节约量修正1

Q_i/吨	P_0	P_1	P_2	P_3	P_4	P_5	P_6	P_7	P_8	P_9	P_{10}	P_{11}	P_{12}
1.2	(2) 9	P_1											
1.7	(2) 14	18 5	P_2										
1.5	(2) 21	18 12	28 7	P_3									
1.4	(2) 23	10 22	20 17	34 10	P_4								
1.7	(2) 22	10 21	20 16	22 21	26 19	P_5							
1.4	(2) 25	10 24	16 23	16 30	20 28	38 9	P_6						
1.2	(2) 32 9	10 31	20 26	26 27	30 25	44 1	50 7	P_7					
1.9	(2) 36	10 35	20 30	20 37	24 35	42 19	50 11	58 10	P_8				
1.8	(2) 38	10 37	16 36	16 43	20 41	38 22	50 13	54 16	68 6	P_9			
1.6	(2) 42	10 41	20 36	32 31	36 29	44 20	50 17	64 10	72 6	68 12	P_{10}		
1.7	(1) 50	10 49	20 44	34 37	42 31	44 28	50 25	64 18	72 14	70 12	84 8	P_{11}	
1.1	(1) 52	10 51	20 46	34 39	46 24	44 30	50 27	64 20	72 16	70 20	84 10	92 10	P_{12}

第三步,进一步修正方案,以表12.6为基础对修正方案1进行调整。

1)在表12.6中寻找符合条件的 $\max S_{ij}$ 得 $\max S_{ij}=S_{10,12}=84$(千米)。

2)修正方案2:将修正方案1用2辆4吨车分别向 P_{10}、P_{12} 单独送货改为仅用1辆4吨向 P_{10} 和 P_{12} 同时送货,这样配送路线由原有的11条减少到10条。

3)计算相关数值:

对修正方案2,显然有 $t_{10,12}=1$。

由式(12-1)可知,$t_{0,12}=0$,$t_{0,10}=1$。在此,由于 $t_{0,12}=0$,令 $Q_{12}=0$。

由于此时 P_{10}、P_{11}、P_{12} 在同一配送路线上,由于 $Q_{10}=1.6+1.7+1.1=4.4$(吨),因此该路线应派1辆5吨车送货,详见表12.4。

配送距离 $S_2=S_1-84=552$(千米)。

第四步:按照上述方法对方案进行修正,直到找不到满足条件的 $\max S_{ij}$ 为止。最终的配送方案是:共存在4条配送路线,使用的配送车辆为1辆4吨车和3辆6吨车,详见表12.4,配送总距离为290千米。这4条配送路线分别是:

第一条配送路线:$P_0 \to P_1 \to P_2 \to P_3 \to P_4 \to P_5 \to P_0$,使用1辆6吨车。

第二条配送路线:$P_0 \to P_5 \to P_0$,使用1辆4吨车。

第三条配送路线:$P_0 \to P_{10} \to P_{11} \to P_{12} \to P_7 \to P_0$,使用2辆6吨车。

第四条配送路线:$P_0 \to P_6 \to P_8 \to P_9 \to P_0$,使用1辆6吨车。

通过上述例题的求解过程不难发现配送方案的修正过程非常复杂而且工作量庞大,实际应用时需辅以计算机计算,使其简单易行。

例12-3 某一配送中心 P_0 向10个客户 $P_j(j=1,2,\cdots,10)$ 配送货物,其配送网络如图12.5所示。图中括号内的数字表示客户的需求量(吨),路线上的数字表示两个节点之间的距离。该配送中心有载质量为2吨和4吨两种车辆可供使用,试制定最优配送方案。

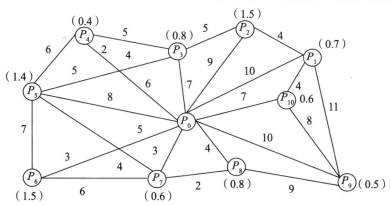

图12.5 配送网络

解:

第一步,计算最短距离。根据图12.5提供的已知条件,计算配送中心与客户及客户之间的最短距离,结果见表12.7。

表 12.7　配送中心与客户及客户之间的最短距离

P_0										
10	P_1									
9	4	P_2								
7	9	5	P_3							
8	14	10	5	P_4						
8	18	14	9	6	P_5					
8	18	17	15	13	7	P_6				
3	13	12	10	11	10	6	P_7			
4	14	13	11	12	12	8	2	P_8		
10	11	15	17	18	18	17	11	9	P_9	
7	4	8	13	15	15	15	10	11	8	P_{10}

第二步,计算节约里程 S_{ij},结果见表 12.8。

表 12.8　节约里程

P_1									
15	P_2								
8	11	P_3							
4	7	10	P_4						
0	3	6	10	P_5					
0	0	0	3	9	P_6				
0	0	0	0	1	5	P_7			
0	0	0	0	0	4	5	P_8		
9	4	0	0	0	1	2	5	P_9	
13	8	1	0	0	0	0	0	9	P_{10}

第三步,将节约里程 S_{ij} 进行分类,按从大到小的顺序排列,得表 12.9。

表 12.9　节约里程项目分类　　　　　　　　　　　　　　千米

序　号	路　线	节约里程	序　号	路　线	节约里程
1	P_1P_2	15	13	P_6P_7	5
2	P_1P_{10}	13	13	P_7P_8	5
3	P_2P_3	11	13	P_8P_9	5
4	P_3P_4	10	16	P_1P_4	4
4	P_4P_5	10	16	P_2P_9	4

（续表）

序　号	路　线	节约里程	序　号	路　线	节约里程
6	P_1P_9	9	16	P_6P_8	4
6	P_5P_6	9	19	P_2P_5	3
6	P_9P_{10}	9	19	P_4P_6	3
9	P_1P_3	8	21	P_7P_9	2
9	P_2P_{10}	8	22	P_3P_{10}	1
11	P_2P_4	7	22	P_5P_7	1
12	P_3P_6	6	22	P_6P_9	1

第四步,确定配送路线。从分类表中,按节约里程大小顺序,组成路线图。

1）初始方案:对每一客户分别单独派车送货,结果如图12.6所示。

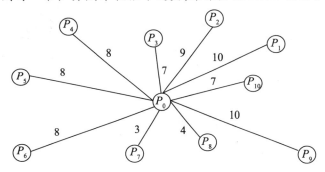

图12.6　初始方案

初始方案:

配送路线:10 条。

配送距离:S_0 为 148 千米。

配送车辆:2 吨 ×10。

2）修正方案 1:按节约里程 S_{ij} 由大到小的顺序,连接 P_1 和 P_2,P_1 和 P_{10},P_2 和 P_3,得修正方案 1,如图 12.7 所示。

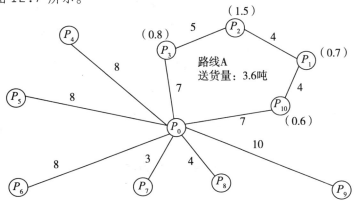

图12.7　修正方案1

修正方案1：

配送路线:7 条。

配送距离:S_1 为 109 千米。

配送车辆:2 吨×6 +4 吨×1。

3) 修正方案2:在剩余的 S_{ij} 中,最大的是 $S_{3,4}$ 和 $S_{4,5}$,此时 P_4 和 P_5 都有可能并入路线 A 中,但考虑到车辆的载质量及路线均衡问题,连接 P_4 和 P_5 形成一个新的路线 B,得修正方案2,如图12.8 所示。

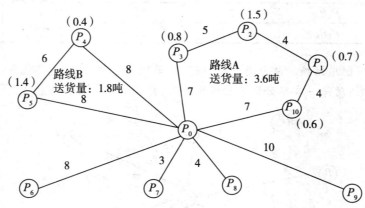

图12.8　修正方案2

修正方案2：

配送路线:6 条。

配送距离:S_2 为 99 千米。

配送车辆:2 吨×5 +4 吨×1。

4) 修正方案3:接下来最大的 S_{ij} 是 $S_{1,9}$ 和 $S_{5,6}$,由于此时 P_1 已属于路线 A,若将 P_9 并入路线 A,车辆会超载,故只将 P_6 并入路线 B,得修正方案3,如图12.9 所示。

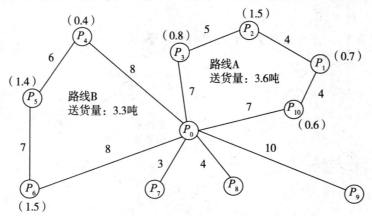

图12.9　修正方案3

修正方案3：

配送路线:5 条。

配送距离:S_3 为 90 千米。

配送车辆:2 吨×3 +4 吨×2。

5) 修正方案 4:再继续按 $S_{i,j}$ 由大到小排出 $S_{9,10}$、$S_{1,3}$、$S_{2,10}$、$S_{2,4}$、$S_{3,6}$,由于与其相应的用户均已包含在已完成的线路里,故不予考虑。把 $S_{6,7}$ 对应 P_7 点并入线路 B 中,得修正方案 4,如图 12.10 所示。

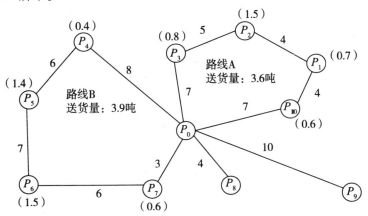

图 12.10 修正方案 4

修正方案 4

配送路线:4 条。

配送距离:S_4 为 85 千米。

配送车辆:2 吨×2 +4 吨×2。

6) 最终方案:剩下的是 $S_{7,8}$,考虑到配送距离的平衡和载质量的限制,不将 P_8 并入到路线 B 中,而是连接 P_8 和 P_9,组成新的路线 C,得到最终方案,如图 12.11 所示。这样配送方案已确定:共存在 3 条配送路线,总的配送距离为 80 千米,需要的配送车辆为 2 吨车 1 辆,4 吨车 2 辆。3 条配送路线分别为:

第一条配送路线 A:$P_0 \to P_3 \to P_2 \to P_1 \to P_{10} \to P_0$,使用 1 辆 4 吨车。

第二条配送路线 B:$P_0 \to P_4 \to P_5 \to P_6 \to P_7 \to P_0$,使用 1 辆 4 吨车。

第三条配送路线 C:$P_0 \to P_8 \to P_9 \to P_0$,使用 1 辆 2 吨车。

最终方案:

配送线路:3 条。

配送距离:S_4 为 80 千米。

配送车辆:2 吨×1 +4 吨×2。

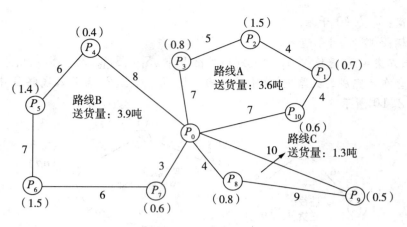

图12.11　最终方案

本章小结

　　配送运输通常是一种短距离、小批量、高频率的运输形式,它以尽可能满足客户要求为目标。影响配送运输效果的因素很多,各种因素互相影响,很容易造成送货不及时、配送路径选择不当、贻误交货时间等问题。因此,对配送运输的有效管理极为重要,否则不仅影响配送效率和信誉,而且将直接导致配送成本的上升。本章通过从配送运输基本概念、配送方法的学习入手,让读者了解路线优化的重要意义,进而掌握几种基本的配送路线优化方法。

知识结构图

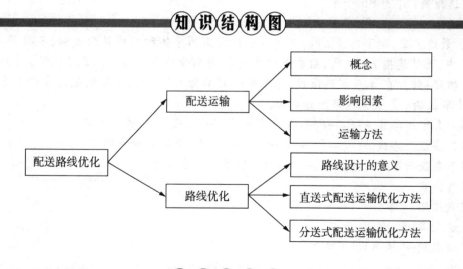

双基练习题

　　1.(　　)通常是一种短距离、小批量、高频率的运输形式,它以尽可能满足客户要求为目标。

　　A. 配送运输　　　　B. 物流　　　　　　C. 仓储　　　　　D. 物流管理

2. （多选）配送运输产生的原因包括(　　)。
    A. 消费者消费行为的变化
    B. 零售商向连锁经营发展的趋势
    C. 信息技术的革新与电子商务的兴起
    D. 生产商生产策略的转变及其对物流管理的强化
3. （多选）配送运输优化方式包含(　　)。
    A. 直送式　　　　　　B. 组合式　　　　　　C. 分送式　　　　　　D. 其他
4. 下面哪一个不是整车配送运输的特性？(　　)。
    A. 可靠　　　　　　B. 快速　　　　　　C. 方便　　　　　　D. 烦琐
5. （多选）配送运输方法主要有(　　)。
    A. 火车专线运输　　　　　　　　　　B. 汽车整车运输
    C. 航空专线运输　　　　　　　　　　D. 多点分运及快运
6. 下面哪一项不属于快运的特点？(　　)。
    A. 送达速度快　　　　　　　　　　B. 需要人手多
    C. 配装手续简捷　　　　　　　　　　D. 实行承诺制服务
7. （多选）快运的基本形式包括(　　)。
    A. 定点运输　　　　　B. 定时运输　　　　　C. 特快运输　　　　　D. 联合快运
8. 根据《道路货物运输管理办法》的有关规定,1 000 千米运距内,(　　)小时内送达。
    A. 12　　　　　　　B. 36　　　　　　　C. 48　　　　　　　D. 72
9. (　　)是指车辆以一个物流节点为中心,向其周围多个方向上的一个或多个节点行驶而形成的辐射状行驶线路。
    A. 环形行驶线路　　　　　　　　　　B. 汇集式行驶线路
    C. 星形行驶线路　　　　　　　　　　D. 往复式行驶线路
10. 影响配送运输的因素较多,为了既有利于客户的便捷性、经济性,又有利于货物的(　　),应尽量避免不合理运输。
    A. 干燥性　　　　　　　　　　B. 安全性
    C. 空间性　　　　　　　　　　D. 成本因素

简 答 题

1. 简要概述配送运输的概念及重要意义。
2. 简要概述有哪些方法可以实现多点分运。
3. 简要概述线路优化设计的现实意义。

计 算 题

设配送中心向 5 个客户配送货物,其配送路线网络、配送中心与客户的距离及客户之间的距离如图 12.12 所示。图中括号内的数字表示客户的需求量(单位:吨),路线上的数字表示两节点之间的距离(单位:千米),现配送中心有 3 辆 2 吨卡车和 3 辆 4 吨卡车两种车辆可供使用。

（1）试用节约里程法制定最优的配送方案。

（2）假定卡车行驶的平均速度为 40 千米/小时,试比较优化后的方案比单独向客户分送可节约多少时间?

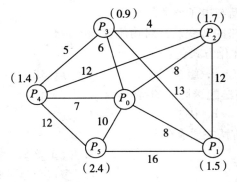

图 12.12 配送路线网络与相关信息

模 拟 试 题

模拟题一

一、单项选择题

1. 通过对储存物的保管保养,可以克服产品的生产与消费在时间上的差异,创造物资的(　　)。
   A. 时间效用　　　B. 增值效用　　　C. 空间效用　　　D. 附加效用

2. 仓储最基本的任务是(　　)。
   A. 流通调控　　　B. 数量管理　　　C. 质量管理　　　D. 物资储存

3. 由于不慎将茶叶和汽油储存在一起,使茶叶发生味道的变化以致不能食用的原因是(　　)。
   A. 氧化变化　　　B. 破损变化　　　C. 串味变化　　　D. 渗漏变化

4. 专门长期存放各种储备物资,以保证完成各项储备任务的仓库称为(　　)。
   A. 储备仓库　　　B. 集配型仓库　　　C. 流通仓库　　　D. 中转分货型仓库

5. 根据有关法律和进出口贸易的规定取得许可,专门保管国外进口而暂未纳税货物的仓库称为(　　)。
   A. 港口仓库　　　B. 公共仓库　　　C. 保税仓库　　　D. 营业仓库

6. 下列影响仓库选址的成本因素是(　　)。
   A. 社区环境　　　B. 政治稳定性　　　C. 扩展机会　　　D. 原材料供应

7. 下列哪部分属于仓库的辅助作业区?(　　)。
   A. 铁路专用线　　B. 维修车间　　　C. 道路　　　　　D. 码头

8. 下列哪部分属于仓库的储存作业区?(　　)。
   A. 装卸台　　　　B. 车库　　　　　C. 油库　　　　　D. 变电室

9. 根据客户的需要,为客户提供超出常规的服务,或者采用超出常规的服务方法提供的服务称为(　　)。
   A. 仓储经营　　　B. 仓储增值服务　C. 仓储多种经营　D. 仓储商务管理

10. 仓储保管人的权利不包括(　　)。
    A. 拒收权　　　　B. 要求提货权　　C. 提存权　　　　D. 检查权

二、多项选择题

1. 在整个出库业务程序中,最为关键的环节包括(　　)。
   A. 核单备料　　　B. 复核　　　　　C. 点交　　　　　D. 包装　　　　　E 登账

2. 以下哪些属于仓单的法律特性?(　　)。
   A. 仓单由保管人持有　　　　　　B. 仓单是提货凭证
   C. 仓单是有价证券　　　　　　　D. 仓单是仓储合同关系的证明

3. 仓库作业过程是仓库以入库、(　　)为中心的一系列作业阶段和作业环节的总称。
   A. 分拣　　　　　B. 保管　　　　　C. 出库　　　　　D. 运输

4. 验收工作的基本要求为（　　）。

    A. 准确   B. 及时   C. 严格   D. 经济

5. 物品在仓储过程中的变化形式归纳起来有（　　）及某些生物活动引起的变化等。

    A. 物理机械变化   B. 化学变化   C. 生化变化   D. 色泽变化

6. 下列哪些变化属于物品的化学变化？（　　）。

    A. 氧化   B. 老化   C. 沉淀   D. 水解

7. 下列哪些变化属于生化变化？（　　）。

    A. 水解   B. 霉腐   C. 虫蛀   D. 呼吸

8. 影响物品质量变化的外界因素主要包括（　　）。

    A. 自然因素   B. 物理因素   C. 人为因素   D. 储存期

9. 湿度是表示大气干湿程度的物理量,常用（　　）等方法表示。

    A. 绝对湿度   B. 饱和湿度   C. 临界湿度   D. 相对湿度

在线测试

10. 物品出库要求做到"三不三核五检查",其中"三核"是指在发货时要核实（　　）。

    A. 凭证   B. 账卡

    C. 实物   D. 货物质量

三、简答题

1. 简述仓储在现代物流中的作用。

2. 简述仓储合同的特征。

3. 简述不同类型火灾的应对办法。

4. 简述自动化立体仓库的作用。

四、计算题

1. 某企业购进某商品,全年进货总量为 20 000 件,每次采购费用为 2 000 元,单位商品储存费用为 5 元。求该商品的经济批量、进货次数、进货周期和进货总费用。

2. 某企业甲种物资的经济订购批量为 750 吨,订购间隔期为 30 天,订购时间为 10 天,平均每日正常需用量为 25 吨,预计日最大耗用量为 40 吨,订购日的实际库存量为 600 吨。订货余额为 0,试采用定期订购控制法计算订购点量。

3. 某企业库存货物数量与价值统计情况如下表所示。

序　号	货物单价/元	数量/个	价值/万元
1	10 000 以上	10	12
2	5 001～10 000	17	13
3	4 001～5 000	15	6.5
4	3 001～4 000	22	7
5	2 001～3 000	27	6.5
6	1 001～2 000	45	5
7	0～1 000	64	2
合计		200	52

试采用 ABC 分析法对该企业的货物进行分类。（要求计算过程以表格形式反映。）

模拟题二

一、单项选择题

1. 下列哪项权利不属于存货人？（　　）。
   A. 提货权　　　　B. 转让权　　　　C. 提存权　　　　D. 索偿权

2. 在违约方给对方造成损失后,为了弥补对方遭受的损失,依照法律规定由违约方承担的违约责任方式称为（　　）。
   A. 补救措施　　　B. 继续履行　　　C. 损害赔偿　　　D. 支付违约金

3. 关于仓单的性质,下列说法不正确的是（　　）。
   A. 仓单是提货凭证　　　　　　B. 仓单是有价证券
   C. 仓单是所有权的法律文书　　D. 仓单是仓储合同

4. 用芦席或草席自货垛底部逐渐向上做围盖,盖好后外形似鱼鳞状的方法称为（　　）。
   A. 苫布苫盖法　　B. 席片苫盖法　　C. 竹架苫盖法　　D. 隔离苫盖法

5. 在梅雨季节或阴雨天,控制商品温湿度的方法是（　　）。
   A. 密封　　　　　B. 通风　　　　　C. 吸潮　　　　　D. 烘干

6. 下列不能作为密封材料的是（　　）。
   A. 防潮纸　　　　B. 塑料薄膜　　　C. 油毡纸　　　　D. 稻谷壳

7. "先进先出"是指（　　）。
   A. 先入库的商品先出库　　　　B. 后入库的商品先出库
   C. 积压的商品先出库　　　　　D. 在仓库入口处的商品先出库

8. 将商品的包装分为运输包装和销售包装的标志是（　　）。
   A. 以包装在商品流通中的作用为分类标志
   B. 以包装使用次数为分类标志
   C. 以包装使用范围为分类标志
   D. 以包装制造材料为分类标志

9. 通过平衡订货成本和保管仓储成本,确定一个最佳的订货批量来实现最低总库存成本的方法称为（　　）。
   A. 定期订购控制法　　　　　　B. 经济订货批量模型
   C. 定量订货控制法　　　　　　D. 物料需求计划

10. JIT 供应方式的作用不包括（　　）。
    A. 零库存　　　　　　　　　　B. 最大节约
    C. 零废品　　　　　　　　　　D. 最大效益

在线测试

二、判断题

1. 物理机械变化的结果不是数量损失,就是质量降低,甚至使物品失去使用价值。　　　　　　　　　　　　　　　　　　　　　　　　　　　（　　）

2. 熔化是指高熔点的物品受热后发生软化乃至化为液态的现象,物品杂志含量越低,越易熔化。 （　）

3. 物品渗漏不仅与包装材料性能、包装容器结构及包装技术优劣有关,还与仓库温度变化有关。 （　）

4. 预防物品的沉淀,应根据不同物品的特点,多接受阳光照射,做好物品冬季保温工作和夏季降温工作。 （　）

5. 容易老化的物品,在保管养护过程中,要注意防止日光照射和高温的影响,不能在阳光下曝晒。 （　）

6. 在仓库内放置温湿度表时,温湿度表应放置在库房的门窗附近,离地面约 1.4 米处。 （　）

7. 仓库必须建立严格的出库和发运程序,严格遵循"先进后出"的原则。 （　）

8. 漏记账是指在商品出库后,核销明细账时没有按实际发货出库的商品名称、数量等登记而造成账实不相符的情况。 （　）

三、计算题

南山枣糕包装箱上注明限高 8 层,每箱重 20 千克,每箱底面长、宽分别为 0.4 米和 0.4 米,存放在某仓库,仓库地面单位面积定额为每平方米 2 吨。则仓库单位仓容定额为多少? 若共有 100 箱,则需要多大的货位面积? 如果定下了 100 平方米货位,可存放多少箱货物?

模拟题三

一、单项选择题

1. 最常见着火源是（   ）。
   A. 酒精　　　　　B. 氯酸钾　　　　　C. 火星　　　　　D. 过氧化钠

2. 下列哪种着火源属于仓库中的明火？（   ）。
   A. 施工中的电弧　B. 雷电波　　　　　C. 静电　　　　　D. 电气超负荷

3. 用水扑灭一般固体物资的火灾，通过水大量吸收热量，使燃烧物的温度迅速降低，最后使燃烧终止的灭火方法称为（   ）。
   A. 窒息法　　　　B. 冷却法　　　　　C. 隔离法　　　　D. 化学抑制法

4. 负责货仓储存物资的接货、验收、入库、分拣、储存、保管和商品养护、货物的出库等仓储作业人员称为（   ）。
   A. 营销管理人员　　　　　　　　B. 业务管理人员
   C. 仓储管理人员　　　　　　　　D. 搬运管理人员

5. 仓储合同中约定违约金为 2 万元，有过错一方给对方造成实际损失为 3 万元，则应赔偿（   ）。
   A. 2 万元　　　　B. 3 万元　　　　　C. 5 万元　　　　D. 2.5 万元

6. WMS 表示（   ）。
   A. 仓库管理系统　B. 仓库信息系统　C. 仓库控制系统　D. 仓库联系网络

7. （   ）是指仓库在物品正式入库前，按照一定的程序和手续，对到库物品进行数量和外观质量的检查，以验证它是否符合订货合同规定的一项工作。
   A. 核查　　　　　B. 接管　　　　　C. 校对　　　　　D. 验收

8. （   ）是指只改变物质本身的外表形态，不改变其本质，没有新物质的生成，并且有可能反复进行的质量变化现象。
   A. 化学变化　　　B. 物理机械变化　C. 生化变化　　　D. 色泽变化

9. （   ）是指保持空气的水汽含量不变而使其冷却，直至水蒸气达到饱和状态而将结出露水时的温度。
   A. 饱和湿度　　　B. 临界湿度　　　C. 冰点　　　　　D. 露点

10. 出库程序包括核单、备货、复核、（   ）、点交、登账、清理等过程。
    A. 检验　　　　　B. 计价　　　　　C. 包装　　　　　D. 清理现场

11. 按仓储对象划分，可以将仓储分为（   ）。
    A. 储存式仓储和配送式仓储　　　B. 普通物品仓储和特殊物品仓储
    C. 加工式仓储和消费式仓储　　　D. 自营仓储和公共仓储

12. 物流中心仓储是以物流管理为目的的仓储活动，其具有的特点是（   ）。
    A. 仓储品种多，批量小　　　　　B. 批量分批入库，吞吐能力较弱
    C. 批量一次性入库，吞吐能力强　D. 仓储品种较少，批量较大进库

13. 按仓库保管形态来分,下列与其他选项不同类的是(　　)。

　　A. 危险品仓库　　B. 水上仓库　　C. 冷藏仓库　　D. 营业仓库

14. 主要用途是在高层货架的巷道内来回穿梭,将货物存入货格或者取出,这个设备叫
(　　)。

　　A. 叉车　　　　　　　　　　B. 起重机
　　C. 巷道式堆垛机　　　　　　D. 搬运车

15. 仓库的总体构成不包括(　　)。

　　A. 生产作业区　　　　　　　B. 辅助生产区
　　C. 行政生活区　　　　　　　D. 办公区

在线测试

二、简答题

1. 简述仓库机械设备在现代物流中的作用。
2. 仓储管理的主要任务是什么?
3. 仓库总体布局的要求是什么?

三、计算题

1. 某厂因为扩大生产要新建一个分厂,现在有两个厂址可供选址,条件如下:

产品单价为 12 元;

厂址 1 的成本曲线为:$TC_1 = 200 + 4Q$,其中 Q 为产量;

厂址 2 的成本曲线为:$TC_2 = 400 + 3Q$,其中 Q 为产量。

用量本利分析法对两个厂址进行选择,并说明理由。

2. 某企业仓库储存物资数量及价值如下表所示,试用 ABC 分析法对该仓库物资进行
分类。

产品代码	产品数量	产品价值量/万元
8	40	15
10	63	10
2	15	120
7	30	20
3	8	50
5	10	30
1	10	680
4	6	40
6	18	20
9	50	15
合计	250	1 000

参考文献

[1] 邬星根. 仓储与配送管理[M]. 上海:复旦大学出版社,2005.

[2] 张念. 仓储与配送管理[M]. 2版. 大连:东北财经大学出版社,2008.

[3] 董良,刘昌祺. 自动化立体仓库设计[M]. 北京:机械工业出版社,2004.

[4] 李永生,郑文岭. 仓储与配送管理[M]. 北京:机械工业出版社,2009.

[5] 蒋祖星,孟初阳. 物理设施与设备[M]. 4版. 北京:机械工业出版社,2016.

[6] 秦文纲. 采购与仓储管理[M]. 杭州:浙江大学出版社,2004.

[7] 马伊. 仓储与配送管理[M]. 上海:上海交通大学出版社,2008.

[8] 张洪革. 仓储与配送管理[M]. 北京:北京师范大学出版社,2013.

[9] 周万森. 仓储配送管理[M]. 北京:北京大学出版社,2005.

[10] 谭刚,姚振美. 仓储与配送管理[M]. 北京:中央广播电视大学出版社,2005.

[11] 姜大立. 仓储与配送管理[M]. 北京:中国劳动社会保障出版社,2006.

[12] 龚成洁,李学宏. 仓储与配送管理[M]. 北京:中国人民大学出版社,2011.

[13] 吉亮. 仓储与配送管理[M]. 北京:北京大学出版社,中国农业大学出版社,2010.

[14] 宋文官. 仓储与配送管理实务[M]. 2版. 北京:高等教育出版社,2014.

[15] 杨叶勇,姚建凤. 仓储与配送管理实训教程[M]. 2版. 北京:北京大学出版社,2015.

[16] 林贤福. 仓储与配送管理[M]. 北京:北京理工大学出版社,2009.

[17] 胡道成. 仓储与配送管理[M]. 安徽:合肥工业大学出版社,2010.

[18] 朱文涛. 仓储与配送管理[M]. 北京:冶金工业出版社,2012.

[19] 梁军. 仓储管理实务[M]. 北京:高等教育出版社,2003.

[20] 傅莉萍,姜斌远. 配送管理[M]. 北京:北京大学出版社,2014.

[21] 汪佑民. 配送中心规划与管理[M]. 北京:经济科学出版社,2014.

[22] 王丽娟. 配送管理实务[M]. 北京:中国财富出版社,2014.

[23] 梁晨. 配送中心规划与设计[M]. 北京:中国财富出版社,2013.

[24] 徐天亮. 运输与配送[M]. 2版. 北京:中国财富出版社,2012.

尊敬的老师：

　　您好。

　　请您认真、完全地填写以下表格的内容（务必填写每一项），索取相关图书的教学资源。

教学资源索取表

书　名				作 者 名	
姓　名		所在学校			
职　称		职　　务		讲授课程	
联系方式	电话：		E-mail：		微信号：
地址（含邮编）					
贵校已购本教材的数量（本）					
所 需 教 学 资 源					
系／院主任姓名					

系／院主任：＿＿＿＿＿＿＿＿＿＿＿＿（签字）

（系／院办公室公章）

20＿＿＿年＿＿月＿＿日

注意：

　① 本配套教学资源仅向购买了相关教材的学校老师免费提供。

　② 请任课老师认真填写以上信息，并**请系／院加盖公章**，然后传真到（010）80115555转735253索取配套教学资源。也可将加盖公章的文件扫描后，发送到 presshelp@126.com 索取教学资源。

南 京 大 学 出 版 社
http://www.NjupCo.com